RAINER ZITELMANN

ZERØ SUM MINDSET

Die Nullsummenfalle – warum alle mehr gewinnen, wenn wir anders denken

DEUTSCHER
WIRTSCHAFTSBUCH
VERLAG

Bibliografische Information der Deutschen Nationalbibliothek
Die Deutsche Nationalbibliothek verzeichnet diese Publikation in der Deutschen Nationalbibliografie; detaillierte bibliografische Daten sind im Internet über dnb.dnb.de abrufbar.

Wir freuen uns auf eure Anregungen und Fragen
info@deutscherwirtschaftsbuchverlag.com

Originalausgabe
2. Auflage 2026

Deutscher Wirtschaftsbuch Verlag GmbH,
Christoph-Rodt-Straße 11, 86476 Neuburg an der Kammel
www.deutscherwirtschaftsbuchverlag.com

Redaktion: Ansgar Graw
Satz: Daniel Förster
Cover- und Umschlaggestaltung: www.b3k-design.de, © 2026 Andrea Schneider & diceindustries
Druck: Florjančič tisk d.o.o., Slowenien
Printed in the EU

ISBN Print: 978-3-69066-262-8
ISBN E-Book (PDF): 978-3-69066-264-2
ISBN E-Book (EPUB, Mobi): 978-3-69066-263-5

Inhalt

Vorwort von Steve Forbes

Chefredakteur des Forbes-Magazins

Niccolò Machiavelli schrieb seinen Klassiker »Der Fürst« vor etwas mehr als 500 Jahren. Seine Abhandlung über die unverblümten Wahrheiten von Macht und Ausübung von Autorität löst bis heute intensive Diskussionen aus. Viele empfinden seine Beobachtungen als zynisch und verstörend. Er beschreibt Eigenschaften menschlichen Verhaltens, die kein besonders positives Licht auf unsere Spezies werfen.

Doch während die Natur der Macht – ob zum Guten oder zum Schlechten – unveränderlich ist, gibt es eine andere Eigenschaft menschlichen Verhaltens, die, wenn sie erkannt und diskutiert wird, gemildert und verändert werden kann. Das Ermutigende daran ist, dass zunehmendes Bewusstsein auf diesem Gebiet die menschliche Gesellschaft zu einer besseren machen kann. Es wird die Unterstützung für politische Maßnahmen fördern und damit die Voraussetzungen für ein stärkeres Wirtschaftswachstum und breiteren Wohlstand schaffen, als die Welt seit der Mitte des 18. Jahrhunderts erlebt hat. Es wird zu mehr sozialem Vertrauen und zu besserem menschlichen Verhalten beitragen. Und es wird als Schutzschild gegen selbstzerstörerische Handlungen dienen, die die schlechtesten Seiten der Menschen zum Vorschein bringen.

Deshalb ist das Buch, das Sie nun lesen werden, dazu bestimmt, ein weiterer zeitloser Klassiker zu werden. Aber im Gegensatz zu »Der

Fürst« wird dieses Werk die Menschen auf positive Weise inspirieren. Es analysiert und seziert das Nullsummendenken – und dessen oft eng verwandten Begleiter, den Neid. Dies geschieht mit Gründlichkeit, intellektueller Tiefe und bemerkenswerter Differenziertheit.

Der Fluch der Menschheit war lange Zeit der Glaube, das Leben sei allzu oft ein Nullsummenspiel: Wenn Sie reicher werden, müssen andere ärmer werden. Menschliche Aktivitäten seien wie Sportwettkämpfe: Wenn eine Mannschaft gewinnt, verliert die andere. Wenn Sie ein Tennismatch in Wimbledon verlieren, kommen Sie nicht weiter; Sie sind ausgeschieden.

In der Wirtschaft zeigte Adam Smith bereits vor 250 Jahren in seinem bahnbrechenden Werk »Der Wohlstand der Nationen«, dass die Freiheit der Menschen, zu produzieren, zu kaufen und miteinander zu handeln, zu einem höheren Lebensstandard führt. Dies stand im scharfen Gegensatz zum merkantilistischen Denken, das damals die meisten Staaten beherrschte. Sie betrachteten Handel fälschlicherweise als eine Form der Kriegsführung. Importe durch Zölle (die eine Steuer darstellen) und andere Handelshemmnisse zu blockieren und gleichzeitig Exporte zu fördern, galt als Weg zum Wohlstand.

Die Ideen des freien Marktes von Smith und anderen scharfsinnigen Beobachtern und Ökonomen haben zu den schnellsten und umfassendsten Fortschritten in der Menschheitsgeschichte geführt. Dank dem Kapitalismus ist der Anteil der Menschen, die in extremer Armut leben – stellen Sie sich vor, heute mit kaum mehr als drei Dollar pro Tag auskommen zu müssen –, von etwa 90 Prozent der Weltbevölkerung zu Smiths Zeiten auf weniger als 10 Prozent heute gesunken.

Und dennoch stoßen Smiths Erkenntnisse bis heute auf Widerstand, was den Weg der Menschheit zu mehr Chancen und zu einem noch höheren Lebensstandard behindert. Das große Hindernis ist tatsächlich eine Nullsummenmentalität, die allzu oft durch die Kultur verstärkt wird. Filme, Romane und Geschichtsbücher stellen Geschäftsleute, Unternehmer und Unternehmen regelmäßig in einem negativen

Licht dar. Untersuchungen haben ergeben, dass in Hollywood-Filmen Geschäftsleute mehr Menschen ermorden als Serienmörder.

Zitelmann widerlegt die Mythen, die aus dieser Denkweise entstehen, sorgfältig und überzeugend. So haben westliche Staaten Billionen von Dollar an Entwicklungshilfe nach Afrika geschickt, um dort das Wirtschaftswachstum zu fördern. Die Ergebnisse waren katastrophal. Das Geld schuf aufgeblähte und korrupte Staatsbürokratien, die die wirtschaftliche Entwicklung massiv behinderten. Und dennoch hielten die Geberländer trotz jahrzehntelanger Misserfolge an dieser schädlichen Praxis fest.

Wie kam es dazu? Wegen des Schuldgefühls, das aus einer Nullsummenmentalität entsteht. Die fehlerhafte Argumentation lautete etwa so: Die ehemaligen Kolonialmächte haben ihre Kolonien ausgebeutet. Sie haben Ressourcen entnommen. Also müssen die Regierungen heute Geld hineinpumpen, um auszugleichen, was damals herausgenommen wurde. Dieser starre Nullsummenmythos führte dazu, dass die Geber fast nie überprüften, welche tatsächlichen Ergebnisse die von ihnen finanzierten Projekte hervorbrachten. Der Mangel an Rechenschaftspflicht war verhängnisvoll. Zudem schadete diese Hilfe der Entwicklung demokratischer Strukturen.

Zitelmann verweist auf eine unbequeme Tatsache: Einige der ärmsten Länder der Welt waren nie Kolonien. Das eigentliche, verhängnisvolle Erbe des Kolonialismus war vielmehr der Sozialismus, den viele neue unabhängig gewordene Staaten übernahmen. Südkorea hingegen, das unter einer brutalen japanischen Kolonialherrschaft gelitten hatte, entwickelte sich zu einem der wohlhabendsten Länder der Welt und zu einer bedeutenden Handelsnation. Asiatische Länder erhielten pro Kopf deutlich weniger Entwicklungshilfe als afrikanische Länder. Dennoch prosperierten sie, während die Mehrheit der afrikanischen Staaten stagnierte.

Dieses Buch verdeutlicht, dass bereits die gesamte Idee des europäischen Imperialismus auf einer falschen Nullsummenlogik beruhte.

Letztlich ist Handel – nicht Eroberung – der wahre Weg zur Mehrung des Wohlstands.

Zu den ermutigendsten Erkenntnissen dieses Buches gehört, dass die außergewöhnlichen Reformen, die China und später Vietnam von bitterarmen Gesellschaften in Länder verwandelten, in denen extreme Armut nahezu verschwunden ist, aus Graswurzelbewegungen entstanden. Menschen auf lokaler Ebene entschieden sich eigenständig für Veränderungen und für marktwirtschaftliche Lösungen. Der Unterschied zu früher bestand darin, dass die Regierungen diese Initiativen nicht länger unterdrückten. China und Vietnam übernahmen schließlich politische Maßnahmen, die auf diesen positiven Veränderungen aufbauten. Mao hätte dies niemals zugelassen. Sein Nachfolger Deng Xiaoping hingegen tat es – und ermöglichte damit Hunderten Millionen Chinesen, sich aus bitterer Armut zu befreien.

Heute stehen Milliardäre zunehmend unter politischem Beschuss und werden als Schuldige für alle möglichen Probleme dargestellt. Die Absurdität dieser Sichtweise liegt darin, dass viele der Probleme, mit denen wir konfrontiert sind, in Wahrheit das Ergebnis falscher staatlicher Entscheidungen sind. Der Autor weist treffend darauf hin, dass zwischen 2020 und 2025 die extreme Armut weiter zurückging, während die Zahl der Milliardäre deutlich zunahm.

Uninformierte Linke führen Schweden gern als Beispiel eines sozialistischen Paradieses an. Tatsächlich hat sich Schweden seit Jahren in Richtung Kapitalismus entwickelt. Das Land hat heute mehr Milliardäre im Verhältnis zur Bevölkerungszahl als die Vereinigten Staaten.

Nullsummendenken hält uns nicht nur in der Volkswirtschaft zurück. Es beeinflusst auch unser persönliches Leben. Es kann unsere eigene Entwicklung behindern und die Art und Weise prägen, wie wir andere Menschen beurteilen. Genau hier wird Zitelmanns Buch eine besonders nachhaltige Wirkung entfalten: Es schärft unser Bewusstsein für persönliches Nullsummendenken, insbesondere für das, was der Autor »kompensatorisches Nullsummendenken« nennt. Damit ist die Vorstellung gemeint, dass jemand, der in einem Bereich herausragt, notwendigerweise in anderen Bereichen mindestens gleich große Defizite haben müsse.

Wenn wir etwa einen hochintelligenten Menschen sehen, neigen wir dazu anzunehmen, er müsse in anderen Bereichen seiner Persönlichkeit entsprechend große Defizite haben. Wenn jemand Bodybuilder ist – wie der Autor! –, lautet die einfache Schlussfolgerung, dass er, weil körperlich stark, geistig schwach sein müsse. Ähnliche Vorurteile begegnen Fußballspielern – und in anderer Form auch attraktiven Frauen. Viele Männer denken, wenn sie eine schöne – besonders eine schöne blonde – Frau sehen, spontan, sie sei oberflächlich oder man könne sie nicht ernst nehmen. Erstaunlicherweise kann die Schönheit einer Bewerberin bei einem Vorstellungsgespräch auch dann nachteilig sein, wenn die Interviewerin eine Frau ist. Reiche Menschen gelten vielen als geizig, egoistisch und rücksichtslos. In Deutschland halten lediglich drei Prozent der Bevölkerung wohlhabende Menschen für ehrlich.

Einer der wichtigsten Punkte, die Zitelmann herausarbeitet, ist, dass eine solche Denkweise nicht nur die Fähigkeit eines Individuums beeinträchtigt, seine Talente zu entfalten, sondern auch ein Land daran hindern kann, sein volles Potenzial auszuschöpfen.

Sie verhindert die Entwicklung von Vertrauen. Doch genau dieses Vertrauen ist die Voraussetzung für jene Zusammenarbeit, die innovative Unternehmen erfolgreich macht und Kunden zu wiederholten Käufen bewegt. Gesellschaften mit hohem Vertrauen sind erfolgreicher als Gesellschaften, in denen die Bürger einander nicht trauen.

Neid – eine der sieben Todsünden und ein Nebenprodukt des Nullsummendenkens – ist der Feind des Fortschritts, sowohl wirtschaftlich als auch persönlich. Zitelmann unterscheidet dabei zutreffend zwischen zerstörerischen Formen des Neides und harmlosen Formen wie der Bemerkung: »Ich beneide ihn um seine Energie.«

Neid erzeugt Pessimismus, fördert eine Opfermentalität und verzerrt die Wahrnehmung der Realität. Er verschlechtert die Lebensqualität, indem er unsere Emotionen und Energie in unproduktive Bahnen lenkt.

Zitelmanns Erkenntnisse werden belegt durch seine bemerkenswerten und intensiven Umfragen in verschiedenen Ländern zu Einstellungen gegenüber Themen wie Reichtum. Seine Schlussfolgerungen beruhen nicht auf Vermutungen, sondern auf empirischen Tatsachen.

Anders als Machiavellis Werk wird Zitelmanns Buch Ihnen die Hoffnung vermitteln, dass wir eine negative Eigenschaft der menschlichen Natur überwinden können.

Vorwort

»Are we destined for a zero-sum future?« (»Sind wir zu einer Nullsummenzukunft bestimmt?«), so überschrieb im September 2023 die *Financial Times* einen Beitrag. Sie verwies darauf, dass quer durch die politischen Lager und in verschiedenen Ländern in den vergangenen Jahren das Nullsummendenken sehr stark zugenommen habe. So sei laut Umfragen die Zustimmung zu der Aussage »Menschen können nur auf Kosten anderer reich werden« massiv gestiegen, was der Verfasser des Artikels auf ein schwächeres Wirtschaftswachstum zurückführte. Das Zero-Sum Mindset sei – moralisch gesehen – für sich genommen weder gut noch schlecht, so schreibt der Autor.[1] Im Dezember 2025 wiederholte die *Financial Times* die Warnung in einem Beitrag »Welcome to the age of zero-sum politics«.[2]

Nun, ich glaube nicht, dass wir vor einer »Nullsummenzukunft« stehen, und ich möchte auch kein Urteil darüber abgeben, ob der Nullsummenglaube moralisch gut oder schlecht ist. Aber er ist hochgefährlich dann, wenn er die Menschen zu einer verfehlten Wahrnehmung der Realität führt. Dies hat – und das ist das Thema dieses Buches – gravierende Auswirkungen sowohl für das Individuum als auch für die gesamte Gesellschaft. Deshalb lohnt es, sich mit einem Glaubenssystem auseinanderzusetzen, dem sehr viele Menschen anhängen, obwohl sie vermutlich Begriffe wie »Nullsummenglaube« oder »Zero-Sum Mindset« noch nie gehört haben.

Glaubenssätze oder Weltanschauungen sind wie eine Brille, durch die wir die Welt sehen. Die Brille kann helfen, sie klar zu erkennen, aber es gibt auch Brillen, die dazu führen, dass wir die Wirklichkeit ziemlich verzerrt wahrnehmen. Dazu gehört der Nullsummenglaube. Ich werde in diesem Buch auch den englischen Begriff Zero-Sum Mindset hierfür verwenden.

Als Nullsummenspiel bezeichnet man ein Spiel, in dem der eine Spieler das gewinnt, was der andere verliert. Mit anderen Worten: »Die Gesamtsumme aus Gewinnen und Verlusten aller Spieler ist bei jedem Spielausgang gleich groß, und das bedeutet, die Gewinne addieren sich immer zu Null, wenn man Verluste als negative Gewinne schreibt.«[3] In einem Nullsummenspiel verfolgen die Spieler entgegengesetzte Interessen: Wenn ich gewinnen will, muss der andere verlieren. Es gibt nicht das, was man eine Win-win-Situation nennt, in der beide gewinnen.

Wir alle spielen täglich solche »Spiele«. Individuen tun dies, aber auch Unternehmen oder Sportteams. Auch Staaten tun das. Im Tennis kann man nur gewinnen, wenn der andere verliert. Meine Interessen sind denen des Partners insofern entgegengesetzt. Das Beispiel zeigt aber auch, dass sich stets die Frage stellt, in Bezug auf was es sich um ein Nullsummenspiel handelt. Geht es ums Gewinnen und Verlieren bei diesem Spiel, ist jedes Tennisspiel ein Nullsummenspiel, aber wenn es um die gemeinsame Freude am Spiel geht, dann ist es eine Win-win-Situation, denn hoffentlich hat der Verlierer das Spiel trotzdem gerne gespielt und beide haben Spaß gehabt.

Ein anderes Beispiel: Wenn Sie mit einem Rivalen um die Gunst einer Frau werben, kann nur einer gewinnen (es sei denn, alle Beteiligten sind offen für eine Dreierbeziehung).

Aber keineswegs alle Interaktionen sind Nullsummenspiele. Vor einigen Jahren habe ich meine Villa in Berlin-Grunewald verkauft. Es war ein sehr schönes Haus, doch es erinnerte mich immer an eine ehemalige Freundin, mit der ich dort einige Jahre gewohnt hatte. Es waren schöne Erinnerungen, trotzdem störten sie mich. Zudem hatte ich festgestellt, dass ich eher der »Wohnungstyp« als der »Einfamilienhaustyp« bin. Ein von mir beauftragter Makler fand eine nette Familie, die sich sofort in das Haus verliebte und es mir für 2,5 Millionen Euro abkaufte. Ich erwarb davon eine schöne Wohnung, in der auch nicht weniger Platz ist als in dem Haus. Bei dieser Transaktion hatten beide gewonnen: die Familie, die seitdem in der schönen Villa mit einem großen Garten wohnt, in dem ihre Kinder spielen können, und ich, weil ich mit dem Geld eine wunderschöne Wohnung kaufen konnte. Es war kein Nullsummenspiel, sondern eine Win-win-Situation.

Das Problem ist, dass Menschen oft Situationen als Nullsummensituationen interpretieren, auch wenn sie es objektiv gar nicht sind. Psychologen haben herausgefunden, dass es Menschen mit einem »Zero-Sum Mindset« gibt, die grundsätzlich Interaktionen mit ihren Mitmenschen als Nullsummenspiele betrachten und sich entsprechend verhalten. Beispielsweise versuchen sie, den anderen zu bekämpfen, auch wenn eine Kooperation ihnen mehr Vorteile bringen würde. Im ersten Kapitel werde ich über diese Erkenntnisse berichten.

Der amerikanische Soziologe George Gilder schrieb in seinem 1981 erschienenen Buch »Reichtum und Armut«, das Vorurteil, aller Reichtum sei durch Diebstahl und Betrug entstanden, halte sich »am hartnäckigsten in den Gefängnissen und – an der Harvard-Universität«.[4] Ja, viele Gefängnisinsassen sind vermutlich Nullsummengläubige, denn sie sind fest davon überzeugt, dass sie nur zu Wohlstand kommen können, wenn sie anderen Menschen etwas wegnehmen: indem sie in eine Wohnung einbrechen oder jemanden ausrauben, Scheckbetrug begehen oder Schutzgeld erpressen. In meiner Jugend habe ich einige Kriminelle kennengelernt: Die konnten sich gar nicht vorstellen, Geld auf legale Weise zu verdienen, sondern glaubten, dass sie andere schädigen müssen, um selbst zu Geld zu kommen.

Diesen Nullsummenglauben gibt es auch in der Politik bzw. der Wirtschaft. Klassisch formuliert hat ihn Bertolt Brecht in seinem Gedicht »Alfabet«:

Reicher Mann und armer Mann
standen da und sah'n sich an.
Und der Arme sagte bleich:
Wär ich nicht arm, wärst du nicht reich.[5]

Brecht war Kommunist; so sah er die Welt. Wie alle Sozialisten hing er dem Nullsummenglauben an. Im zweiten Kapitel werde ich zeigen, warum die Behauptung, dass Reiche nur auf Kosten der Armen reich werden können, falsch ist. Menschen mit einem Zero-Sum Mindset teilen »Anti-Profit-Beliefs«, wie Wissenschaftler herausgefunden haben. Für sie ist Profit Diebstahl. Sie verstehen nicht das Konzept von Wachstum, sondern glauben an einen Kuchen, der stets gleich groß ist und nur unterschiedlich verteilt werden kann. Mehr dazu in Kapitel 3.

Aber auch Donald Trump ist ein Nullsummengläubiger, zumindest wenn es um Handel geht. Er hat in seinem Leben seine Überzeugungen oft gewechselt. Mal war er für hohe Reichensteuern, dann dagegen, mal für Abtreibung und dann dagegen. Allein zwischen 1999 und 2012 wechselte er sieben Mal die Partei.[6] Aber, dies werde ich in Kapitel 4 zeigen, eine Konstante in seinem Denken war stets der Nullsummenglaube über den Handel. Wenn es den Amerikanern schlecht ging, dann waren daran unfaire Handelsbedingungen schuld – mal gab er den Japanern die Schuld, dann den Chinesen oder den Deutschen. Ich werde zeigen, warum der Nullsummenglaube in Bezug auf den Handel falsch ist.

Eng mit dem Zero-Sum Mindset hängt das zusammen, was Amerikaner »Victimhood Mentality« nennen: Man sieht sich als Opfer von anderen. Viele afrikanische Führer reden das ihren Landsleuten ein, und auch viele Menschen im Westen glauben das: Sie sind der Überzeugung, die Armut in diesen Ländern sei ein Ergebnis der Ausbeutung durch die reichen, kapitalistischen Länder, die sie zu Zeiten des Kolonialismus beraubten und dies auch heute noch durch »unfairen Handel« täten. Die westlichen Länder müssten das wiedergutmachen durch Entwicklungshilfe; sie hätten dazu eine moralische Verpflichtung, weil ihr

Wohlstand ja auf dem Rücken der armen Länder entstanden sei. Mit dieser Vorstellung setze ich mich in Kapitel 5 auseinander.

Der Nullsummenglaube hängt eng mit Neid zusammen. Ich habe eine Umfrage in 13 Ländern durchgeführt, um herauszufinden, wie neidisch die Menschen in verschiedenen Ländern sind.[7] In allen Ländern zeigte sich, dass Neider häufiger zum Nullsummenglauben neigten als Nichtneider. Mehr dazu in Kapitel 6. Eigentlich ist das logisch: Wenn ich zum Beispiel glaube, der Reiche sei nur reich, weil er den Armen etwas weggenommen hat, dann bin ich für Umverteilung: Die Reichen müssen sehr viel abgeben, um wieder »soziale Gerechtigkeit« herzustellen.

Im Kapitel 7 gehe ich auf eine Variante des Nullsummenglaubens ein, die nicht identisch ist mit dem, was ansonsten in der Forschung und auch in diesem Buch darunter verstanden wird: Meine These ist, dass Menschen dazu neigen, anderen Menschen, die in einem Bereich weit über dem Durchschnitt sind, in anderen Bereichen negative Eigenschaften anzudichten: Der Reiche ist gut im Geldverdienen, aber unehrlich; die schöne Frau sieht zwar gut aus, ist aber weniger empathisch, man kann ihr weniger vertrauen und sie ist weniger hilfsbereit; der hochintelligente Überflieger gilt als lebensfremder Nerd usw. In solchen Stereotypen spiegelt sich auch so etwas wie ein Nullsummenglaube wider – nämlich die Annahme, weil alle Menschen angeblich gleich sind, müssten jene, die in einem Bereich weit über den Durchschnitt hinausragen, in anderen Bereichen mindestens gleich große Defizite aufweisen. Ich nenne das kompensatorischen Nullsummenglauben.

Im letzten Kapitel zeige ich, wie und warum Nullsummenglaube Sie selbst schädigt. Eine entscheidende Voraussetzung, um im Geschäftsleben erfolgreich zu sein, ist, dass andere Menschen – Kunden oder Geschäftspartner – Ihnen vertrauen. »Meinen Erfolg im Leben verdanke ich vor allem meinem Vertrauen in Menschen und meiner Fähigkeit, in anderen Vertrauen zu mir zu wecken«, sagte einer der reichsten Männer der Geschichte, John D. Rockefeller.[8] Warum das so ist und warum

Nullsummenglaube dazu führt, dass Sie grundsätzlich anderen Menschen misstrauen, dazu mehr im letzten Kapitel.

Aber dass Sie nicht vertrauen können, ist nur einer von vielen Faktoren, wo Nullsummenglaube Ihren Erfolg beeinträchtigt. Es wird für Sie generell schwerer, im Geschäfts- und Berufsleben erfolgreich zu sein, wenn Sie alles als Nullsummenspiel missverstehen (auch wenn das objektiv gar nicht der Fall ist). Ihnen entgehen damit wichtige Chancen, auch weil Sie anderen gegenüber selbst dann eine konfrontative Haltung einnehmen, wenn Kooperation zu besseren Ergebnissen für Sie führen würde. Zudem folgt aus Nullsummenglauben oft Neid – eine negative, lähmende oder destruktive Emotion, die sogar krank machen kann und Ihrem Erfolg im Wege steht.

Gleichwohl: Nullsummengläubige können durchaus sehr erfolgreich sein, nämlich dann, wenn sie Nullsummenspiele spielen. Anders wäre Donald Trump nicht Präsident der Vereinigten Staaten geworden: Die Bewerbung um die Präsidentschaft ist ein Nullsummenspiel. Damit er gewinnen konnte, mussten Hillary Clinton und später Kamala Harris verlieren. Aber das heißt nicht, dass Trump auch in Nicht-Nullsummenspielen – wie der Handelspolitik – erfolgreich sein kann, die er, so wie alle Menschen mit dem Zero-Sum Mindset, als Nullsummenspiele fehldeutet.

Warum habe ich ein ganzes Buch zu dem Thema geschrieben? Während sich Spieltheoretiker seit Jahrzehnten mit Nullsummenspielen befassen, haben Psychologen und Sozialwissenschaftler das Thema erst vor etwa zehn Jahren entdeckt. Eine Literaturübersicht zu psychologischen Studien zum Zero-Sum Mindset aus dem Jahr 2017 führte nur eine Handvoll von Aufsätzen auf, die sich mit dem Zero-Sum-Thinking aus psychologischer Perspektive befassten.[9] Inzwischen gibt es sehr viel mehr Untersuchungen dazu, und diese sind eine wichtige Basis dieses Buches, in dem ich diese Analysen mit Einsichten über die Wirtschaft und persönlichen Erfolg verknüpfe – zwei Themenfelder, mit denen ich mich als Historiker und Soziologe intensiv befasst habe.

Wir sollten das Thema ernst nehmen. Ein Team von Wissenschaftlern der Universität Cambridge hat 3.297 Personen in den USA und Großbritannien ausführlich befragt, und neun Studien kamen zu dem Gesamtergebnis: »Alles in allem zeigen die Ergebnisse dieser Studie, dass eine Nullsummen-Denkweise dem sozialen und wirtschaftlichen Zusammenleben schadet, weil sie das Vertrauen und die Zusammenarbeit untergräbt, auf denen eine gut funktionierende Gesellschaft beruht. Obwohl Vertrauen und Kooperation viele offensichtliche Vorteile haben und unverzichtbar sind, macht die Studie deutlich, dass die unausgesprochene Vorstellung vom Leben als Nullsummenspiel unsere Wahrnehmung sozialer Beziehungen stark verändern kann. Sie lässt andere feindseliger erscheinen, rückt Macht und Dominanz in den Vordergrund und erhöht damit die Bereitschaft, aggressiv und wenig kooperativ zu handeln.«[10]

Das heißt, der Schaden, den das Zero-Sum Mindset anrichtet, bezieht sich sowohl auf das Individuum, also auf Ihre Beziehungen zu Ihren Mitmenschen und Ihren persönlichen Erfolg, als auch auf die Wirtschaft und die Gesellschaft. Beide Dimensionen sollen daher in diesem Buch behandelt werden.

Ich bedanke mich bei Freunden und Kollegen, die das Manuskript zuvor ganz oder teilweise gelesen haben. Mein Dank gilt den Ökonomen Prof. Anthony Mueller, Prof. Philipp Bagus, Dr. Kristian Niemietz, Dr. Helmut Knepel, dem Mathematiker Prof. Marc Oliver Rieger, dem Wirtschaftspsychologen Prof. Martin Gründl, dem Politikwissenschaftler Prof. Jürgen W. Falter, dem Juristen Dr. Oliver Massmann, den Demoskopen Dr. Thomas Petersen und Hermann Binkert sowie den Lektoren Christian Hiller von Gaertringen und Ansgar Graw.

Dr. Dr. Rainer Zitelmann, Mai 2026

1.

Zero-Sum Mindset: Psychologische Experimente und Umfragen

Der kanadische Psychologe Daniel V. Meegan unternahm mehrere Experimente, in denen er nachwies, dass es einen »Zero-Sum Bias« gibt. In einem Experiment ging es um Noten in der Universität. Tatsächlich hing die Note nur davon ab, ob bzw. in welchem Maß der Student einen zuvor definierten Standard erfüllte oder verfehlte. Das heißt: Theoretisch könnten alle Studenten die beste oder die schlechteste oder eine durchschnittliche Note erzielen; das Abschneiden eines Studenten hatte mit dem Abschneiden eines anderen nichts zu tun. Es handelte sich also eindeutig um eine Nicht-Nullsummen-Situation, denn gute Noten waren eine unbegrenzte Ressource.

»In drei Experimenten wurde den Teilnehmern die Notenverteilung gezeigt, nachdem die Mehrheit der Studenten eines Kurses eine zugewiesene Präsentation bereits abgeschlossen hatte, und sie wurden gebeten, die Note der nächsten präsentierenden Person vorherzusagen. Wenn bereits viele gute Noten vergeben worden waren, ging dies mit einer entsprechenden Zunahme von Vorhersagen schlechter Noten einher. Dies deutet auf einen Nullsummen-Bias hin, bei dem Menschen einen Wettbewerb um eine begrenzte Ressource wahrnehmen, obwohl tatsächlich eine unbegrenzte Verfügbarkeit besteht.«[11]

Interessanterweise war das Umgekehrte nicht der Fall, also wenn viele schlechte Noten vergeben worden waren, wurden nicht entsprechend mehr gute Noten erwartet. »Dies legt nahe, dass eine Nullsummenheuristik nur als Reaktion auf die Zuteilung begehrter Ressourcen angewendet wird.«[12] Und dies belegt auch, dass die Erwartungshaltungen der Studenten sich nicht einfach aus der Erfahrung mit einer Normalverteilung der Noten erklären ließen, denn sonst wären die Erwartungen nicht so unterschiedlich ausgefallen, je nachdem, ob zuvor viele schlechte oder gute Noten vergeben worden waren.

Meegan sprach von einem Zero-Sum Bias und kam zu dem Ergebnis, dass Menschen in manchen Situationen dazu neigten, sie als Nullsummensituation mit einer nur begrenzten Verfügbarkeit an positiven Ressourcen wahrzunehmen, auch wenn die Ressourcen in Wahrheit unbegrenzt sind. Wissenschaftler vertreten heute – wie wir im Folgenden sehen werden – die Ansicht, beim Zero-Sum Mindset handle es sich um ein »soziales Axiom«.

Soziale Axiome sind ein Konzept aus der Sozialpsychologie. Michael Harris Bond und Kwok Leung bezeichnen damit allgemeine, weitverbreitete Überzeugungen darüber, wie die soziale Welt funktioniert.[13] Dabei geht es nicht um moralische Werte oder Normen, also nicht darum, was gut oder richtig ist, sondern um Alltagsannahmen darüber, wie Menschen handeln, wie Gesellschaften aufgebaut sind und welche Zusammenhänge zwischen Handlungen und ihren Folgen bestehen. Soziale Axiome fungieren gewissermaßen als »naive Theorien«, mit deren Hilfe Menschen ihr soziales Umfeld erklären, Erwartungen bilden und Entscheidungen treffen.

»Soziale Axiome«, so ihre Definition, »sind verallgemeinerte Annahmen über Menschen, soziale Gruppen, soziale Institutionen, die physische Umwelt oder die spirituelle Welt sowie über Typen von Ereignissen und Phänomenen in der sozialen Welt. Diese verallgemeinerten Annahmen liegen in der Form von Aussagen über Beziehungen zwischen zwei Entitäten oder Konzepten vor.«[14]

Bond und Leung gehen davon aus, dass solche Überzeugungen kulturübergreifend vorkommen, sich aber in ihrer Ausprägung zwischen Kulturen unterscheiden. Soziale Axiome sind relativ stabil, beeinflussen Denken und Verhalten und wirken sich unter anderem auf Vertrauen, Kooperation, Konkurrenzverhalten und Lebensstrategien aus. Sie ergänzen damit klassische Wertetheorien, da sie nicht Ziele oder Ideale beschreiben, sondern Annahmen über Ursache-Wirkungs-Zusammenhänge im sozialen Leben. »Mit dem Begriff ›sozial‹ ist«, wie sie ausführen, »die Annahme gemeint, dass Axiome aus sozialen Erfahrungen hervorgehen und das Leben als inhärent soziales Dasein betreffen. Der Begriff ›Axiom‹ bezeichnet dabei die Annahme, dass es sich bei diesen allgemeinen Überzeugungen um grundlegende Ausgangsannahmen handelt, die Menschen akzeptieren, ohne sie eingehend auf ihre Stichhaltigkeit zu prüfen.«[15]

Die polnischen Wissenschaftler Joanna Rózycka-Tran, Pawel Boski und Bogdan Wojciszke haben 2015 nachgewiesen, dass es jenseits der von Bond und Leung beschriebenen sozialen Axiome ein weiteres Axiom gibt, den »Belief in a Zero-Sum Game« (BZSG). Studenten in 37 Ländern wurde eine Liste mit folgenden Fragen vorgelegt, die messen sollen, in welchem Umfang die Befragten glauben, das (Wirtschafts-)Leben sei ein Nullsummenspiel:

1. »Die Erfolge mancher Menschen sind gewöhnlich die Misserfolge anderer.
2. Wenn jemand reicher wird, bedeutet dies, dass jemand anderes ärmer wird.
3. Das Leben ist so eingerichtet, dass der Gewinn des einen den Verlust der anderen bedeutet.
4. In den meisten Situationen stehen die Interessen verschiedener Menschen im Widerspruch zueinander.
5. Das Leben ist wie ein Tennisspiel – jemand gewinnt nur, wenn andere verlieren.

6. Wenn einige Menschen ärmer werden, bedeutet dies, dass andere reicher werden.
7. Wenn jemand viel für andere tut, verliert er oder sie selbst.
8. Der Reichtum weniger wird auf Kosten vieler erworben.«[16]

Darüber hinaus legten sie den Befragten weitere Statements vor, bei denen eine ausgeprägte Ablehnung Zeichen für den Nullsummenglauben ist, und zwar:

1. »Wenn ein Mensch viel für das Wohl anderer tut, profitiert er oder sie ebenfalls davon.
2. Diejenigen, die anderen viel geben, erhalten auch viel von ihnen zurück.
3. Menschen, die viel für ihr eigenes Wohl tun, nutzen damit häufig auch anderen.
4. Wenn die Zahl der reichen Menschen im Land steigt, profitieren auch die ärmeren Menschen.«[17]

Ein Ergebnis der Studie war, dass Nationen oder Personen, die zum Nullsummenglauben neigen, von begrenzten Ressourcen[18] ausgehen, um die die Menschen kämpfen, wobei es stets Gewinner und Verlierer gebe. Frühere Forschungen des Teams hatten gezeigt, dass Personen, die zum Nullsummenglauben neigen, anderen weniger vertrauen, ein geringeres Selbstwertgefühl haben, generell an die Ungerechtigkeit der Welt glauben und eher eine externale Kontrollüberzeugung haben[19], d. h., dass sie glauben, Erfolg oder Misserfolg hänge weniger von ihnen selbst ab als von äußeren Gegebenheiten.

Die Forscher hatten erwartet, dass es einen Zusammenhang zwischen Individualismus und dem Nullsummenglauben gibt. Doch ihre Studie konnte diese Vermutung nicht bestätigen, sondern zeigte ganz im Gegenteil, dass Menschen, die zu kollektivistischen Glaubenssystemen neigen, häufiger auch dem Nullsummenglauben anhängen.[20]

Leider hatte die – insgesamt sehr verdienstvolle – Untersuchung einige Mängel, sodass es nicht möglich war, die Werte des BZSG zwischen Ländern zu vergleichen und ein Welt-Ranking aufzustellen. Ein methodisches Problem der Studie lag darin, dass die Teilnehmerschaft sehr einseitig zusammengesetzt war – mit einem extrem hohen Anteil weiblicher Psychologie-Studenten, deren Sichtweisen wohl nicht repräsentativ für den Bevölkerungsdurchschnitt sind. Das könnte eine Erklärung dafür sein, dass die Unterschiede zwischen den einzelnen Ländern sehr gering ausfielen.[21]

Zunächst wurde über Nullsummenglauben nur in Bezug auf die Wirtschaft diskutiert – in den folgenden Kapiteln werde ich darauf genauer eingehen. Einen neuen Ansatz verfolgten Patricia Andrews Fearon und Friedrich M. Götz von den Universitäten Cambridge und Stanford in ihrem Beitrag »The Zero-Sum Mindset« (2024). Ihre zentrale These: Es gebe ein übergeordnetes Zero-Sum Mindset, das sich keineswegs nur auf die Ökonomie beziehe.

Menschen mit einem Zero-Sum Mindset neigen stärker als andere dazu, die verschiedensten Situationen entsprechend zu interpretieren, z. B. »Wenn der Respekt für eine Person zunimmt, bedeutet das, dass der Respekt für eine andere Person abnimmt« oder »Wenn eine Person mehr Empathie erhält, bedeutet das meist, dass eine andere Person weniger Empathie erfährt«.[22] Das ist natürlich objektiv falsch. Respekt ist keine feststehende begrenzte Ressource, die durch ihre Nutzung anderen Personen entzogen wird. Wenn ich eine Gruppe von zehn Menschen vor mir habe, kann der Respekt gleichzeitig für zwei dieser Personen wachsen. Es gibt keinen Grund, warum der Respekt dadurch für zwei andere Personen sinken sollte. Ja, der Respekt könnte gar für alle zehn wachsen – dann gäbe es niemanden mehr, der dies durch den Entzug von Respekt kompensieren könnte.

Der Nullsummenglaube beschränkt sich demnach nicht zwingend auf die ökonomische Sphäre im engeren Sinn. Das Zero-Sum Mindset, so Fearon und Götz, sei ein »mentales Erfolgsmodell, das Erfolg als Nullsummenspiel begreift: Der Erfolg der anderen gilt als eigener Misserfolg – und umgekehrt.«[23] Die Wissenschaftler untersuchten auch die Frage, in welchem Zusammenhang das Zero-Sum Mindset zu anderen Glaubenssätzen steht und ob sich diese Einstellung vielleicht aus anderen sozialen Axiomen oder auch Persönlichkeitsmerkmalen ableiten lässt – das ist jedoch eindeutig nicht der Fall. Das Zero-Sum Mindset ist ein eigenständiges soziales Axiom, das für sich steht und nicht aus anderen ableitbar ist.[24]

Die Autoren kamen zu dem Ergebnis, »dass Nullsummenüberzeugungen in Bezug auf eine Vielzahl nicht miteinander verbundener Ressourcen und Beziehungen in unterschiedlichen Kulturen durch das Zero-Sum Mindset erklärt werden können – und zwar weit über den Einfluss anderer relevanter individueller Unterschiede (d. h. Persönlichkeitsmerkmale, kognitiver Stil) hinaus«.[25] Sie zeigten auch, dass dieser Glaubenssatz über einen längeren Zeitraum stabil ist. Ob man den Befragten nach fünf Tagen oder zehn Monaten die gleichen Fragen wieder vorlegte, machte keinen großen Unterschied.[26]

Nullsummengläubige sehen die Ressourcen der Welt generell als begrenzt an. »Vielleicht das wesentlichste Merkmal eines Nullsummenspiels ist der ›fixe‹ Charakter von Gewinnen oder Belohnungen«, betonen Fearon und Götz.[27] Aus dem Glauben, dass die Ressourcen begrenzt seien, folgt die Annahme: Wenn ich selbst erfolgreich sein will, kann ich das nur auf Kosten anderer, und wenn andere erfolgreich sein wollen, werden sie danach streben, mir zu schaden.[28]

Es gebe verschiedene Abstufungen, so Fearon und Götz, in denen die Menschen dem Nullsummenglauben anhingen. Manche Menschen sähen – zu Recht oder zu Unrecht – nur bestimmte Situationen als Nullsummensituationen, oder ihr Nullsummenglaube beziehe sich nur auf einen bestimmten Lebensbereich, so etwa auf die Wirtschaft. Es gebe jedoch auch ein generalisiertes Zero-Sum Mindset. »… in der umfassendsten Auslegung des Nullsummenkonzepts könnte man davon ausgehen, dass das Leben oder Erfolg grundsätzlich ein Nullsummenspiel ist. Auf dieser höchsten Abstraktionsebene steht diese Annahme für eine generelle Tendenz zum Nullsummendenken über unterschiedliche Kontexte, Ressourcen und soziale Beziehungen hinweg. Diese übergreifende Form des Denkens nennen wir Zero-Sum Mindset.«[29]

Die beiden Wissenschaftler führten Befragungen unter 10.000 Teilnehmern in Belgien, Indien, Italien, Pakistan, Großbritannien und den Vereinigten Staaten durch. Durch verschiedene Experimente belegten sie, dass Menschen, die ein generalisiertes Zero-Sum Mindset haben, nicht nur Situationen, die tatsächlich Nullsummensituationen sind, (richtigerweise) als solche wahrnehmen, sondern dass sie (fälschlicherweise) auch Situationen, die objektiv keine Nullsummensituationen sind, als solche empfinden. So wurden Versuchspersonen mit zwei Bewerbungssituationen konfrontiert, bei denen es sich einmal um eine Nullsummensituation handelte, während die andere Situation keine Nullsummensituation war. In dem Experiment übergoss ein Bewerber einen anderen mit Kaffee, sodass dessen Hemd befleckt wurde, wobei es nicht eindeutig war, ob das mit oder ohne Absicht geschah. Die Personen, die einem generalisierten Nullsummenglauben anhingen, unterstellten in allen Situationen – gleichgültig, ob es sich objektiv um eine Nullsummensituation handelte oder nicht – häufiger als andere, dass dies mit Absicht geschehen sei: »Ich glaube, sie haben mir absichtlich Kaffee übergeschüttet, um meine Chancen auf den Job zu schmälern.« Diese Versuchspersonen hegten auch häufiger als jene, die kein Zero-Sum Mindset hatten, Rachegedanken: »Wenn ich die Gelegenheit hätte, würde ich versuchen, mich auf irgendeine Weise zu rächen.«[30]

Mit solchen und ähnlichen Experimenten zeigten die Forscher, dass Menschen mit einem Zero-Sum Mindset häufiger dazu neigen, Situationen als Nullsummenspiel anzusehen (auch wenn sie es gar nicht sind) und anderen Menschen feindliche Absichten zu unterstellen.[31] Wenn wir Situationen falsch interpretieren, weil wir sie durch unsere Zero-Sum-Brille verzerrt wahrnehmen, hat das Konsequenzen für unser

Handeln – als Individuen in sozialen Beziehungen oder auch politisch und gesellschaftlich.

In einem anderen Experiment wurden die Versuchsteilnehmer mit einigen kurzen Sätzen auf einem Bildschirm konfrontiert, die unterschiedlich gedeutet werden konnten, eher feindlich oder harmlos, so wie etwa der Satz »Someone bumps into you«, den man unterschiedlich verstehen kann.[32] »Jemand stößt mit dir zusammen« in der englischen Formulierung kann sowohl positiv als auch harmlos verstanden werden als »jemand traf zufällig mit dir zusammen« bzw. »jemand stößt leicht gegen dich«. Oder aber negativ: »Jemand stößt dich absichtlich an« bzw. »jemand rempelt dich grob an«. Das Experiment zeigte, dass Personen mit einem Zero-Sum Mindset den Satz bzw. die Situation deutlich häufiger als feindlich und aggressiv deuteten als jene, die kein Zero-Sum Mindset hatten.

Das mag alles harmlos erscheinen, aber die Studie von Fearon, Götz, Serapio-Garcia und Good zeigte auch, dass Anhänger des Nullsummenglaubens eher bereit sind, Gewalt gegen politisch Andersdenkende zu akzeptieren. So stimmten sie häufiger als Personen, die kein Zero-Sum Mindset haben, der Aussage zu: »Gewalt ist manchmal notwendig, um wichtige politische Ziele zu erreichen.«[33] Wir werden in den folgenden Kapiteln sehen, zu welch ernsten Konsequenzen das Zero-Sum Mindset sowohl für die Gesellschaft als auch für jeden Einzelnen führen kann.

Mit der Beziehung zwischen Zero-Sum Mindset und politischer Ideologie haben sich Shai Davidai und Martino Ongis von der Columbia University New York befasst. Sie führten sechs Studien mit insgesamt 3.223 Teilnehmern durch, um herauszufinden, ob bzw. bei welchen Themen politisch Konservative oder Linke eher zum Nullsummendenken neigen. Ihr Ergebnis: »Wir haben herausgefunden, dass sowohl Liberale [in den USA wird dieser Begriff anders als in Europa verwendet und bedeutet politisch links, R. Z.] als auch Konservative das Leben als Nullsummenspiel betrachten, wenn es ihnen nützt. Während Konservative zum Nullsummendenken neigen, wenn der Status quo infrage gestellt wird, tun Liberale dies, wenn der Status quo aufrechterhalten wird.«[34]

Zum Beleg führen sie an, dass Konservative beim Thema Umverteilung deutlich weniger zum Nullsummendenken neigten als Linke, während Konservative zum Beispiel beim Thema »Affirmative Action« dem Nullsummenglauben anhingen. »Affirmative Action« bezeichnet staatliche oder institutionelle Maßnahmen, die darauf abzielen, bestimmte Gruppen, z. B. Frauen oder Schwarze, zu fördern, etwa durch Quoten bzw. bevorzugte Berücksichtigung bei Einstellungen oder Studienzulassungen (positive Diskriminierung).

Linke stimmten zum Beispiel der Behauptung zu: »Menschen können nur auf Kosten anderer reich werden«[35], während Konservative eher beipflichteten, wenn es hieß: »Eine erleichterte Hochschulzulassung für schwarze Studenten führt zugleich zu höheren Hürden für weiße Studenten.«[36] Ich würde diese Ergebnisse aber anders deuten als die Autoren. Der entscheidende Unterschied liegt darin, ob die Nullsummensichtweise der Realität entspricht oder nicht. Mit Blick auf die Wirtschaft ist – wie ich in den nächsten beiden Kapiteln belegen werde – die Nullsummensichtweise falsch. Die Aussage, dass Reiche nur auf Kosten der Armen reich werden können, stimmt einfach nicht. Anders verhält es sich mit der Aussage »Eine erleichterte Hochschulzulassung für schwarze Studenten führt zugleich zu höheren Hürden für weiße Studenten.« Wenn bei einer Universität nur 1.000 Bewerber zugelassen werden, aber die Hürden für schwarze Studienbewerber durch Quotenregelungen bzw. durch geringere Anforderungen bei Eingangstests gesenkt werden, dann ist es tatsächlich so, dass entsprechend weniger weiße Studenten Zugang zu dieser Universität bekommen. Während die Nullsummensichtweise in Bezug auf die Ökonomie falsch ist, weil es sich eben nicht um ein Nullsummenspiel handelt, ist sie hier richtig, weil es in der Tat eine Nullsummensituation ist.

Das heißt nicht, dass die Autoren Unrecht hätten, wenn sie darauf hinweisen, dass Nullsummendenken kein Privileg der Linken ist. Nur ist das Beispiel mit der Affirmative Action nicht geeignet, weil es sich eben objektiv um eine Nullsummensituation handelt und es beim Zero-Sum Mindset eher darum geht, dass Nicht-Nullsummensituationen fälschlich für Nullsummensituationen gehalten werden. Wir werden aber im Kapitel 4 über den Handel noch ein Beispiel für Nullsummendenken im rechten politischen Segment finden.

Eine große Studie zum Thema »Zero-sum thinking and the roots of US political differences« veröffentlichten im August 2025 Sahil Chinoy, Nathan Nunn, Sandra Sequeira und Stefanie Stantcheva von den Universitäten Harvard, British Columbia und der London School of Economics.[37] Basis waren Befragungen von 20.400 US-Bürgern im Oktober 2020 und Juli 2023.[38]

Auch das Ergebnis dieser Forscher lautete: »Wir kamen zu dem Ergebnis, dass eine stärker ausgeprägte Nullsummen-Denkweise eng mit größerer Unterstützung für staatliche Umverteilung, für rassen- und geschlechtsbezogene Affirmative-Action-Maßnahmen sowie für restriktivere Einwanderungspolitik verbunden ist.«[39] Und weiter: »Nullsummendenken wird mit der Unterstützung von Umverteilung, mit der Verringerung rassischer Diskriminierung, mit der Verringerung geschlechtsspezifischer Diskriminierung sowie mit einer restriktiveren Einwanderungspolitik in Verbindung gebracht.«[40] Dies wurde auch für andere Länder bestätigt. Basis hierfür war der World Value Survey in 72 Ländern: »Nullsummendenken steht in positivem Zusammenhang mit Befürwortung von Umverteilung und einer Anti-Migrationshaltung«, wobei der statistische Zusammenhang zwischen Nullsummendenken und Befürwortung der Umverteilung deutlich ausgeprägter ist als der zwischen Nullsummendenken und der Befürwortung einer restriktiven Migrationspolitik.[41]

Aber auch hier sollte man bedenken, dass das Nullsummendenken mit Blick auf Einkommenszuwächse falsch ist. Die Aussage in der Umfrage lautete: »In den Vereinigten Staaten gibt es viele unterschiedliche Einkommensschichten. Wenn eine Gruppe wohlhabender wird, geschieht dies in der Regel auf Kosten anderer Gruppen.«[42] Falsch ist auch eine andere Aussage, die den Befragten vorgelegt wurde: »Im internationalen Handel ist der Gewinn eines Landes meist der Verlust eines anderen.«[43] Bekanntlich sieht das Donald Trump ebenso wie etwa der linke Politiker Bernie Sanders (dazu mehr in Kapitel 4).

Aber wie verhält es sich mit der Migration? Auch die oben zitierte Studie von Davidai und Ongis kam zu dem klaren Ergebnis: »Je stärker die Teilnehmer Zuwanderung als Nullsummenspiel betrachteten, desto mehr unterstützten sie eine harte Haltung gegenüber Immigration.«[44] Tatsächlich aber ist beim Thema Migration die Antwort nicht so eindeutig. Einwanderung in die Sozialsysteme, die in vielen europäischen Ländern eine große Rolle spielt, die es jedoch auch in den USA gibt, ist mit Blick auf die Nullsummenfrage anders zu bewerten als Migration in den Arbeitsmarkt. Es macht eben einen Unterschied, ob jemand aus einem armen Land einreist und dann von Sozialleistungen lebt oder ob zum Beispiel ein hochqualifizierter Spezialist von einer Firma eingestellt wird. Im ersten Fall kann es sich objektiv um ein Nullsummenspiel handeln, wenn der Einwanderer keinen produktiven Beitrag leistet, sondern überwiegend von staatlichen Leistungen lebt. Der zu verteilende Kuchen wird in diesem Fall durch die Zuwanderung nicht größer. Im anderen Fall handelt es sich dagegen gerade nicht um ein Nullsummenspiel, weil der Zuwanderer die gesamtwirtschaftliche Wertschöpfung erhöht – der Kuchen wird größer.

Wenn in Befragungen nur allgemein die Meinungen zur Migration ermittelt werden, ohne zwischen diesen völlig unterschiedlichen Arten der Migration zu unterscheiden, sind die Antworten mit Blick auf das Zero-Sum Mindset nicht besonders aufschlussreich. Aufschlussreich bei der erwähnten Befragung war übrigens, dass schwarze Befragte überdurchschnittlich stark zum Nullsummendenken neigten und Asiaten bzw. Asian Americans weit unterdurchschnittlich.[45] Dies korrespondiert damit, dass schwarze Amerikaner weitaus häufiger staatliche Leistungen beziehen als Asian Americans.

Zusammengefasst: Nullsummenglaube bestimmt also, wie wir Situationen interpretieren, und oft auch, wie wir handeln. Aber was ist die Wurzel dieses Glaubens? Manche Wissenschaftler argumentieren evolutionsbiologisch, insbesondere um den ökonomischen Nullsummenglauben zu verstehen. Meegan meint, der Nullsummenglaube habe seine Wurzeln in vergangenen Gesellschaftsformen, in denen Situationen mit begrenzten Ressourcen die Norm waren. »Wenn Ressourcen begrenzt sind, bedeutet die Zuteilung begehrter Ressourcen, dass diese Ressourcen bald erschöpft sein werden. Daher sind Menschen gegenüber den Folgen der Zuteilung begehrter Ressourcen misstrauisch, und der Zero-Sum Bias tritt auf, wenn Ressourcen unbegrenzt sind.«[46]

Der amerikanische Ökonom Paul H. Rubin hat gezeigt, dass »Folk Economics«, also volkstümliche bzw. laienhafte Vorstellungen vom Wirtschaftsleben, ganz auf die Frage der Verteilung des Reichtums fokussiert sind, nicht jedoch auf dessen Produktion.[47] »Der entscheidende Punkt ist: Im volkstümlichen Wirtschaftsdenken geht es um die Verteilung, nicht die Schaffung von Wohlstand. Naive Menschen oder Wirtschaftslaien betrachten Preise als Instrumente zur Verteilung von Wohlstand, verstehen aber nicht, wie diese die Allokation von Ressourcen und die Produktion von Gütern sowie Dienstleistungen beeinflussen. Im volkstümlichen Wirtschaftsdenken ist die Menge der – insgesamt oder von jedem einzelnen – gehandelten Güter fix und unabhängig vom Preis. Zudem ist jeder Einzelne auf die Verteilung von Vermögen und Einkommen konzentriert … und nicht auf Effizienzgewinne durch ökonomische Aktivitäten. Die Welt der volkstümlichen Vorstellungen von Wirtschaft ist eine Nullsummenwelt und das vorrangige wirtschaftliche Problem für jeden Einzelnen besteht darin, seinen eigenen Wohlstand in dieser Welt zu maximieren. Eine der gehandelten Waren ist Arbeit. Daher wird auch die Zahl der Arbeitsplätze als fix betrachtet. Wenn in der volkstümlichen Wirtschaftsvorstellung jemand einen Arbeitsplatz findet, muss also jemand anderes seine Stelle verlieren.«[48]

Technischer Fortschritt wird daher oft als Bedrohung für bestehende Arbeitsplätze gesehen. Dies war schon die Furcht der Maschinenstürmer zu Beginn des 19. Jahrhunderts, die Maschinen zerstörten, weil sie in ihnen eine Bedrohung für ihre Arbeitsplätze sahen. Heute sorgen sich die Menschen davor, überflüssig zu werden, wenn Roboter oder Künstliche Intelligenz ihre Arbeit übernehmen. All dies basiert auf einem Denken, bei dem nicht Effizienzgewinne und wirtschaftliches Wachstum im Vordergrund stehen, sondern eine für »gerecht« gehaltene Verteilung vermeintlich fixer Ressourcen.

Rubin führt diese Art des Denkens auf Prägungen im menschlichen Gehirn zurück, die er evolutionsbiologisch erklärt:[49] Über Millionen Jahre gab es kaum Wachstum und technische Effizienzsteigerungen. Das Tempo von Änderungen war so langsam, dass der einzelne Mensch diese im Laufe seines Lebens kaum wahrnehmen konnte. Jeder Mensch lebte in einer Welt mit einer konstanten Technologie, und es hätte keinen Vorteil für Menschen gegeben, die über Wachstum nachgedacht hätten – eben weil es dieses Wachstum praktisch nicht gab. Es gab auch kaum Arbeitsteilung, sieht man einmal von der Teilung der Arbeit zwischen den Generationen sowie zwischen Männern und Frauen ab. Handel war meist kein Ausdruck systematischer Arbeitsteilung, sondern ein Ergebnis des Zufalls – jemand hatte etwas im Überfluss, was der andere brauchen konnte. Hatten Menschen in solchen Gesellschaften Vor- oder Nachteile, dann basierten diese tatsächlich meistens darauf, dass jemand einen anderen nicht fair behandelte oder übervorteilte. Daher, so Rubin, entwickelten die Menschen einen ausgeprägten Sinn für das Erkennen und Vermeiden von Situationen, in denen sie von anderen übervorteilt werden könnten.

Solche Erklärungen sind sehr beliebt, zumal sie intuitiv plausibel wirken, aber sie sind kaum falsifizierbar. Als ich dieses Buch schrieb, wies mich so ziemlich jeder Gesprächspartner auf diese Zusammenhänge bzw. Erklärungen hin – das solle ich unbedingt berücksichtigen. Erklärungen wie die von Rubin haben ihre Berechtigung, man sollte nur ihre Grenzen erkennen. Shai Davidai und Stephanie Tepper weisen darauf hin, solche evolutionären Erklärungsansätze könnten interpersonelle und situationsabhängige Unterschiede in Nullsummenüberzeugungen nicht erklären. Zwar lieferten evolutionäre Anpassungen eine Erklärung dafür, warum Nullsummenüberzeugungen grundsätzlich existierten, sie erklärten jedoch nicht, warum Menschen diese Überzeugungen in bestimmten Bereichen besonders häufig zeigten oder warum die Verbreitung bestimmter Nullsummenüberzeugungen im Zeitverlauf schwanken. Zudem ließe sich aus einem Grundprinzip der Evolutionspsychologie – dass sich menschliches Verhalten zur Lösung spezifischer Probleme entwickelt hat, mit denen unsere Vorfahren konfrontiert waren – erwarten, dass die auf diese Weise entstandenen Überzeugungen besonders stark in Situationen auftreten, die der damaligen Umwelt ähneln, in der sie sich herausgebildet haben. Dies sei jedoch nicht der Fall. Forschungen belegten beispielsweise, dass das Nullsummendenken beim Kauf mit Geld ausgeprägter sei als beim Tauschhandel, obwohl es doch nach dieser Theorie zu Zeiten entstand, in denen es kein Geld, sondern nur Tauschhandel gab.[50]

2.

Nullsummenglaube und Antikapitalismus

Bereits im Vorwort habe ich das Gedicht »Alfabet« von Bertolt Brecht zitiert, und ich möchte es hier wiederholen, weil es besonders treffend den Nullsummenglauben in Bezug auf Armut und Reichtum zum Ausdruck bringt:

Reicher Mann und armer Mann
standen da und sah'n sich an,
und der Arme sagte bleich:
Wär ich nicht arm, wärst du nicht reich.[51]

Brechts Nullsummenglaube ist weitverbreitet. Der Soziologe Patrick Sachweh hat für eine Dissertation über »Deutungsmuster sozialer Ungleichheit« Interviews in Deutschland durchgeführt und kam dabei zu dem Ergebnis, dass viele Menschen Wirtschaft als Nullsummenspiel sehen: »Diese Beschreibung des Schichtaufbaus ruht auf einer Wahrnehmung, in deren Rahmen Ungleichheit als ›Nullsummenspiel‹ angesehen wird: Es gibt nur eine begrenzte Anzahl privilegierter Plätze, die besetzt werden können, oder eine feste Summe, die verteilt werden kann, und daher muss es Benachteiligte geben, wenn es anderen besser geht. Innerhalb dieser Deutung ist eine relative Besserstellung einiger weniger also nur auf Kosten der Benachteiligung vieler anderer möglich.«[52]

Ich habe eine Umfrage bei den Instituten Allensbach und Ipsos MORI in Auftrag gegeben, bei der in 13 Ländern die Menschen nach ihrer Einstellung zu Reichtum und Reichen befragt wurden.[53] Eine Frage lautete: »Wenn jemand sagt ›Je mehr die Reichen haben, desto weniger bleibt für die Armen übrig‹: Würden Sie dieser Aussage voll und ganz zustimmen, eher zustimmen, eher nicht zustimmen oder überhaupt nicht zustimmen?«

Das Ergebnis: In zehn von 13 Ländern überwog die Anzahl der Menschen, die dieser Aussage zustimmten, die Zahl derjenigen, die sie ablehnten. Nur in China (35 Prozent Zustimmung gegen 41 Prozent Ablehnung), den USA (34 Prozent Zustimmung gegen 40 Prozent Ablehnung) und in Südkorea (13 Prozent Zustimmung gegen 58 Prozent Ablehnung) lehnten mehr Menschen die Nullsummen-Aussage ab, als ihr zustimmten. In Deutschland dagegen stimmten 48 Prozent zu, und 44 Prozent lehnten die Aussage ab. In Spanien betrug die Zustimmung sogar 52 Prozent, nur 20 Prozent lehnten die Nullsummen-Aussage ab. Und in Italien standen 46 Prozent Zustimmung 16 Prozent Ablehnung gegenüber.

Dass diese Vorstellung, auch wenn sie vielen Menschen intuitiv einleuchtet, falsch ist, zeigt schon ein Blick auf die Zahlen. Bevor der Kapitalismus entstand, lebten die meisten Menschen auf der Welt in extremer Armut – 1820 betrug die Quote noch 90 Prozent.[54] Der Kapitalismus hat es geschafft, diese Zahl bis zum Jahr 1990 auf 37,9 Prozent zu reduzieren.[55] Der Rückgang der Armut beschleunigte sich infolge der marktwirtschaftlichen Reformen in Ländern wie China, Indien und Vietnam und dem Zusammenbruch des Sozialismus in der Sowjetunion und Osteuropa nach 1990 weiter. Die Quote der extrem Armen betrug im Jahr 2000 noch 29,3 Prozent, 2010 waren es 15,7 Prozent und 2024 war die Quote auf 8,5 Prozent gesunken.[56]

Mitte 2025 wurde die internationale Armutsgrenze dann jedoch durch die Weltbank um etwa 40 Prozent angehoben, was zu einem (statistischen) Anstieg der Armutsquote auf etwa 10,5 Prozent führte. Für das Jahr 2025 schätzt die Weltbank nach neuer Methode die Zahl der Menschen in extremer Armut auf rund 831 Millionen. Die Zahl ist 50 Prozent höher, als sie es wäre, wenn die Weltbank die Berechnungsmethode nicht geändert, sondern die Armutsgrenze nur gemäß dem Anstieg der Inflationsrate angehoben hätte. Nach der alten Berechnungsmethode läge sie bei 540 Millionen, also bei 6,5 Prozent.[57] Der jüngste Anstieg auf 10,5 Prozent ist also auf eine geänderte Berechnungsmethode zurückzuführen; tatsächlich ist die Armut so niedrig wie noch nie. »Wäre die IPL [Armutsgrenze, R. Z.] nur entsprechend der Inflation gestiegen, würden die neuen Daten der Weltbank zu den globalen Einkommen zeigen, dass im Jahr 2024 etwa 540 Millionen Menschen in extremer Armut leben würden. Mit dem revidierten IPL liegen die Schätzungen für extreme Armut im Jahr 2024 bei 817 Millionen – etwa 50 Prozent höher, als wenn der IPL seine Kaufkraft beibehalten und nur entsprechend der Inflation gestiegen wäre.«[58]

Wenn das Gedicht von Bertolt Brecht stimmen würde, also die Reichen auf Kosten der Armen reich geworden wären, dann hätte eine solch drastische Reduktion der Armut gleichzeitig zu einem Rückgang der Zahl der Reichen führen müssen. Doch genau das Gegenteil ist geschehen.

Nach dem Zusammenbruch des Sozialismus in der Sowjetunion, in Osteuropa und dem Ende von Maos Sozialismus in China sowie den kapitalistischen Reformen in China, Vietnam, Indien und anderen Ländern nahm die Zahl der Milliardäre deutlich zu und betrug um das Jahr 2000 etwa 470 Personen. In den Nullerjahren beschleunigte sich der Zuwachs weiter: Mitte des Jahrzehnts lag die Zahl bei rund 700 und stieg bis kurz vor der Finanzkrise 2007/2008 auf fast 1.000 an. Die Finanzkrise führte zu einem kurzfristigen Rückgang, doch seit den frühen 2020er-Jahren bewegt sich die Zahl der Milliardäre oberhalb von 2.000 und überstieg zuletzt die Marke von rund 3.000 Personen. Insgesamt hat sich die Zahl der globalen Milliardäre seit 1990 mithin etwa versechsfacht.[59]

Eine Milliarde Dollar im Jahr 1990 entspricht inflationsbereinigt heute rund 2,5 Milliarden Dollar. Wer damals Milliardär war, müsste heute also über mehr als zwei Milliarden verfügen, um dieselbe reale Kaufkraft zu besitzen. Die Zahl der Milliardäre hat sich seit 1990 jedoch um ein Vielfaches erhöht – deutlich stärker, als es allein durch Inflation erklärbar wäre.

Im Jahr 2000 lag das Vermögen der Milliardäre nominal bei 898 Milliarden Dollar. Bis 2025 stieg dieser Wert auf 16,1 Billionen Dollar.[60] Das entspricht zunächst einem Anstieg um einen Faktor von knapp 18. Um den realen Zuwachs zu bestimmen, muss die Inflation berücksichtigt werden. Zwischen 2000 und 2025 betrug die kumulierte US-Inflation ungefähr 90 Prozent, sodass ein Dollar aus dem Jahr 2000 im Jahr 2025 etwa der Kaufkraft von 1,9 Dollar entspricht. Rechnet man das Vermögen von 2000 in Preise von 2025 um, ergibt sich ein inflationsbereinigter Ausgangswert von rund 1,7 Billionen Dollar. Verglichen mit den 16,1 Billionen Dollar im Jahr 2025 bedeutet dies einen realen Anstieg auf mehr als das Neunfache. Das heißt: Im gleichen Zeitraum, in dem die Zahl der extrem Armen von 29,3 Prozent (2000) auf 10,5 Prozent (bzw. ohne Änderung der Berechnungsart auf 6,5 Prozent) gesunken ist, stieg das Vermögen der Milliardäre um 840 Prozent. Nach dem Nullsummenglauben hätte dies nicht geschehen dürfen, denn woher soll der vermehrte Reichtum der Superreichen kommen, wenn die Zahl der extrem Armen doch im gleichen Zeitraum so stark gesunken ist?

China ist ein Beispiel: Zwischen 1958 und 1962 verhungerten 45 Millionen Chinesen als Folge des größten sozialistischen Experiments der Geschichte, Maos »Großem Sprung nach vorne«.[61] Als Mao im Jahr 1976 starb, lebten 88 Prozent der Chinesen in extremer Armut. Inzwischen ist dank der von Deng Xiaoping Anfang der 80er-Jahre eingeleiteten marktwirtschaftlichen Reformen die Zahl der extrem Armen in China unter ein Prozent gesunken.[62] Zugleich ist die Zahl der Milliardäre von Null auf 450 gestiegen; nur in den USA gibt es noch mehr.[63] Inzwischen gibt es über 500.000 Chinesen, die mehr als zehn Millionen Dollar investierbares Vermögen haben – das ist mehr als jeder fünfte Vermögende in der Kategorie der Personen mit einem zweistelligen Nettomillionenvermögen auf der Welt.[64]

Aber wie sieht es aus, wenn man eine breitere Definition von Armut zugrunde legt? Manchmal wird kritisiert, man solle nicht nur auf die extreme Armut schauen. Die Organisation Oxfam, die jedes Jahr zum Start des Weltwirtschaftsforums (WEF) in Davos einen Bericht über Armut und Reichtum veröffentlicht, legt eine breitere Definition zugrunde. Es gibt immer mehr Milliardäre auf der Welt, und ihr Vermögen wächst und wächst, so schrieb Oxfam beispielsweise in seinem im Januar 2026 veröffentlichten Report.[65] Laut der Organisation wurden die etwa 3.000 Milliardäre seit dem Jahr 2020 inflationsbereinigt um mehr als 80 Prozent reicher. Gleichzeitig lebt aber fast die Hälfte der Menschheit in Armut, betont Oxfam. Der Bericht suggeriert, dass deshalb so viele Menschen in Armut leben, weil die Reichen immer reicher werden.

Die Weltbank verwendet unterschiedliche Armutsdefinitionen. Nach einer Definition, die den Armutsbegriff weiter fasst – und auf den Oxfam sich bezieht –, lebten im Jahr 2025 in der Tat 45,5 Prozent der Weltbevölkerung in Armut.[66] Aber gibt es einen Zusammenhang damit, dass – so Oxfam – das Vermögen der Milliardäre seit 2020 so stark gestiegen ist? Laut den gleichen Weltbankzahlen ist die Zahl der Armen (nach diesem weiter gefassten Begriff) von 2020 bis 2025 nicht gestiegen, sondern erheblich zurückgegangen, und zwar um fünf Prozentpunkte von 50,5 Prozent im Jahr 2020 auf 45,5 Prozent im Jahr 2025.[67] Demnach sind in den vergangenen fünf Jahren wiederum mehrere Hundert Millionen Menschen weltweit der Armut entkommen!

Nullsummengläubige können nicht erklären, wie zugleich die Zahl der Reichen massiv steigt und die Zahl der Armen massiv sinkt. Der Grund für beide Entwicklungen ist der gleiche: Wirtschaftswachstum. Während Nullsummengläubige die Wirtschaft als einen Kuchen mit einer fixen Größe sehen, der gerecht »verteilt« werden muss, führt Wirtschaftswachstum in Wirklichkeit dazu, dass die Zahl der Armen sinkt und die der Reichen trotzdem steigt.

Nullsummenglaube und Egalitarismus hängen eng zusammen. Dies ist auch empirisch belegt. Studien von Shai Davidai und Martino Ongis von der Columbia University in New York zeigen: »Je mehr die Teilnehmer glaubten, dass Wohlstand eine Nullsummenressource ist, desto stärker lehnten sie Ungleichheit ab.«[68] Wer dem Nullsummenglauben anhängt, glaubt logischerweise auch an den Segen staatlicher Umverteilung.

Begriffe wie »Verteilungsgerechtigkeit« sind aber irreführend, weil sie suggerieren, es gebe einen bestimmten, feststehenden Betrag, der innerhalb der Gesellschaft zu verteilen wäre. Der Ökonom Ludwig von Mises hat sogar generell die Unterscheidung in »Produktion« und »Verteilung« mit dem Argument abgelehnt: »In der Marktwirtschaft gibt es diesen angeblichen Dualismus zweier unabhängiger Prozesse, der Produktion und der Verteilung, nicht mehr. Es gibt nur einen Prozess. Waren werden nicht erst produziert und dann verteilt. Es gibt keine Aneignung von Anteilen aus einem Bestand an eigentümerlosen Waren. Die Produkte entstehen als Eigentum von jemandem. Will man sie verteilen, muss man sie zuerst konfiszieren.«[69]

Ökonomische Laien sitzen dem Nullsummenglauben in vieler Hinsicht auf. Sie übersehen regelmäßig, dass jeder Eingriff in die Verteilung des Kuchens Auswirkungen auf seine Größe hat und dass beispielsweise eine exzessive Besteuerung von Unternehmen oder Unternehmern dazu führen kann, dass der Kuchen insgesamt kleiner wird oder dass Steuersenkungen dazu führen können, dass die Steuereinnahmen insgesamt steigen, wenn dadurch Wachstumsimpulse gesetzt werden und somit der Kuchen größer wird.

In vorkapitalistischen Gesellschaften beruhte der Reichtum tatsächlich oft auf Raub und Machtausübung. Und natürlich gibt es auch heute Menschen, die durch ein Nullsummenspiel reich geworden sind, vorwiegend Kriminelle, wie etwa der Jahrhundertbetrüger Bernard Madoff, der seine »Anleger« mit einem Schneeballsystem um über 60 Milliarden Dollar betrog und dafür zu 150 Jahren Haft verurteilt wurde. Zu seinen Opfern gehörten vor allem viele Persönlichkeiten aus der jüdischen Gemeinschaft, so etwa der Friedensnobelpreisträger Elie Wiesel und dessen Foundation for Humanity. Die Stiftung hatte 15,2 Millionen Dollar verloren, fast ihr gesamtes Kapital. Elie Wiesel selbst hatte durch den Betrug ungefähr 22 Millionen Dollar eingebüßt, was praktisch sein gesamtes Vermögen darstellte.[70] Und es gibt Diktatoren wie Wladimir Putin[71] und Venezuelas ehemaligen Herrscher Nicolás Maduro, die ihr Volk bestehlen. Auch sie sind nach der Nullsummenlogik reich geworden.

Das Marktsystem basiert jedoch nicht auf Raub oder Betrug und ist kein Nullsummenspiel. Das für kapitalistische Systeme charakteristische Wirtschaftswachstum ermöglicht es, dass manche Menschen sehr reich werden – ohne dass dies auf Kosten anderer Menschen geschieht, die gleichsam automatisch ärmer würden. Brian Acton und Jan Koum haben WhatsApp erfunden und 2014 für 19 Milliarden Dollar an Facebook verkauft. Inzwischen nutzen drei Milliarden Menschen WhatsApp und können damit nicht nur Nachrichten und Dateien versenden, sondern kostenlos telefonieren. Die beiden WhatsApp-Erfinder haben heute zusammen ein Vermögen von über 20 Milliarden Dollar. Reich geworden sind sie durch eine Idee. Ist die Ungleichheit dadurch gestiegen, dass es jetzt zwei weitere Multimilliardäre gibt? Sicherlich. Hat es aber irgendwem geschadet, außer vielleicht Anbietern von teuren Telefontarifen?

Wie Reichtum im Kapitalismus entsteht, kann man gut am Beispiel des Einzelhändlers ALDI zeigen. ALDI ist in rund 18 Ländern vertreten und betreibt ungefähr 12.000 bis 13.000 Filialen. Der Großteil davon befindet sich in Europa, insbesondere in Deutschland, wo ALDIs Geschichte begann. Weitere große Märkte sind die USA, Großbritannien und Australien. Als der ALDI-Gründer Theo Albrecht im März 2010 starb, war er der drittreichste Mann in Deutschland und stand auf der *Forbes*-Liste der Milliardäre weltweit auf Platz 31 mit einem geschätzten Vermögen von 16,7 Milliarden Dollar. Vier Jahre später starb sein Bruder Karl und hinterließ ein Vermögen von 29 Milliarden Dollar.

Im Jahr 1913 hatten die Eltern von Karl und Theo Albrecht ein kleines Lebensmittelgeschäft mit 35 Quadratmetern eröffnet. Nach dem Zweiten Weltkrieg eröffneten die Brüder ein Lebensmittelgeschäft nach dem anderen in Deutschland. Ihr erfolgreiches Konzept entstand zunächst aus der Not heraus. Nach dem Krieg hatten sie nicht genug Geld, um genügend Waren für das übliche reichhaltige Sortiment zu kaufen. Sie begnügten sich also zunächst einmal mit einem kleinen Warensortiment, hatten jedoch vor, dieses später zu erweitern. Karl Albrecht erinnerte sich später: »Wir wollten unsere Filialen dann wie ein normales Einzelhandelsgeschäft mit einem breiten Lebensmittelsortiment eindecken. Das taten wir dann allerdings nicht, denn wir erkannten, dass wir auch mit unserem kleinen Warensortiment ein gutes Geschäft machen konnten und dass unsere Unkosten verglichen mit den anderen Betrieben sehr niedrig blieben und zum größten Teil auf unser kleines Warensortiment zurückzuführen waren.«[72]

Die beiden Brüder begriffen, dass sie angesichts ihres nur kleinen Warenangebots ihren Kunden einen anderen Vorteil bieten mussten, damit diese bei ihnen einkauften. Seit 1950 verfolgten sie konsequent ihre Strategie, ein beschränktes Warenangebot zu einem besonders günstigen Preis anzubieten. »Unsere ganze Werbung liegt im billigen Preis, und sie ist so wirksam, dass der Kunde es auf sich nimmt, Schlange zu stehen«, schrieb Albrecht.[73] Das Warensortiment umfasste damals nur 250 bis 280 Artikel. Es war auf den Theken und in den Regalen für den Kunden gut sichtbar angeordnet, auf Dekorationen im Laden wurde bewusst verzichtet.

Anders als andere Einzelhändler gaben die Albrecht-Brüder Preissenkungen beim Einkauf in vollem Umfang an ihre Kunden weiter. »Man ist nur allzu leicht geneigt, einen Preis, auch wenn er im Einkauf gefallen ist, weiterlaufen zu lassen. Das würde sich allerdings unangenehm rächen, denn das, was man erreichen muss, ist, dass der Kunde den Glauben gewinnt, nirgendwo billiger einkaufen zu können. Hat man das erst einmal erreicht – und ich glaube, dass das bei uns der Fall ist –, so nimmt der Kunde alles in Kauf.«

1960 besaßen die beiden Brüder bereits 300 Läden und erzielten einen Umsatz von 90 Millionen D-Mark. Sie benannten das Unternehmen in *Albrechts Discount*, kurz ALDI, um und teilten es untereinander auf. Theo Albrecht übernahm unter dem Namen ALDI Nord das Gebiet nördlich des Ruhrgebietes, Karl Albrecht übernahm mit ALDI Süd die Region südlich dieser Linie. Bald entdeckten auch die Wettbewerber die Möglichkeiten, die das Discount-Prinzip bot. Es entstanden viele, zum Teil sehr erfolgreiche Ketten, die ALDI kopierten. Den Nutzen davon haben die Millionen Verbraucher, die nun bei ALDI und anderen Discountern billig einkaufen können. Besonders stark profitieren Menschen mit einem schmalen Geldbeutel.

Ein anderes Beispiel ist Sam Walton, der Gründer von Walmart. Walton war in den 80er-Jahren über mehrere Jahre der reichste Mann der Vereinigten Staaten. Er hatte im Jahr 1945 sein erstes Einzelhandelsgeschäft eröffnet. Für 25.000 Dollar erwarb er die Franchise-Rechte an einem Laden in einer Kleinstadt. 5.000 Dollar davon brachte er mit, die anderen 20.000 lieh er sich von seinem Schwiegervater. Schon im ersten Jahr betrug der Umsatz 105.000 Dollar, während der Voreigentümer nur auf 72.000 Dollar gekommen war. Im zweiten Jahr stieg der Umsatz auf 140.000 Dollar und im dritten auf 172.000 Dollar. Der Eigentümer des Ladens war so beeindruckt von dem Erfolg, dass er sich weigerte, den Mietvertrag nach dem Auslaufen zu verlängern. Er wollte, dass sein Sohn Franchisenehmer werden und den erfolgreichen Laden weiterführen sollte.

Walton erinnert sich: »Es war der Tiefpunkt meines Lebens als Geschäftsmann. Mir war hundeelend zumute. Ich konnte nicht glauben, dass mir das passierte.«[74] Er hatte den Laden aufgebaut, und nun war er gezwungen, ihn aufzugeben. Doch damit begann seine Erfolgsgeschichte. Er zog nach Bentonville um, einer kleinen Stadt mit 3.000 Einwohnern, und eröffnete 1950 einen neuen Laden. Es sollte einer der ersten Selbstbedienungsläden in den Vereinigten Staaten werden. Walton, der immer neugierig war, neue Dinge auszuprobieren, hatte in einem Magazin einen Artikel über die ersten beiden Selbstbedienungsläden gelesen und war so fasziniert von der Idee, dass er beschloss, diese selbst auszuprobieren. Er erkannte früher als viele andere, dass den Discountern die Zukunft gehören würde.

Waltons erstes Geschäft war ein Erfolg, aber die Konkurrenz schlief nicht. Seine Wettbewerber erkannten ebenfalls das Potenzial des neuen Einzelhandelsformats. »Uns war klar, dass wir gut daran taten, so schnell wie möglich neue Läden zu eröffnen.«[75] Und Walton war wirklich schneller als jeder andere. Er kaufte ein kleines Flugzeug und verbrachte oft die ganze Woche damit, durch die Vereinigten Staaten zu fliegen und zu schauen, wo es interessante Standorte für einen neuen Walmart geben könnte. Hatte er aus der Luft ein Grundstück identifiziert, landete er, machte den Besitzer ausfindig und erwarb es, um dort einen Walmart zu errichten. Dabei konzentrierte er sich zunächst auf Kleinstädte, die von vielen Mitbewerbern ignoriert wurden. 1970 besaß er 32 Läden, 1972 waren es schon 51, 1974 gab es bereits 78 Walmarts, 1976 stieg die Zahl auf 125, 1978 eröffnete der 195. Laden und 1980 der 276.

Heute besitzt Walmart über 10.000 Filialen in 19 Ländern.[76] Anfang Februar 2026 knackte Walmart als erster Einzelhändler die Marke von einer Billion Dollar beim Börsenwert. Damit stieß das US-Unternehmen in einen exklusiven Club besonders wertvoller Unternehmen vor, dem unter anderem die Tech-Riesen Nvidia, Microsoft, Alphabet und Apple angehören.

Natürlich gab es in den Fällen von Aldi, Walmart oder auch bei Amazon Verlierer, nämlich jene Geschäfte, die, weil sie teurer waren, ein weniger reichhaltiges Angebot hatten oder aus anderen Gründen von den Kunden als weniger attraktiv angesehen wurden. Aber die Entscheidung darüber haben die Konsumenten selbst getroffen, weil sie den Nutzen der neuen Anbieter für sich höher eingeschätzt haben. Es ist die gleiche Situation wie bei der Erfindung des Personal Computers, durch die die Hersteller von Schreibmaschinen das Nachsehen hatten, oder bei der Erfindung der Digitalkamera, die klassische Anbieter wie Kodak vom Markt drängte. Aber auch hier waren es wieder die Kunden, die diese Entscheidungen getroffen haben. Ganz demokratisch im Sinne von Mehrheitsentscheidungen. Und die Wirtschaft blieb dabei nicht statisch, sondern wuchs insgesamt.

Im Kapitalismus entscheiden eben die Verbraucher, die Kunden, wer reich wird. Wenn Sie die Liste der reichsten Menschen der Welt durchgehen, werden Sie feststellen, dass die meisten von ihnen als Unternehmer reich geworden sind, indem sie Nutzen für viele Menschen gestiftet haben. Elon Musk wurde durch Unternehmen wie PayPal, Tesla und SpaceX reich, Jeff Bezos durch Amazon, Larry Page und Sergej Brin durch Google, Bill Gates durch Microsoft, Larry Ellison durch Oracle usw. Kapitalismus bedeutet Demokratie in der Wirtschaft – nur, dass die Menschen nicht alle vier Jahre an der Wahlurne abstimmen, sondern jeden Tag durch ihre Kaufentscheidungen. Wenn Sie googeln, bei Amazon kaufen oder einen Tesla erwerben, machen Sie die Superreichen noch reicher. Reichtum entsteht also nicht, indem die Reichen den Armen etwas wegnehmen, sondern indem sie Nutzen stiften.

Unternehmer sind Menschen mit guten Ideen, die reich werden, indem sie dort Chancen entdecken, wo andere sie nicht sehen. Der amerikanische Ökonom Israel Kirzner prägte den Begriff der »Alertness«. Nach seiner Definition ist der Unternehmer ein Entscheider, dessen Rolle darin bestehe, bis dahin unerkannte Gelegenheiten zu entdecken.[77]

Sozialisten sehen Arme und Reiche als Antagonisten im Klassenkampf. Die Armen können ihre Situation nur durch Umverteilung verbessern, wenn man den Reichen noch mehr nimmt – besonders gern durch höhere Steuern. Oder aber man schafft Reichtum vollkommen ab. Dieses Mittel ist in den ehemaligen sozialistischen Staaten gescheitert und hat dort zu Armut und Diktatur geführt.

Der linke US-Politiker Bernie Sanders hat immer wieder die Abschaffung von Milliardären gefordert, und linke Politiker in Deutschland wie der Chef von Die Linke, Jan van Aken, oder der Juso-Vorsitzende Philipp Türmer haben die gleiche Forderung erhoben. »Ich will keine Milliardäre mehr in Deutschland haben. Es gibt ein gewisses Ausmaß an Reichtum, das einer Gesellschaft schadet«, erklärte Türmer in einem Interview.[78]

Schauen wir uns mal die gängigen Milliardärs-Rankings von Forbes oder Bloomberg an, in welchen Ländern es keine Milliardäre gibt. Da werden entweder sehr arme Länder wie Bangladesh, Haiti, Afghanistan, Jemen, Eritrea und Südsudan oder arme und kommunistische Länder wie Kuba und Nordkorea genannt. Die meisten Milliardäre gibt es, bezogen auf die Bevölkerung, in Ländern wie Monaco, Singapur, Liechtenstein oder der Schweiz. Auch Schweden steht mit 43 Milliardären auf nur etwa zehn Millionen Einwohner sehr weit oben in diesem Ranking. Hätte Deutschland die gleiche Milliardärsdichte wie Schweden, müssten bei uns 344 Milliardäre leben, tatsächlich sind es nur halb so viele. Übrigens ist die Milliardärsdichte in den USA lange nicht so hoch wie in Schweden.[79]

Viele Milliardäre sind also gut für ein Land – und nicht schlecht. Denn viele Milliardäre gibt es in einer prosperierenden Wirtschaft, von der am Ende auch die Ärmeren profitieren. Wenn die Antikapitalisten in ihrer Argumentation zum Thema Armut und Reichtum nicht weiterkommen, weil der weltweite Rückgang der Armut nicht zu leugnen ist, führen sie einen anderen Begriff in die Diskussion ein: »relative Armut«. Gemeint sind damit Menschen, die weniger als 60 Prozent des Medianeinkommens haben. Wie absurd dieser Begriff ist, sieht man an einem Gedankenexperiment: Hätten auf einmal alle doppelt so viel Einkommen (inflationsbereinigt), würde die relative Armut gleich bleiben. Wenn aber auf einmal niemand mehr Geld hätte, dann wäre die relative Armut auf null gesunken. Nur würden in diesem Fall bedauerlicherweise alle verhungern.

Wirtschaft funktioniert nicht so, wie es sich Nullsummengläubige vorstellen. Intuitiv scheint es einzuleuchten: »Wenn der Staat die Steuern erhöht, nimmt er mehr Steuern ein und kann diese Mehreinnahmen dann für Bildung oder Infrastruktur ausgeben oder auch an die Ärmeren umverteilen.« Tatsächlich ist es aber oft gerade andersherum: Sinkende Steuersätze können zu steigenden Steuereinnahmen führen. Das wurde immer wieder bewiesen – hier nur drei Beispiele:

Im August 1981 verabschiedete der US-Kongress Ronald Reagans Steuerreform. Der persönliche Einkommensteuersatz sank nach dem »Economic Recovery Tax Act of 1981« über drei Jahre schrittweise um 25 Prozent. Auch andere Steuern wurden gesenkt, so etwa die Kapitalertragsteuer und die Unternehmenssteuern. Es war die größte Steuersenkung in der Geschichte der USA. Das Finanzministerium errechnete auf dieser Basis eine Steuerentlastung für die Bürger in den Jahren 1981 bis 1986 von 718 Milliarden Dollar.

Reagan hoffte, dass die Steuereinnahmen durch das Wachstum, das die Senkung der Steuersätze bewirken würde, sogar noch steigen würden. Er hatte dies vor seiner Wahl versprochen. Reagan konnte das, was Ökonomen als die »Laffer-Kurve« (benannt nach Reagans Berater Arthur Laffer) bezeichnen, in einfachen Worten erklären. Auf einer Pressekonferenz im Oktober 1981 zitierte er einen muslimischen Philosophen namens Ibn Khaldün, der gesagt habe: Am Beginn der Dynastie wurden hohe Steuereinnahmen aus niedrigen Steuersätzen generiert. Am Ende der Dynastie wurden kleine Steuereinnahmen mit hohen Steuersätzen generiert. Und wir, so Reagan, wollen mit geringeren Steuersätzen höhere Steuereinnahmen generieren. Genau so sollte es tatsächlich kommen:[80] 1981 hatten die Steuereinnahmen bei 347 Milliarden Dollar gelegen. Bis 1989 waren sie um 58 Prozent auf 549 Milliarden Dollar gestiegen. Die Steuereinnahmen erhöhten sich in Reagans Amtszeit nur etwas weniger als später in den Jahren von George Bush und Bill Clinton, obwohl seine Nachfolger die Steuern erhöhten und Reagan sie gesenkt hatte.[81]

Großbritannien war, bevor Margaret Thatcher an die Regierung kam (sie regierte von 1979 bis 1990), das Land in Europa mit dem höchsten Spitzensteuersatz (bis zu 98 Prozent). Nach Thatchers Reformen war es das europäische Land mit dem niedrigsten Spitzensteuersatz (40 Prozent), sieht man einmal von Steueroasen wie Liechtenstein oder Monaco ab. 1976 hatte Großbritannien noch kurz vor dem Staatsbankrott gestanden und musste wie ein Entwicklungsland einen Kredit beim Internationalen Währungsfonds (IWF) in Anspruch nehmen. 1978 betrug das Haushaltsdefizit 4,4 Prozent des Bruttosozialproduktes (in Deutschland waren es damals 2,4 Prozent). Zehn Jahre später, 1989, schloss der Haushalt Großbritanniens mit einem Überschuss von 1,6 Prozent ab. Die Staatsschulden, die 1980 noch 54,6 Prozent des BIP ausmachten, waren bis 1989 auf 40,1 Prozent gesunken. Dies war möglich, weil Steuersenkungen und andere Liberalisierungen zu hohen Steuereinnahmen für den Staat führten.[82]

Im Juni 2023 war ich in Madrid und sprach mit Ökonomen, die mir die gleiche Geschichte berichteten: Seit die prokapitalistische Isabel Díaz Ayuso Präsidentin der Autonomen Regionalregierung von Madrid wurde, haben die Bewohner dort 24 Milliarden Euro Steuern gespart, weil zahlreiche regionale Steuern abgeschafft oder gesenkt wurden. Und die Steuersenkungen bewirkten Wachstum: Seitdem die Autonome Gemeinschaft Madrid 2004 mit einer Politik der Steuererleichterungen begann, hat sich das regionale BIP-Wachstum bis 2021 auf 29 Prozent erhöht und lag damit 16 Prozentpunkte über dem nationalen Durchschnitt (13 Prozent).

Es hat sich in Madrid erneut bestätigt, dass – was Linke nie verstehen werden – Steuersenkungen zu deutlich höheren Steuereinnahmen führen können. Arthur Laffer dürfte sich freuen, dass seine Theorie wieder einmal eine Bestätigung fand.

Was intuitiv nach der Nullsummenlogik richtig erscheint – Steuererhöhungen führen zu Steuermehreinnahmen, mit denen der Staat dann mehr Geld für Bildung und andere wichtige Dinge ausgeben kann –, hat sich allzu oft als falsch erwiesen. Das Nullsummendenken in der Wirtschaft ist schädlich, denn es verführt die Menschen zu irrationalen Konzepten wie Umverteilung oder gar Verstaatlichung. Die vermeintliche

Logik ist ganz simpel: Da der Reiche angeblich nur deshalb reich ist, weil er dem Armen etwas weggenommen hat, muss man dem Reichen etwas (oder vielleicht auch alles) nehmen, um das Los der Armen zu verbessern. Funktioniert hat das jedoch noch nirgendwo auf der Welt.

3.

Warum gilt Profit als verdächtig?

Im Jahr 2018 habe ich mit einem Team 560 Spielfilme analysiert. 43 davon, in denen reiche Menschen eine wichtige Rolle spielen, nahmen wir anhand eines detaillierten Codebuchs genauer unter die Lupe.[83] Reiche wurden in diesen Filmen – von denen die meisten in Hollywood produziert wurden – deutlich negativer dargestellt als Nichtreiche. Ein immer wiederkehrendes Motiv war: *Reiche sind bereit, für ihre wirtschaftlichen Ziele über Leichen zu gehen.* Die Filme folgten der Nullsummenlogik: Profit wird erzielt auf Kosten anderer. Hier einige Beispiele, vermutlich sind einige Filme dabei, die Sie schon gesehen haben:

- *Spiel mir das Lied vom Tod*: Ein Eisenbahnunternehmer engagiert Banditen, die unschuldige Menschen und sogar Kinder ermorden, weil sie seinen wirtschaftlichen Zielen im Weg stehen.
- *Flammendes Inferno*: Ein Bauunternehmer spart aus Profitgier beim Brandschutz, was zu einer Feuerkatastrophe führt, in der viele Menschen sterben.
- *Maske des Zorro*: Der Reiche plant, Hunderte von Minenarbeitern zu opfern, um an einen Schatz zu kommen.
- *James Bond 007 – Casino Royale*: Ein Banker engagiert einen Attentäter, der einen Flugzeug-Prototypen in die Luft sprengen soll. Per Börsenspekulation möchte er so ein Vermögen verdienen. Den Tod aller Beteiligten nimmt er billigend in Kauf.

- *James Bond 007 – Ein Quantum Trost*: Der Unternehmer Greene will einen Militärführer als Staatschef von Bolivien einsetzen, um an Wasserreserven zu gelangen. Dafür geht er über Leichen.
- *Wall Street*: Der reiche Börsenmakler möchte die Firma BlueStar Airlines nach der Übernahme zerschlagen und in Einzelteilen verkaufen. Damit wird er Hunderte von Arbeiterfamilien in den Ruin treiben.
- *The Wolf of Wall Street*: Der Investmentbanker und seine Firma beteiligen sich an Pennystocks und verbreiten anschließend falsche Nachrichten bzw. Gerüchte über das Unternehmen, um den Aktienkurs in die Höhe zu treiben und so ein Vermögen zu machen.
- *Ocean's 13*: Ein reicher Casino-Besitzer betrügt seinen weniger reichen Geschäftspartner, um sich dessen Spielbank anzueignen, und nimmt dabei auch den Herzinfarkt des anderen in Kauf.

Aber schlimmer noch als in Hollywood ist es in deutschen Krimiserien:

Für eine Studie wurden 2024 sämtliche Folgen der beliebtesten deutschen Krimiserie »Tatort« seit 2018 ausgewertet.[84] Wer waren die Bösewichte? Das Ergebnis: In 39 Folgen waren Unternehmer, Manager oder Selbstständige die Mörder – der Spitzenplatz. Damit lagen sie noch vor Berufskriminellen (28 Folgen). Dichtauf folgten Polizisten als Mörder (23-mal). Unternehmer wurden als profitgierig dargestellt, da sie – im wörtlichen Sinne – bereit sind, für Profit über Leichen zu gehen.

Solche Filme haben unsere Sicht vom Profit als Ergebnis eines Nullsummenspiels mitgeprägt. Medien und Filme, so ein Ergebnis meiner Untersuchung, tragen einerseits dazu bei, solche Vorstellungen zu verbreiten, knüpfen aber auch an Klischees an, die unabhängig davon existieren. Letzteres wird bestätigt durch eine Analyse, die ein Jahr vor meiner Untersuchung der Hollywood-Filme veröffentlicht wurde, die ich jedoch damals leider nicht kannte. Jonathan Baron, Amit Bhattacharjee und Jason Dana forschen an der Erasmus University, der Yale

University und der University of Pennsylvania und veröffentlichten die Ergebnisse 2017 in einer Fachzeitschrift unter der Überschrift: »Anti-Profit-Beliefs: How People Neglect the Societal Benefits of Profit«.[85]

In sieben Studien zeigten sie, »dass Menschen Unternehmensgewinne grundsätzlich als im Konflikt mit dem gesellschaftlichen Wohl stehend wahrnehmen; diese Sichtweise bezeichnen wir als *Anti-Profit-Überzeugungen.* Insgesamt sprechen diese Ergebnisse dafür, dass die vorherrschende Auffassung von Gewinnen einer Nullsummenlogik folgt.«[86] In einer Studie wurden die Personen gebeten, die Höhe des Gewinns von bekannten Unternehmen auf einer Skala von 0 (kein Gewinn oder Verlust) bis 5 (weit überdurchschnittlicher Gewinn) zu schätzen. Zudem wurden sie gefragt: »Was denken Sie insgesamt über den Wert dieses Unternehmens für die Gesellschaft?«[87] Im Anschluss wurden weitere Fragen gestellt, so etwa: »Gehen diese Gewinne (falls es welche gibt) auf Kosten anderer?«[88]

Es gab eine eindeutig negative Korrelation zwischen der vermuteten Höhe des Gewinns und dem Nutzen dieser Firma für die Gesellschaft. Nur bei elf Prozent der Befragten war es umgekehrt – sie sahen einen positiven Zusammenhang zwischen der Höhe des Gewinns und ihrem Wert für die Gesellschaft. Die meisten Teilnehmer hatten »Anti-Profit-Beliefs«. Und jene Firmen, bei denen die Versuchsteilnehmer höhere Gewinne vermuteten, waren auch diejenigen, von denen die Befragten vermuteten, dass sie den Gewinn auf Kosten anderer erzielen.[89]

Die Analyse der Erhebung zeigte: »Die Befragten hielten größere Gewinne für weniger gerechtfertigt und glaubten, dass sie vor allem auf Kosten anderer erzielt werden. Dies entspricht der Vorstellung, dass wirtschaftlicher Austausch ein Nullsummenspiel ist, bei dem der Gewinn des einen den Verlust des anderen bedeutet.«[90] In einer weiteren Studie wurde Befragten eine Liste mit 40 Branchen vorgelegt, jeweils mit einem typischen Beispiel wie etwa Investmentbanken (wie Morgan Stanley oder Citigroup) oder Metallproduzenten (wie etwa US Steel). Danach wurden die Teilnehmer gefragt, wie hoch sie die Gewinne einschätzen, die typischerweise in der betreffenden Branche erzielt werden, und wie sie den Wert der Branche für die Gesellschaft einschätzten. Zudem wurden ihnen Aussagen über typische – positive und negative – Geschäftspraktiken in der betreffenden Branche vorgelegt. Wie in der ersten Studie gab es eine klar negative Beziehung zwischen der Höhe des vermuteten Profits in einer Branche und deren Wert für die Gesellschaft. Auch in dieser Studie wurde wieder die Nullsummenlogik deutlich, denn »profitablere Branchen werden als solche wahrgenommen, die Verbrauchern überhöhte Preise abverlangen«.[91] Das Ergebnis der beiden Studien zeigte, so die Wissenschaftler, »dass Menschen Profit so wahrnehmen, als sei der Marktaustausch grundsätzlich ein Nullsummenspiel«.[92]

In einer dritten Studie wollten die Wissenschaftler herausfinden, wie gewinnorientierte und nicht-gewinnorientierte Unternehmen (»For-Profit vs. Non-Profit«) im Vergleich wahrgenommen werden. Dabei wurden Felder herangezogen, in denen sowohl For-Profit- wie Non-Profit-Firmen tätig sind, z. B. eine Organisation, die Unternehmen bei der Umstellung auf nachhaltige und energieeffiziente Produktionsprozesse hilft. Ergebnis: »Die Teilnehmer bewerteten das Vorhandensein eines Gewinnmotivs als schädlicher als dessen Abwesenheit, selbst bei konstant gehaltenen Geschäftspraktiken. Dies deutet auf das Vorhandensein von Anti-Gewinn-Überzeugungen hin.«[93] Vier weitere Studien kamen zu ähnlichen Befunden. Die Wissenschaftler zeigten, dass ein Grund für das Anti-Profit-Denken die ausschließliche Fixierung der Befragten auf einfach zu verstehende kurzfristige Zusammenhänge war, wo es tatsächlich eine Nullsummenlogik geben kann. So können etwa geringere Sicherheitsstandards bei Produkten kurzfristig den Gewinn erhöhen, aber mittel- und langfristig zu massiven Reputationsverlusten der Firmen führen, die dann auch den Gewinn schmälern. Diese sehr viel komplexeren und langfristigen Auswirkungen von Verhaltensweisen wurden nicht berücksichtigt.

Der Managementberater Hermann Simon, bekannt durch sein Buch »Hidden Champions« und viele weitere Werke, die in über 30 Sprachen übersetzt wurden, hat sich einen Spaß daraus gemacht und in einer Fußgängerzone 100 Passanten zum Thema »Unternehmensgewinne« befragt. Natürlich wusste er, dass das keine repräsentative Befragung war, aber er wollte nicht vor allem Zahlen, sondern die Reaktionen der Menschen beobachten. Er ließ die Passanten schätzen, wie viel Gewinn nach Steuern übrigbleibt, wenn ein Unternehmen 100 Euro Umsatz erzielt. Die Gewinne der Unternehmen wurden von den Passanten mit 22,8 Prozent maßlos überschätzt (tatsächlich waren es 3,2 Prozent).[94]

Gewinn oder doch zumindest ein Gefühl für Gewinnmargen schien vielen Befragten in der Fußgängerzone fremd. Einige verweigerten die Antwort mit der Begründung, sie lehnten Gewinn grundsätzlich ab. Noch negativer wären die Reaktionen vermutlich ausgefallen, hätte Simon gefragt, was man von »Gewinnmaximierung« halte. Simon meint, wenn man in weiten Kreisen der Gesellschaft Empörung auslösen und die Menschen gegen sich aufbringen wolle, dann solle man sich zu diesem Ziel bekennen: »Ich bin für Gewinnmaximierung!« Dagegen hält er, »dass Unternehmen in der Marktwirtschaft nach Gewinnmaximierung streben sollen, weil sie andernfalls Gefahr laufen, im Wettbewerb unterzugehen«.[95]

Gewinn, so Simon, bringe Freiheit mit sich. »Ein Unternehmer, der Gewinne erwirtschaftet, verringert damit seine Abhängigkeit von Banken, Kunden und Lieferanten. Er kann frei entscheiden, wie er mit seinem Gewinn verfährt. Er kann den Gewinn ausschütten, in das bestehende Unternehmen reinvestieren, zum Aufbau neuer Geschäfte einsetzen oder auch für gemeinnützige Zwecke spenden. Gewinn gewährt Freiheit. Das Umgekehrte gilt ebenfalls: Wer als Unternehmer Verluste einfährt, verliert Freiheit und Autonomie. Die Banken schränken seine Spielräume ein, er ist auf jeden Auftrag angewiesen, die Arbeitnehmer fürchten um ihre Arbeitsplätze, wodurch sich das Betriebsklima verschlechtert.«[96]

Jeder, der in einem Unternehmen gearbeitet hat, das über mehrere Jahre keine Gewinne machte, kann das bestätigen. Arbeitnehmer sind nicht dumm, sie verstehen, dass ihr Arbeitsplatz sicherer und dass mehr Spielraum für Lohnerhöhungen gegeben ist, wenn das Unternehmen sprudelnde Gewinne verzeichnet. Umgekehrt wissen sie, dass möglicherweise die Existenz der ganzen Firma (und damit auch ihr eigener Arbeitsplatz) gefährdet ist, wenn Verluste eingefahren werden. Dass das Wort »Profit« einen so schlechten Klang hat, liegt unter anderem am Nullsummendenken, wonach die Profite eines Unternehmens umso höher sind, je rücksichtsloser das Unternehmen seine Mitarbeiter ausbeutet und Konsumenten mit überhöhten Preisen über den Tisch zieht.

Unternehmer, die zu geringe Löhne zahlen oder ihre Mitarbeiter schlecht behandeln, müssen jedoch damit rechnen, dass Mitarbeiter kündigen und das Unternehmen verlassen oder vielleicht in die innere Kündigung gehen, also sich nicht mehr mit ihrer ganzen Kraft einbringen, sondern »Dienst nach Vorschrift« machen und öfter mal krankfeiern. Und natürlich wissen Unternehmer, dass, wenn sie den Kunden zu hohe Preise abverlangen oder die Qualität der Produkte mindern, sie Platz machen für Wettbewerber, die geringere Preise verlangen und bessere Qualität liefern. Unternehmen, die gute Qualität zu niedrigen Preisen anbieten können, werden langfristig mehr Marktanteile gewinnen, die Konkurrenz schlagen und höhere Gewinne erzielen. Niedrigere Preise und bessere Qualität schaden dem Unternehmen dann nicht, sondern nutzen ihm: Beide sind Gewinner, die Kunden und das Unternehmen.

Trotzdem sehen nicht nur viele Arbeitnehmer Profite kritisch, sondern sogar manche Unternehmer, besonders in Deutschland, wo schon das Wort »Profit« einen negativen Klang hat. Simon berichtet (ohne die Firmennamen zu nennen) von Unternehmen, die für viele andere stehen: Ein hoch reputables Unternehmen, der Firmenchef ist 66 Jahre alt und arbeitet 60 Stunden die Woche. Auf die Frage nach dem Gewinn antwortet er: »Eigentlich machen wir keinen Gewinn, aber wir sind immer über die Runden gekommen, haben stets genügend investiert und stehen recht gut da.« Tatsache ist, dass das Unternehmen in den letzten acht Jahren viermal marginale Gewinne und viermal Verluste gemacht hat. Das Jahresergebnis lag jeweils nahe Null, die Verluste waren also nicht dramatisch, die Gewinne jedoch ebenfalls minimal. Und der Unternehmer versteht nicht, warum ihm niemand das Unternehmen zu seinen realitätsfernen Preisvorstellungen abkaufen will.[97]

Ein anderes Unternehmen, Hidden Champion im Anlagenbau, wird seit 36 Jahren von einem begeisterten Ingenieur geleitet, der heute 70 ist. Nie wurde ein Arbeitnehmer entlassen, die Belegschaft ist hoch qualifiziert, der Maschinenpark auf dem neuesten Stand. Das Unternehmen scheint bestens dazustehen und macht einen Umsatz zwischen 50 und 100 Millionen Euro. Aber: In den letzten neun Jahren hat die Firma viermal Verluste erlitten, in vier Jahren mit Mühe eine schwarze Null erreicht und lediglich in einem Jahr eine Nettoumsatzrendite von fünf Prozent erwirtschaftet. Der Inhaber freut sich über sein Wissenskapital, seine Marke, seinen Immobilienbesitz und wundert sich, dass er keinen Investor findet. »Er will einfach nicht akzeptieren, dass die miserable Gewinnhistorie den Unternehmenswert massiv nach unten drückt, schlimmstenfalls sogar einen Verkauf unmöglich macht.«[98]

Der Eigentümer dieses Unternehmens sagt: »In meiner Welt sind die Motive des Wirtschaftens nicht in erster Linie hohe Finanzergebnisse. Fur mich ist das nicht das Wichtigste in meiner Tätigkeit. Wenn das Grundbedürfnis eines normalen finanziellen Ergebnisses gedeckt ist, reicht mir das. Danach gibt es dann andere Motive, wie die Suche nach Perfektion, Freude an Neuentdeckungen, die Lust an der gemeinsamen Arbeit und die Freude an unseren Erfolgen.«[99] Sicherlich würden die meisten Journalisten und Intellektuellen einen solchen Unternehmer loben, dem es nicht um den »schnöden« Profit geht, sondern um Selbstverwirklichung. Nur: Was er tut, ist hochriskant. Und auch verantwortungslos gegenüber seinen Arbeitnehmern. Denn wer so geringe Gewinne macht, steht immer nur einen Meter vor dem Abgrund.

An der Börse ist es nicht umsonst so, dass die Gewinnerwartungen der Unternehmen den Kurs von Aktien maßgeblich beeinflussen. Aktionäre lieben Unternehmen, die Gewinne machen – oder bei denen sie das zumindest für die Zukunft erwarten. Ja, manche Unternehmen können auch attraktiv sein, obwohl sie heute noch Verluste machen. Aber damit jemand trotzdem in das Unternehmen investiert bzw. die Aktie kauft, muss das Unternehmen überzeugen, dass die Verluste von heute nur vorübergehend sind (vielleicht ein Ergebnis hoher Investitionen bzw. Ausgaben, um Marktanteile zu gewinnen), aber in der Zukunft von höheren Gewinnen abgelöst werden.

Manche Menschen sind nicht ganz gegen Gewinne eingestellt. Sie meinen nur, Gewinne dürften nicht »zu hoch« sein. Wann aber ist ein Gewinn »zu hoch« und wann nicht? Wie hoch der Gewinn ist, wird auf dem Markt entschieden. Und die Konkurrenz zwischen den Unternehmen begrenzt die Gewinnhöhe. Andererseits gibt es die reine oder perfekte Konkurrenz nur im ökonomischen Modell, und immer wieder kommt es zur Bildung von Monopolen, die weit überdurchschnittliche Gewinne erzielen.

Dabei meint Monopol keineswegs, dass es nur noch ein einziges Unternehmen in diesem Segment gibt.[100] Adam Smith hat in seinem Werk »Wohlstand der Nationen« mit »Monopol« nicht nur ein Unternehmen bezeichnet, das Alleinanbieter ist, sondern Unternehmen, die die »wirksame Nachfrage nie völlig befriedigen«, um ihre Waren »weit über dem natürlichen Preis« zu verkaufen. Als »natürlichen Preis« verstand Smith den Preis, der unter den Bedingungen freier Konkurrenz erzielbar wäre.[101] Auch manche modernen Ökonomen definieren Monopole in diesem breiteren Sinn als Firmen, die durch Kontrolle des Marktangebots eine gewisse Preiskontrolle erlangt haben, selbst wenn sie nicht der einzige Anbieter in ihrem Markt sind.[102]

Zu unterscheiden ist dabei zwischen Monopolen für bereits bestehende Produkte, die oft problematisch sind, weil das Monopol keine Rolle bei der Schaffung der Ware und der Entstehung des Nettowerts spielt, und Monopolen für Produkte, die durch die betreffende Firma selbst erst hervorgebracht wurden und die eine nützliche Funktion haben könnten.[103]

Monopole können vorübergehend eine positive Rolle einnehmen, da sie Extragewinne erzielen – und diese Extragewinne sind der Treiber von Effizienz und Innovation. Wenn es darum geht, völlig neue Produkte und Märkte zu entwickeln, dann bedeutet dies ganz andere Risiken und Erfordernisse als das Agieren in etablierten Märkten. Dieses erhöhte Risiko gehen Unternehmer am ehesten dann ein, wenn die Aussicht auf – zumindest vorübergehende – Monopolgewinne lockt, die deutlich über den normalen Gewinnspannen liegen.

»In einer dynamischeren, realen Wirtschaft, in der die Entwicklung oder der Fortschritt in gewisser Weise systematisch antizipiert werden soll«, so betonen die amerikanischen Ökonomen Richard B. McKenzie und Dwight R. Lee in ihrem Werk »In defense of monopoly«, »müssen daher gewisse überdurchschnittliche Gewinne erzielt werden, und dieses Rentabilitätsniveau muss über dem Niveau liegen, das in einem vollkommenen Wettbewerbsumfeld erreicht werden kann«.[104] Also auch exorbitant hohe Gewinne, die vor allem durch Monopolsituationen entstehen, haben ihre ökonomische Berechtigung und nützen der gesamten Gesellschaft. Das Unternehmen SpaceX hat heute zweifelsohne eine Position, die den Markt dominiert[105], aber dies hat mit dazu beigetragen, Innovationen zu ermöglichen, die anderen Raumfahrtunternehmen – ob staatlich oder privat – in den Jahrzehnten davor nicht gelungen waren.

Aber selbst bei Unternehmen, die durch Innovationen besonders hohe Profite erzielen, geht der Großteil des Nutzens dieser vorübergehenden Monopolgewinne an die Konsumenten, nicht an die Unternehmer. Das zeigt, dass auch und gerade diese Profite kein Nullsummenspiel sind. Der Nobelpreisträger William Nordhaus hat aufgezeigt, dass Unternehmer nur einen kleinen Teil des gesamtwirtschaftlichen Nutzens dieser Innovationen als Gewinn behalten. In seinen Schätzungen bleiben etwa zwei bis drei Prozent dieses zusätzlichen Nutzens bei den Innovatoren als sogenannte schumpeterianische Profite. Der überwiegende Teil, rund 97 bis 98 Prozent, kommt den Konsumenten zugute, etwa durch niedrigere Preise und durch Investitionen in bessere Qualität oder neue Produkte.[106]

Über die Höhe der Gewinne bestimmt am Ende der Konsument. »Gewinn und Verlust«, so Ludwig von Mises, »sind die Mittel, mit denen die Verbraucher ihre Vormachtstellung auf dem Markt ausüben. Das Verhalten der Konsumenten lässt Gewinne und Verluste aufscheinen und verlagert damit das Eigentum an den Produktionsmitteln von den Händen der weniger Effizienten in die der Effizienteren … Ohne Gewinn und Verlust wüssten die Unternehmer nicht, was die dringendsten Bedürfnisse der Verbraucher sind.«[107] Alle Versuche, die Lenkungsinstrumente von Preisen und Gewinnen auf die Entscheidungen von Politikern und Beamten zu verlagern, ob nun in sozialistischen Systemen oder etatistisch deformierten Marktwirtschaften, sind gescheitert.

Die meisten Menschen arbeiten als Angestellte und haben daher ein Angestelltendenken verinnerlicht, wonach der Lohn im Verhältnis zu den geleisteten Arbeitsstunden steht oder zumindest stehen sollte. Deshalb verstehen sie nicht, dass ein Unternehmer möglicherweise 1.000-mal so viel verdient wie sie selbst. Sie sehen den Gewinn des Unternehmers als dessen Lohn an, und Lohn sollte sich danach richten, wie lange jemand gearbeitet und möglicherweise noch, wie sehr er sich angestrengt hat oder wie gut seine Ausbildung ist. Diese eigenen Erfahrungen und Maßstäbe übertragen Angestellte fälschlicherweise auf den Unternehmer, obwohl dessen Gewinn keineswegs ein Entgelt für die von ihm aufgewendete Arbeitszeit ist. Wenn der Unternehmer aber zum Beispiel 1.000-mal so viel verdient wie sie, dann finden sie das unangemessen und halten seinen Gewinn für ein Ergebnis von Ausbeutung.

Die höchsten Gewinne machen oft diejenigen, die den meisten Menschen dienen. Selbst ein gut gelegener Kiosk hat meist nur einige Hundert Kunden am Tag, deshalb wird der Besitzer auch nicht reich. Anders war es bei den Albrecht-Brüdern und Sam Walton, über die ich im vorherigen Kapitel geschrieben habe, und die Abermillionen Kunden dienten. Der reichste Deutsche ist heute Dieter Schwarz, in dessen Läden Lidl und Kaufland Millionen Menschen einkaufen. Auch wenn Sie die Liste der reichsten Menschen der Welt anschauen, werden Sie oft einen Zusammenhang erkennen zwischen dem Reichtum der Person und der Anzahl der Menschen, denen das Unternehmen dient: Jeff Bezos wurde durch Amazon reich, sein Unternehmen hat mehrere Hundert Millionen aktive Kundenkonten weltweit. Larry Page und Sergej Brin machten ihr Vermögen durch Google, das inzwischen von mehreren Milliarden Menschen genutzt wird. Gleiches gilt für Mark Zuckerbergs Unternehmen wie Facebook, Instagram oder WhatsApp.

Obwohl die wenigsten Menschen »Das Kapital« von Karl Marx gelesen haben, leuchtet ihnen spontan eine Grundaussage der Marx'schen Mehrwerttheorie ein, wonach der sogenannte Mehrwert aus Arbeitszeit des Arbeitnehmers resultiert, für die der Unternehmer nichts bezahlt. Diese Mehrwerttheorie wurde jedoch schon Ende des 19. Jahrhunderts von dem Ökonomen Eugen von Böhm-Bawerk widerlegt.[108] Die Mehrwerttheorie baut auf der Werttheorie auf, die Marx im 1. Kapitel des 1. Bandes des »Kapitals« entwickelt. Er entwickelt diese Theorie nicht aus der Empirie, sondern aus deduktiven Ableitungen, die jedoch voller logischer Widersprüche sind.

Die Funktion des Unternehmers wurde nicht nur von Marx, sondern von vielen Ökonomen verkannt, und auch die meisten Menschen verstehen sie nicht, daher begreifen sie nicht die Quelle des Gewinns. Der Ökonom Israel Kirzner, den ich bereits im vorangegangenen Kapitel erwähnte, hat den Begriff des »Pure Entrepreneur«[109] geprägt, der weniger eine tatsächliche, empirisch existierende Persönlichkeit ist als eine Beschreibung der konstitutiven, spezifischen Eigenschaften des Unternehmers, abstrahiert von allen anderen Rollen, die tatsächliche Unternehmer gleichzeitig spielen mögen. Nach seiner Definition ist dieser »Pure Entrepreneur« ein Entscheider, dessen ganze Rolle darin bestehe, bis dahin unerkannte Gelegenheiten zu entdecken.[110]

»Pure Entrepreneurs« starten eben mit keinerlei Mitteln, sie generieren Profit aus der Erkenntnis von Chancen. Das heißt natürlich nicht, dass der tatsächliche Unternehmer nichts besitzt, sondern dies ist bei Kirzner eine notwendige gedankliche Konstruktion, um dessen spezifische Rolle zu verstehen. Der spanische Ökonom Jesús Huerta de Soto, der sich auf Kirzner bezieht, spitzt diesen Gedanken zu, wenn er formuliert, dass die Gewinne des Unternehmers »in gewisser Weise aus dem Nichts resultieren und aus diesem Grunde als reine unternehmerische Gewinne bezeichnet werden können. Um unternehmerische Gewinne zu erzielen, ist es daher nicht erforderlich, bereits über Mittel zu verfügen, sondern es ist notwendig, unternehmerisch gut zu handeln.«[111]

Kirzner folgt Mises in seinem Ansatz, den er als eine »Arbitrage«-Theorie des Profits beschreibt.[112] Voraussetzung dafür sei die Erkenntnis des begrenzten Wissens. Die Möglichkeit des reinen Unternehmergewinns werde erst durch die Unvollkommenheit des Wissens der Marktteilnehmer generiert. »Diese Chancen können von jedem ergriffen werden, der ihre Existenz entdeckt, bevor andere dies getan haben.«[113]

Die Marx'sche Mehrwerttheorie erscheint indes eingängiger und leuchtet dem Nullsummengläubigen intuitiv ein: Der Gewinn des Unternehmers (der Mehrwert) ist gleichbedeutend mit der unbezahlten Arbeit, die der Arbeiter für ihn leistet, also ein Ergebnis von Ausbeutung. Vermutlich war die Mehrwerttheorie, obwohl sie so kompliziert ist, dass die meisten Menschen sie nicht durchdringen dürften, deshalb so erfolgreich und populär, weil die Menschen darin eine scheinbar wissenschaftliche Begründung der Nullsummentheorie sahen: Was dem Arbeiter vorenthalten wird, eignet sich der Unternehmer an.

4.

Handel ist kein Nullsummenspiel

Donald Trump hat es immer und immer wieder gesagt: »Für mich ist das schönste Wort im Wörterbuch ›Zoll‹. Es ist mein Lieblingswort.«[114] Oder: »Ich sage immer: ›Zölle‹ sind für mich das schönste Wort im Wörterbuch.«[115] Trump hat über die Jahre zu so ziemlich allen Dingen entgegengesetzte Meinungen geäußert. Mal forderte er eine hohe einmalige Steuer für die Reichen, dann eine allgemeine vom Arbeitgeber abzuschließende Krankenversicherung mit Zuschüssen für Bedürftige.[116] Anfang der 90er-Jahre forderte er eine höhere Besteuerung der Reichen und die Rücknahme der Steuersenkungen aus der Zeit von Ronald Reagan. Ein Höchststeuersatz von 50 oder 60 Prozent sei besser für das Land. Zudem müsse man den Drogenkonsum entkriminalisieren.[117] Bekanntlich vertrat er aber auch genau das Gegenteil dieser Positionen.

Zwischen 1999 und 2012 wechselte Trump sieben Mal die Partei. Auf die Frage, was er Kritikern entgegnen würde, die dies als Beleg für einen Mangel an echten politischen Überzeugungen ansähen, entgegnete Trump: »Ich glaube, das hatte eher praktische Gründe, denn wenn man sich für ein Amt bewirbt, dann muss man Freundschaften knüpfen.«[118]

Nur in einer Beziehung blieb sich Trump treu: beim Thema »Zölle«. Früher machte er die Japaner bzw. das Handelsdefizit mit Tokio für Amerikas Probleme verantwortlich. So erklärte er 1987, Amerikas Handelsdefizit mit Japan solle mit einer härteren Verhandlungstaktik angegangen werden: »Wenn sie mit uns verhandeln, machen die Japaner lange Gesichter. Aber wenn die Verhandlungen vorbei sind, bin ich fest davon überzeugt – ich habe es allerdings nie gesehen –, dass sie sich vor Lachen ausschütten.«[119] Die Ursache für die Probleme Amerikas sei: »Wir werden von vielen fremden Ländern, die angeblich unsere Freunde sind, abgezockt und geschwächt.«[120]

30 Jahre später, im Januar 2017, beklagte er: »Wenn man die Fifth Avenue entlanggeht, hat doch jeder einen Mercedes-Benz vor seinem Haus stehen, oder? Wie viele Chevrolets sieht man in Deutschland? Nicht sehr viele, vielleicht gar keine … es ist eine Einbahnstraße.«[121] Trump nannte das immer wieder unfair. Auf die Idee, dass Mercedes vielleicht bessere Autos herstellt als Chevrolet und daher auch Amerikaner gerne Mercedes kaufen, aber Deutsche nicht so gerne Chevrolet, kam Trump nicht. Er hat bei vielen Wählern Erfolg, wenn er abwechselnd Japaner, Deutsche oder Chinesen zum Sündenbock erklärt, auf die negative Handelsbilanz der USA hinweist und höhere Zölle fordert.

Den 2. April 2025 erklärte Trump zum sogenannten Liberation Day. Erneut argumentierte er, die Vereinigten Staaten seien seit Jahrzehnten unfair behandelt worden. Kern der Ankündigung waren neue Einfuhrzölle auf Waren aus fast allen Ländern. Ein allgemeiner Basissatz von zehn Prozent sollte auf die meisten Importe erhoben werden. Zusätzlich waren höhere sogenannte reziproke Zölle vorgesehen. Diese sollten Länder mit großen Handelsüberschüssen gegenüber den USA besonders treffen. Ziel war es laut Trump, das Handelsdefizit zu verringern. Dazu sollte auch mehr Produktion in die USA zurückgeholt werden. Trump sprach davon, amerikanische Arbeiter schützen zu wollen.

An den Finanzmärkten kam es unmittelbar nach den Ankündigungen zu massiven Kurseinbrüchen. Nach wenigen Tagen wuchs der politische Druck auf die US-Regierung. Wirtschaftsverbände warnten vor langfristigen Schäden. Politiker von Republikanern und Demokraten zeigten sich besorgt. Als Reaktion auf die Turbulenzen setzte Trump Teile der Zölle aus. Diese Aussetzung war zunächst auf 90 Tage begrenzt. In den folgenden Monaten gab es ein ständiges Hin und Her mit

Ankündigungen neuer Zölle, Zurücknahme dieser Ankündigungen, neuen Ankündigungen, Ausnahmen, weiteren Ausnahmen usw. Das Thema Zölle ließ Trump nie los. Die Liebeserklärung an Zölle mutet eigenartig an, denn schließlich sind Zölle auch eine Art von Steuer. Und wie fiele die Reaktion aus, wenn insbesondere ein angeblicher Verfechter der Marktwirtschaft verkünden würde: »Für mich ist das schönste Wort im Wörterbuch ›Steuern‹. Es ist mein Lieblingswort«? Sicherlich würde er dafür kaum Zustimmung erhalten, sieht man mal von einigen hartgesottenen Sozialisten ab.

Doch Trump und viele andere Politiker in der Geschichte ernteten große Zustimmung mit ihren Parolen gegen Freihandel und für Protektionismus. Es ist verständlich, dass Industrieunternehmen, die sich vor der Konkurrenz aus dem Ausland fürchten, eine solche Politik unterstützen – und ebenso die Arbeiter in diesen Unternehmen, die fürchten, ihre Arbeitsplätze zu verlieren, oder sie vielleicht schon verloren haben.

Oft werden diese Menschen »Globalisierungsverlierer« genannt. Tatsächlich können durch die Globalisierung Jobs verloren gehen, besonders (aber nicht nur) von wenig qualifizierten Arbeitern. Ich werde später in diesem Kapitel noch genauer auf diese Auswirkungen eingehen. Wir müssen hier jedoch zunächst einmal unterscheiden zwischen den Auswirkungen auf die Arbeitsplätze und den Auswirkungen auf den Konsum. Steven Pinker weist darauf hin, dass die Wirkungen der Globalisierung ungeheuer positiv sind, wenn man auf den Konsum schaut. Definiere man Armut nicht über den Verdienst der Menschen, so Pinker, sondern über ihren Konsum, dann sei die Armutsrate in den USA seit 1960 um 90 Prozent zurückgegangen, von 30 Prozent der Bevölkerung auf nur noch drei Prozent. »Die Globalisierung mag Gewinner und Verlierer produzieren, was Einkommen betrifft, aber im Hinblick auf Konsum macht sie fast jeden zum Gewinner.«[122]

Man sieht das daran, wie viele Stunden ein Amerikaner arbeiten musste, um sich bestimmte Produkte kaufen zu können: 1973 waren mehr als 100 Arbeitsstunden nötig, damit er sich einen Farbfernseher anschaffen konnte, 30 Jahre später nur noch 21 Stunden. 1973 arbeitete er 72 Stunden für eine Waschmaschine, drei Jahrzehnte später waren es 23 Stunden. Don Watkins und Yaron Brook listen in ihrem Buch »Equal is unfair« elf Haushaltsgeräte auf, für die ein Amerikaner 1973 insgesamt 575 Stunden arbeiten musste – 2013 waren es nur noch 170 Stunden.[123] Und dies, obwohl sich die Qualität der Produkte in diesem Zeitraum erheblich verbessert hat: Ein Farbfernseher im Jahre 1973 war von deutlich schlechterer Brillanz und Auflösung als im Jahr 2013, und eine Waschmaschine verbrauchte früher sehr viel mehr Strom als heute.

Dieser Konsumgewinn erklärt auch, warum Freihandel selbst bei Billiglohnkonkurrenz nicht automatisch netto Arbeitsplätze vernichtet. Wenn Konsumenten dank billiger Importe weniger ausgeben müssen für Kühlschränke, Textilien oder Waschmaschinen, dann ist das eine reale Einkommenssteigerung. Die Menschen sind reicher, auch wenn ihr nominelles Einkommen unverändert bleibt. Und dieses zusätzlich verfügbare Geld wird nicht gehortet, sondern ausgegeben: für Dinge, die man sich zuvor nicht leisten konnte, oder für bessere Versionen dessen, was man ohnehin kaufen wollte. So verschiebt sich die Nachfrage von früher teuren Grundgütern hin zu neuen Gütern und Dienstleistungen. Dadurch entstehen dann in anderen Bereichen Arbeitsplätze. Das Wachstum der Gastronomie- und Freizeitbranche in den letzten Jahrzehnten wäre kaum denkbar gewesen, wenn der Durchschnittshaushalt noch immer einen so großen Teil seines Budgets für Haushaltsgeräte und Kleidung hätte reservieren müssen wie in den 1970er-Jahren.

Übrigens profitieren Menschen aus unteren Einkommensklassen überproportional bei einem freieren Handel, wie Pablo Fajgelbaum und Amit Khandelwal von der University of California und der Yale University nachgewiesen haben: »Die Analyse über mehrere Sektoren hinweg ergibt, dass die Vorteile des Handels typischerweise die Armen begünstigen. Der Grund ist, dass die Armen ihre Ausgaben vor allem in stärker vom Handel geprägten Sektoren tätigen und dass diese Sektoren niedrigere Preiselastizitäten haben.«[124] Eine niedrige Preiselastizität bedeutet, dass die Nachfrage nach einem Produkt nur geringfügig auf eine Preisänderung reagiert.

Aber Konsumenten haben – anders als mächtige Industrieunternehmen – keine Lobby. Und die Argumente von Protektionisten wie Trump treffen auch deshalb auf viel Zustimmung, weil sie dem Zero-Sum Mindset exakt entsprechen. Das haben die Psychologen Samuel G. B. Johnson, Jiewen Zhang und Frank C. Keil von der University of Warwick, der University of California und der Yale University nachgewiesen. In ihrem Beitrag »The psychological underpinnings of zero-sum thinking« (2018)[125] belegen sie, dass Nullsummenglaube ein Grund für die Befürwortung von Protektionismus ist.

Versuchsteilnehmern wurden mehrere Situationen geschildert, in denen Personen Produkte wie ein Hemd oder ein Auto bzw. Dienstleistungen wie einen Haarschnitt erwarben. Es wurden Alltagssituationen beschrieben wie etwa »Sally geht in Tonys Bekleidungsgeschäft. Sie bezahlt Tony 30 Dollar für ein Shirt«.[126] Insgesamt wurden zwölf Transaktionen – acht davon Käufe und vier Tauschgeschäfte – beschrieben.

»Die Teilnehmer bewerteten anschließend das Wohlergehen von Käufer und Verkäufer … relativ zu ihrem Wohlergehen vor der Transaktion. Wenn Menschen die zugrunde liegenden Prinzipien von Volkswirtschaften verstehen, sollten sie angeben, dass sowohl der Käufer als auch der Verkäufer nach jeder Transaktion besser gestellt sind, da die Transaktionen freiwillig sind. Wenn Menschen hingegen in Nullsummen-Kategorien denken, könnten sie glauben, dass entweder der Käufer oder der Verkäufer durch die Transaktion keinen Vorteil erlangt hat oder sogar schlechter gestellt war als zuvor.«[127]

Fast jeder Versuchsteilnehmer (94 Prozent) glaubte, in mindestens einer von zwölf Transaktionen habe eine der beiden Parteien nicht von der Transaktion profitiert. Dabei war auffällig, dass die Käufer häufiger als diejenigen angesehen wurden, die aus der Transaktion keinen Vorteil gezogen hätten. Die Wissenschaftler sprechen von einem »intuitiven Merkantilismus«.

Zur Erklärung: Der Merkantilismus war eine Wirtschaftslehre, nach der der Reichtum eines Staates vor allem an der Menge seines Geldes (Gold und Silber) gemessen wird und Geld daher mehr wert ist als Waren. Deshalb förderte der Staat Exporte und hemmte Importe, damit unter dem Strich möglichst viel Geld ins eigene Land fließt. Vermutlich hat die Mehrheit der Versuchsteilnehmer noch nie von dieser aus dem 16./17. Jahrhundert stammenden Theorie gehört, die Ökonomen wie Adam Smith später widerlegten. Aber intuitiv halten sie Geld offenbar für wertvoller als Waren und sehen den Verkäufer im Vorteil. Dem Exporteur fließt Geld zu, dem Importeur die Waren. Da die USA wesentlich mehr importieren als exportieren, klingt Trumps Behauptung, die USA würden durch »unfaire« Praktiken ausgenutzt, für viele Amerikaner plausibel.

Es mag sein, dass weitere Motive ebenfalls eine Rolle spielen, vielleicht Patriotismus oder auch Nationalismus, der andere Länder gerne als Sündenbock für die eigenen Probleme sieht. In einem weiteren Aufsatz über »Consumers' beliefs about the effects of trade« (2019)[128] gingen Johnson, Zhang und Keil der Frage nach, ob Nationalismus wirklich der Hauptgrund sei. Dagegen spricht, dass die Personen auch beim Handel innerhalb der Vereinigten Staaten den Verkäufer im Vorteil sahen. »Dies scheint im Widerspruch zu der Vorstellung zu stehen, dass die Ablehnung des internationalen Handels hauptsächlich auf Feindseligkeit gegenüber der eigenen Fremdgruppe zurückzuführen ist, denn zwischen (beispielsweise) Arizona und Iowa dürfte es kaum tief sitzende Ressentiments geben. Ebenso sind diese Sorgen über Währungsströme über die Grenzen zwischen US-Bundesstaaten hinweg unvereinbar mit der Annahme, der Merkantilismus sei eine Präferenz, die uns von unseren politischen Lagern aufgezwungen werde, da Handelsungleichgewichte auf Ebene der Bundesstaaten nicht politisiert werden.«[129]

Der »intuitive Merkantilismus« vieler ökonomischer Laien steht im Widerspruch zu der Sicht der meisten Wissenschaftler. Auch wenn Ökonomen in manchen Dingen eine unterschiedliche Meinung haben, in Bezug auf den Freihandel stimmten 95 Prozent der Ökonomen (die ansonsten zum Teil gegensätzliche Positionen einnahmen) bei einer Befragung mit der These überein, dass »ein freierer Handel die Produktionseffizienz steigert sowie die Konsumoptionen erweitert und diese Wohlfahrtsgewinne langfristig größer sind als die Beschäftigungseffekte«.[130]

Schon Adam Smith erkannte, dass Handel kein Nullsummenspiel ist, weil Spezialisierung und Arbeitsteilung die Gesamtproduktion erhöhen. Er argumentierte, durch freiwilligen Austausch entstehe zusätzlicher Wohlstand, statt lediglich den vorhandenen umzuverteilen. Aus diesem Grund widersprach er der Vorstellung, der Reichtum der einen gehe zwangsläufig auf Kosten der anderen.

In seinem Werk über den »Wohlstand der Nationen« wandte sich der schottische Ökonom gegen die Lehre der Merkantilisten und den Protektionismus: »Kann das Produkt des einheimischen Gewerbefleißes ebenso wohlfeil geliefert werden wie das des fremden, so ist die Maßnahme offenbar nutzlos, kann es das aber nicht, so muss sie in der Regel schädlich sein. Bei jedem klugen Handwerker ist es eine Regel, niemals etwas im Haus machen zu lassen, was ihn weniger kosten würde, wenn er es kaufte. Dem Schneider fällt es nicht ein, seine Schuhe zu machen, sondern er kauft sie vom Schuhmacher; dem Schuhmacher fällt es nicht ein, sich seine Kleider zu machen, sondern er beschäftigt den Schneider, und dem Landmann fällt es nicht ein, sich eines oder das andere zu machen, sondern er setzt jene beiden Handwerker in Nahrung.«[131] Und was im Kleinen gelte, das gelte auch im Großen, so Smith: »Wenn uns ein fremdes Land mit einer Ware wohlfeiler versehen kann, als wir sie selbst zu machen imstande sind, so ist es besser, dass wir sie ihm mit einem Teil vom Erzeugnis unseres eigenen Gewerbefleißes, in welchem wir vor dem Ausland etwas voraushaben, abkaufen.«[132]

Der britische Ökonom David Ricardo entwickelte diese Einsicht weiter und formulierte das Prinzip der komparativen Vorteile. Er zeigte, dass selbst ein weniger effizientes Land vom Handel profitieren kann, wenn es sich auf jene Güter spezialisiert, die es relativ am günstigsten produziert. Dadurch wächst die insgesamt verfügbare Gütermenge, was beiden Handelspartnern zugutekommt. Ricardos Theorie beweist, dass Handel den »Kuchen« vergrößert, statt ihn nur zu teilen.

Anschaulich lässt sich dieser Gedanke mit dem Beispiel von zwei Personen vergleichen, von denen die eine besser kocht und die andere besser repariert. Auch wenn eine Person beides besser könnte, ist es für beide sinnvoll, sich jeweils auf das zu konzentrieren, was ihnen im Vergleich leichter fällt. Tauschen sie anschließend ihre Leistungen, haben am Ende beide mehr davon, als wenn jeder alles selbst erledigt. Genau dieses Prinzip überträgt Ricardo auf Länder und internationalen Handel.

Diese Theorien wurden gerade in den goldenen Jahren der Globalisierung glänzend bestätigt. Von 1990 bis 2015 sanken die Zölle weltweit drastisch. 1991 betrug der durchschnittliche Zollsatz der Länder mit niedrigem und mittlerem Einkommen fast 33 Prozent, der von Ländern mit hohem Einkommen 9,2 Prozent. Im Jahr 2015 lagen diese Sätze bei 8,2 Prozent beziehungsweise 4,2 Prozent.[133] Wir haben bereits im zweiten Kapitel gesehen, dass in dieser Zeit der weltweiten Liberalisierung die Armut so stark zurückging wie nie zuvor in der Geschichte. Der freiere Handel war dabei eine wichtige Komponente.

In den 1990er-Jahren senkten vor allem die südostasiatischen Länder, die von einem sehr hohen Zoll-Niveau kamen, die Zölle drastisch. In den Jahren 1980 bis 1985 lagen die Zölle in Südasien noch bei durchschnittlich über 60 Prozent, 1996 bis 1998 waren die Sätze um mehr als die Hälfte auf etwa 30 Prozent gesunken. Dagegen sanken die Zölle in Afrika und im Nahen Osten sehr viel weniger.[134] Douglas Irwin, der sich 2025 ausführlich mit der Frage »Does trade reform promote economic growth?« befasst hat, weist auf das methodische Problem hin, dass es schwierig ist, den Anteil von Handelsreformen am wirtschaftlichen Wachstum zu messen, da Handelsliberalisierung nur einer von vielen Faktoren ist, der im gleichen Zeitraum das Wirtschaftswachstum eines Landes beeinflusst.[135] Es gibt zu der Frage, wie man den Anteil von Handelsliberalisierungen am Wachstum methodisch möglichst gut isolieren kann, vermutlich so viele mögliche Ansätze wie es Ökonomen gibt, aber für unsere Fragestellung ist der genaue Anteil von Handelsreformen am Wirtschaftswachstum nicht entscheidend.

Ich möchte das am Beispiel eines Landes zeigen, mit dem ich mich sehr intensiv beschäftigt habe: Vietnam.[136] Es war 1990 das ärmste Land der Welt, fast 80 Prozent der Bevölkerung lebten in Armut. Inzwischen ist diese Quote auf nur noch drei Prozent gesunken. Grund für diesen Rückgang waren marktwirtschaftliche Reformen, die Ende der 80er-Jahre begannen. Die konsequente Öffnung des Landes war Teil dieser Reformen, die ich als »kapitalistische Reformen« bezeichnen möchte.

Die Öffnung Vietnams seit Ende der 1980er-Jahre ermöglichte vor allem auch ausländische Investitionen in dem Land – und die Integration in die kapitalistische Weltwirtschaft. 1989 wurde ein Auslandsinvestmentgesetz verabschiedet und es kamen erste Investitionen aus Westeuropa, Singapur, Südkorea, Thailand, Hongkong, Japan, Australien und anderen Staaten. Bis zum Beginn der Reformen dominierte der Staat die Außenwirtschaft. Außenhandel erfolgte vor allem mit den sozialistischen Ländern, allen voran mit der Sowjetunion. 1990 war die UdSSR nicht mehr in der Lage und nicht mehr willens, sozialistische Staaten zu unterstützen. Eine der wichtigsten Reformmaßnahmen in Vietnam war es, das System der zentralen Planvorgaben abzuschaffen und die Eigenverantwortung von Unternehmen für ihre Export- und Importgeschäfte zu fördern. Private Import- und Exportaktivitäten wurden genehmigt und Vietnam gelang es in kurzer Zeit, den Handel mit sozialistischen Ländern durch den Handel mit kapitalistischen Ländern, vor allem in Asien (Taiwan, Südkorea, Hongkong, Singapur, Japan) sowie Australien zu ersetzen.

Seit den frühen 1990er-Jahren ist die Integration Vietnams in die globale Weltwirtschaft »die wichtigste Triebfeder für die hervorragenden wirtschaftlichen Ergebnisse Vietnams dank Förderung von Wettbewerb und einem marktfreundlichen Wirtschaftsumfeld«.[137] Vietnam ist heute Mitglied in sämtlichen wichtigen internationalen Wirtschaftsorganisationen und -institutionen, so etwa ASEAN, AFTA, APEC, Weltbank und Internationaler Währungsfonds. Heute ist Vietnams Wirtschaft »eine der offensten für den Welthandel«.[138]

Im »Index of Economic Freedom« der Heritage Foundation von 2025 hat Vietnam in der Kategorie »Trade Freedom« 79,8 Punkte[139], was nicht nur fast zehn Punkte über dem weltweiten Durchschnitt liegt, sondern auch über dem der USA (75,6)[140] und ungefähr gleich hoch ist wie der deutsche (79,6).[141] Kaum ein Land vergleichbarer Größe hat laut diesem Index so viel Handelsfreiheit wie Vietnam, und es gibt nur etwa zwei Dutzend überwiegend kleinere Länder (wie Singapur, die Schweiz oder Irland), deren Handelsfreiheit noch deutlich über der Vietnams liegt.

Vietnam hat eine sensationell hohe Trade-to-GDP-Ratio von 186 Prozent. Die Kennziffer misst, wie stark ein Land in den internationalen Handel eingebunden ist, indem sie den Wert von Exporten plus Importen ins Verhältnis zum Bruttoinlandsprodukt setzt.[142] Eine hohe Quote bedeutet eine offene, stark handelnde Volkswirtschaft, eine niedrige Quote weist auf eine eher binnenorientierte Wirtschaft hin. Vietnam hat zudem eine sehr hohe Global Value Chain (GVC) participation rate. Sie misst den Anteil eines Landes an globalen Wertschöpfungsketten, also wie stark seine Wirtschaft in internationale, mehrstufige Produktionsprozesse eingebunden ist.

Vietnams Wirtschaft gehört inzwischen zu den dynamischsten in Asien. Auch 2025 setzte sich der kräftige Wachstumstrend fort, mit einem realen Zuwachs von sieben bis acht Prozent. Zugleich blieb die Inflation mit rund 3,3 Prozent moderat, während Konsum und Einzelhandel spürbar anzogen. Inzwischen hat Vietnam die Schwelle zu einer

Volkswirtschaft von globaler Relevanz überschritten: Das Bruttoinlandsprodukt bewegt sich im Bereich von rund 500 Milliarden Dollar und das jährliche Pro-Kopf-Einkommen nähert sich der Marke von 5.000 Dollar. Innerhalb weniger Jahrzehnte hat sich das Land damit von einem der ärmsten Staaten der Welt zu einer aufstrebenden Ökonomie mit wachsendem Wohlstand entwickelt.

Die Attraktivität Vietnams für ausländische Investoren erreicht heute neue Höchststände. Allein im Jahr 2025 wurden ausländische Direktinvestitionen von etwa 30 Milliarden Dollar registriert. Vietnam hat sich zu einem zentralen Standort für globale Produktionsnetzwerke entwickelt – insbesondere in technologieintensiven Branchen wie Elektronik, Maschinenbau und erneuerbare Energien.

Das enorme Wirtschaftswachstum und der Rückgang der Armut in Vietnam beweisen, wie unsinnig die These ist, Globalisierung bedeute Ausbeutung von Entwicklungsländern und beraube diese ihrer Chancen. Das Gegenteil ist richtig. Der Lebensstandard in Vietnam hat sich – ebenso wie beispielsweise in Südkorea oder China – auch deshalb verbessert, weil diese Länder sehr stark von der Globalisierung profitiert haben. Internationale Organisationen wie die Weltbank erwarten, dass Vietnam mit jährlichen Wachstumsraten von deutlich über sechs Prozent auch in den kommenden Jahren zu den dynamischsten Volkswirtschaften der Welt zählen wird.

Ein Gegenbeispiel zu Vietnam ist Nepal, eines der ärmsten Länder der Welt. Nur drei Länder in Asien sind noch ärmer. Das Bruttosozialprodukt pro Einwohner beträgt gerade einmal 1.331 Dollar im Jahr.[143] Nach anderen Angaben ist Nepal mit einem durchschnittlichen Jahreseinkommen von 290 Euro pro Kopf nach Afghanistan das zweitärmste Land Asiens und eines der zehn ärmsten Länder der Welt.[144] Auf dem Index der menschlichen Entwicklung belegt es Platz 143 von 191 ausgewerteten Ländern.[145] In der Kategorie »Trade Freedom« des Index of Economic Freedom erreicht Nepal nur 58,4 Punkte[146] und liegt damit weit unter dem internationalen Durchschnitt von 70,3 Punkten.[147] Die

Trade-to-GDP-Ratio für Nepal lag 2023 bei 42 Prozent (zur Erinnerung: Vietnam 187 Prozent).[148]

Ich war mehrfach in Vietnam und 2023 auch in Nepal, sodass ich beide Länder gut vergleichen kann. Ich traf mich in Nepal beispielsweise mit dem Unternehmer Niranjan Shrestha von der Laxmi Group, einer der größten Firmen in Nepal. Er ist unter anderem im Importgeschäft für Autos aktiv: Ein BMW X5 kostet in Nepal aufgrund der hohen Steuern bzw. Einfuhrzölle umgerechnet etwa 400.000 Euro. Die Luxus-Steuer auf diesen Wagen beträgt 328 Prozent.

Es gibt noch viele weitere staatliche Beschränkungen des Wirtschaftslebens, zum Beispiel lange Listen, in welchen Bereichen der Wirtschaft Ausländer nicht investieren dürfen. Investitionen aus dem Ausland sind überwiegend unerwünscht – ein Grund ist, dass man zu viel Einfluss von Indien befürchtet. Handel ist schlecht – und auch Profit ist schlecht in Nepal; ganz anders als in Vietnam, wo die Menschen Handel und Profit lieben.

In Nepal hat der Staat verboten, Produkte um mehr als 20 Prozent über den Gestehungskosten zu verkaufen. Mein Buchverleger z. B. darf kein Buch teurer verkaufen als 20 Prozent über den Kosten. Wer mehr Gewinn macht, muss entweder die Steuerprüfer vom Finanzamt bestechen oder Strafe zahlen, und im schlimmsten Fall wird die Firma geschlossen. Ursprünglich sah das Gesetz eine Freiheitsstrafe von fünf Jahren vor, die inzwischen auf ein Jahr reduziert wurde. Da der Begriff »Ware« in dem Gesetz nicht definiert ist, liegt die Auslegung des Gesetzes im Ermessen der Bezirksverwaltung. In jeder Hinsicht hängen die Politiker in Nepal dem Nullsummenglauben an.

Ich spreche den Unternehmer Niranjan Shrestha auch auf diese 20-Prozent-Gewinnbegrenzung an. Sollte man nicht eine Kampagne dagegen machen? »Das Problem«, sagt er, »besteht darin, dass nicht nur die Politiker, sondern die meisten Menschen in Nepal denken, Gewinn sei Diebstahl, Profit sei etwas Schlechtes. Der Neid auf Erfolgreiche ist die Quelle des Übels.«

Für die armen Länder brachten niedrigere Zölle, freierer Handel und Globalisierung also sehr große Vorteile. Die populäre These, dass sich dadurch die Ungleichheit verstärkte, ist auch nicht zu belegen. Im Gegenteil. Ein Team von amerikanischen Ökonomen hat sich 2025 ausführlich mit dem Thema befasst und die Ergebnisse in dem Beitrag »Lowering trade barriers improves income distribution and economic resiliency« publiziert. Ihr Befund: »Hinsichtlich der Einkommensverteilung stellen wir fest, dass Zollliberalisierung und Maßnahmen zur Handelserleichterung, die von Entwicklungsländern umgesetzt werden, nicht nur die Ungleichheit zwischen Ländern verringern können – da Länder mit niedrigem und mittlerem Einkommen stärker von einem solchen Politikschritt profitieren (ein Ergebnis, das in der bestehenden Literatur weitgehend unterstützt wird) –, sondern auch zu einer progressiven Einkommensverteilung innerhalb der Länder führen, vor allem durch sinkende Nahrungsmittelpreise sowie steigende Löhne für geringqualifizierte Arbeitskräfte. Protektionistische Maßnahmen hingegen verschlechtern sowohl die Einkommensverteilung zwischen Ländern als auch innerhalb der Länder.«[149]

Aber wie sieht das für entwickelte Länder aus? Für Länder wie Deutschland ist es offensichtlich, dass die Menschen massiv von der Globalisierung profitierten. Jeder vierte Arbeitsplatz hängt an der Exportindustrie, und die Deutschen haben zudem von den günstigen Waren aus Asien und anderen Ländern profitiert.

Was die Konsumenten in den USA betrifft, haben wir bereits gesehen, dass der Handel für sie uneingeschränkt positiv ist. Wie sieht es aber mit dem Argument aus, durch die Konkurrenz aus China seien die Arbeitsplätze in den USA vernichtet worden? »Der Anteil der Arbeitsplätze in der Produktion an der Gesamtbeschäftigung außerhalb des Agrarsektors in den USA«, so der renommierte Wirtschaftsjournalist Philip Coggan, »sank von 32 Prozent im Jahr 1950 auf nur noch acht Prozent im Jahr 2024. Wenn es darum geht, die Schuld für den Verlust dieser Arbeitsplätze zuzuweisen, zeigen viele Amerikaner heute mit dem Finger auf China. Aber China ist erst 2001 der Welthandelsorganisation beigetreten, wodurch seine Industrien besseren Zugang zu den westlichen Märkten erhielten. Zu diesem Zeitpunkt war der Anteil der Beschäftigung in der Produktion an der Gesamtbeschäftigung in den USA bereits um 20 Prozentpunkte auf nur noch zwölf Prozent gesunken.«[150] Auch in allen anderen entwickelten Ländern sank die Zahl der Industriearbeitsplätze massiv, und zwar ganz unabhängig davon, ob sie Handelsüberschüsse aufwiesen wie in Deutschland oder ein Defizit wie in den USA.

Das ganze Aufheben, das von Handelsbilanzdefiziten gemacht wird, hat schon Adam Smith als absurd bezeichnet. In den Ohren vieler Menschen klingt das Wort »Überschuss« positiv und das Wort »Defizit« negativ, aber diese Verwirrung kommt daher, dass Volkswirtschaften mit Unternehmen verwechselt werden. »In dieser Vorstellung«, schreibt der Ökonom Stefan Kooths, »werden Exporte als Erlöse aufgefasst, während Importe als Kosten gelten. Die Differenz zwischen beiden ergibt dann den vermeintlichen Gewinn (Exportüberschuss, positiver Außenbeitrag) oder Verlust (Importüberschuss, negativer Außenbeitrag). Das ist ein Rückfall in primitive Formen des merkantilistischen Denkens, der in dem Vorwurf an die Überschussländer gipfelt, sie würden die übrige Welt ›ausbeuten‹ oder ›auf deren Kosten‹ leben.«[151]

Als ich mich mit dem Ökonomen Philipp Bagus dazu austauschte, nannte er ein gutes Bild, das die ganze Absurdität der Verteufelung von Importen und Handelsdefizit deutlich macht: »Wenn ich mich und meine Familie betrachte«, so Bagus, »dann importieren wir alles Mögliche aus dem Rest der Welt, Kleidung, Essen, Haarschnitte, Videospiele, Handys und zahlreiche andere Produkte und Dienstleistungen. Um das bezahlen zu können, exportieren wir an den Rest der Welt. Meine Frau und ich exportieren zum Beispiel Dienstleistungen. Wir halten Vorlesungen an der Universität, darauf haben wir uns spezialisiert. Autarkie, also in diesem Beispiel der Gedanke, wir müssten alles selber in der Familie herstellen, würde in extreme Armut führen. Und warum sollte das, was für die Familie gilt, nicht auch für Städte, Regionen oder Länder gelten? Und warum sollten wir nicht in einem Jahr, in dem wir uns eine Immobilie vom Rest der Welt kaufen, ein Defizit haben und uns dafür verschulden? Diese Schulden tragen wir dann über die Jahre ab, in denen wir einen Handelsüberschuss erzielen.«

Aber Trump, so Bagus, »geht ja noch einen Schritt weiter. Er möchte nicht nur kein Handelsdefizit der USA mit dem Rest der Welt insgesamt. Er wünscht sich auch, mit jedem einzelnen Land bzw. mit jeder Region bilateral einen ausgeglichenen Handel. Die Handelsbilanz soll stets ausgeglichen sein, mit der EU, mit China, mit Mexiko, mit Kanada, Vietnam und allen anderen Ländern. Das ist völlig absurd. Ich habe ein Handelsdefizit mit meinem Bäcker, mit meinem Supermarkt, mit meinem Obsthändler, mit meinem Autohändler, und einen Handelsüberschuss mit meiner Universität, die mich beschäftigt. Wollte ich mit allen eine ausgeglichene Handelsbilanz haben, müsste ich dem Supermarktbesitzer, dem Obsthändler, dem Autohändler Vorlesungen genau im Wert der von mir erworbenen Güter anbieten. Gleichzeitig müsste ich irgendetwas von meiner Universität erwerben, damit ich ihr gegenüber keinen Überschuss erziele. Dann hätte ich mit allen bilateral eine ausgeglichene Handelsbilanz. Nur werden Supermarktbesitzer, Obsthändler und Autohändler kaum an Ökonomievorlesungen interessiert sein. Ähnlich geht es mir mit der Universität. Die Fixierung auf bilateral ausgeglichene Handelsbilanzen würde den Handel vollständig zum Erliegen bringen. Ist der Handel null, ist freilich die Handelsbilanz ausgeglichen. Die Autarkie ist erreicht, und die Vorteile der Spezialisierung und Arbeitsteilung, die unseren heutigen Lebensstandard ermöglichen, verschwinden. Und was für Familien oder Individuen gilt, gilt ebenso für Länder«. So weit der Vergleich von Philipp Bagus.

Wenn ein Land exportiert, liefert es Waren oder Dienstleistungen ins Ausland. Dafür erhält es Geld oder Forderungen auf Geld. Dieses Geld ist aber nur dann sinnvoll, wenn man es später nutzt, um selbst etwas zu kaufen. Der eigentliche Zweck von Exporten ist es, sich Importe leisten zu können. Schon der Ökonom Jean-Baptiste Say (1767–1832) hatte erkannt: Angebot schafft Nachfrage. Wer etwas produziert, schafft damit die Voraussetzung, etwas anderes nachzufragen. Niemand arbeitet, um möglichst viele Euroscheine zu sammeln und sie dann nie auszugeben. Man arbeitet, um Dinge zu kaufen.

Übertragen auf den Außenhandel heißt das: Wer exportiert, tut dies, um importieren zu können. Die Nachfrage nach ausländischen Gütern ist der eigentliche Motor. Es ist falsch, wenn man Exporte isoliert betrachtet. Ein Exportüberschuss wird von manchen fälschlicherweise als sehr erstrebenswert betrachtet, so als wäre es grundsätzlich gut, mehr zu verkaufen als zu kaufen. Wirtschaftlich betrachtet bedeutet ein dauerhafter Exportüberschuss aber, dass ein Land mehr Leistungen erbringt, als es selbst nutzt. Es verzichtet also auf mögliche Importe heute und häuft stattdessen Geldforderungen an.

Zurück zur Frage nach dem Zusammenhang von Handel und Beschäftigung: Eine Studie zeigt, dass etwa 88 Prozent der Arbeitsplatzverluste in der ersten Dekade des 21. Jahrhunderts auf Produktivitätssteigerungen und nicht auf Außenhandel zurückzuführen sind.[152] Das bedeutet nicht, dass die günstigere Produktion in Asien keine Auswirkungen auf den US-Arbeitsmarkt hat. Aber Trumps Versprechen, man könne die Arbeitsplätze durch hohe Zölle wieder in die USA zurückholen, wird nur in Ausnahmefällen funktionieren, die Trump dann natürlich reichlich ausschlachten wird. Die Produktion in den USA ist einfach zu teuer. Motorola musste dies feststellen, als es 2013 eine Smartphone-Fabrik in Texas eröffnete, die bereits nach zwölf Monaten wieder geschlossen werden musste.[153] Analysten schätzen, dass Apple drei Jahre und 30 Milliarden Dollar benötigen würde, um nur zehn Prozent seiner Lieferkette von Asien in die USA zu verlagern. Tatsächlich reagierte Apple auf Trumps Zollerhöhungen für China sofort damit, dass Teile der Produktion verlagert wurden – aber nicht in die USA, sondern nach Indien, was nur zu neuen Zolldrohungen von Trump führte.[154]

In einem Artikel im *Wall Street Journal* am 30. Januar 2026 (»My tariffs have brought America back«) behauptete Trump: »Ich habe Zölle erfolgreich als Instrument eingesetzt, um gewaltige Investitionen in Amerika zu sichern, wie sie kein anderes Land jemals zuvor gesehen hat. … In weniger als einem Jahr haben wir Zusagen in Höhe von mehr als 18 Billionen Dollar erhalten – eine Zahl, die für viele kaum vorstellbar ist.«[155]

Diese Behauptung ist genauso abwegig wie jene, er habe in acht Monaten acht Kriege beendet oder die Medikamentenpreise um »über 1.000 Prozent« gesenkt. Kurz davor hatte Trump die Zahl noch mit 9,6 Billionen angegeben. Aber auch diese Zahl war frei erfunden, wie der US-Ökonom Alan Reynolds nachwies:

»Viele der 132 Ankündigungen auf der 9,6-Billionen-Dollar-Liste des Weißen Hauses betrafen überhaupt keine Investitionen, sondern lediglich Zusagen ausländischer Akteure, mehr US-Produkte zu kaufen. In einer sogenannten ›Investitionsankündigung‹ versprach Japans größter Stromkonzern JERA beispielsweise, Flüssigerdgas im Wert von 200 Milliarden Dollar aus den USA zu beziehen. Na und? Viele Energieunternehmen weltweit sind stark von US-Erdgas abhängig, ob verflüssigt oder nicht. Das ist schlicht ein japanischer Import – keine Investition.

Indien sollte angeblich 500 Milliarden Dollar in eine ›gegenseitige Ausweitung des Handels‹ investieren. Was auch immer das genau bedeuten soll, es ist keine Investition. Wenn zwei Länder vereinbaren, ihre bilateralen Exporte und Importe auszuweiten, handelt es sich nicht um ausländische Investitionen in den USA. Die größten tatsächlichen Investitionspläne – die wenig plausibel Trumps ›Führung‹ oder Zöllen zugeschrieben werden statt der Entwicklung der KI – betreffen Investitionen in ›Technologie & KI‹ durch Amazon, Meta, Apple, Micron, IBM und Google.

Weitere langfristige Investitionspläne in Milliardenhöhe umfassen Forschung und Entwicklung großer Pharmaunternehmen. Doch Forschung und Entwicklung ist nichts Neues – sie entspricht schlicht dem, was Pharmafirmen ohnehin ständig tun, um weiter zu wachsen.

Zahlreiche andere ›Investitionen‹ auf der Liste des Weißen Hauses zum sogenannten ›Trump-Effekt‹ werden als ›Ausweitung der Produktion‹ oder ›Modernisierung von Produktionsanlagen‹ beschrieben. Doch solche Investitionen finden ständig statt – selbst in Rezessionen und sogar bei Unternehmen, die gleichzeitig andere Standorte schließen. In einer Zeile wird etwa aufgeführt, dass Heinz drei Milliarden Dollar in die Modernisierung von Produktionsanlagen investiert, während in der nächsten Zeile steht, Kraft-Heinz investiere ebenfalls weitere drei Milliarden Dollar in die Modernisierung von Produktionsanlagen. Offenbar bemerkten weder die Datenerfasser noch deren Redakteure, dass es sich um ein und dasselbe Unternehmen handelt. Caterpillar wird als Unternehmen aufgeführt, das in ein ›Qualifizierungsprogramm‹ investiert. Und McDonald's kündigte an, in eine ›Erweiterung der Belegschaft‹ zu investieren – anders gesagt: neue Mitarbeiter einzustellen.«[156]

Also bereits die Zahl 9,6 Billionen war frei erfunden, und um sie noch eindrucksvoller zu machen, hat Trump sie dann nochmal verdoppelt, um zu belegen, wie viel zusätzliche Investitionen er durch seine Zollpolitik angeregt hat.

Natürlich hört es sich für Arbeiter verlockend an, wenn Trump verspricht, alles werde wieder so wie früher. Es hört sich besser an als die ehrliche Botschaft: »In Zeiten der Globalisierung, des Internets und von KI ist es unrealistisch, zu erwarten, dass die bisherigen Arbeitsplätze erhalten werden, vor allem nicht die unqualifizierten, aber auch viele qualifizierte nicht. Wer in dieser Welt überleben will, muss sich weiterentwickeln, fortbilden und in Bereiche gehen, in denen menschliche Arbeit nicht so leicht ersetzbar ist.« Ja, das ist nicht für jeden eine Perspektive und klingt in den Ohren der Wähler bestimmt nicht verlockend. Verlockender klingt: »Die Japaner sind schuld. Die Chinesen sind schuld. Die Deutschen sind schuld. Sie sind unfair und überfluten uns mit ihren Waren, aber weigern sich, unsere wunderbaren Autos zu kaufen.«

Amerikanische Unternehmen wissen, wie schädlich Zölle sind. Am 29. April 2025 schrieb der Verband Footwear Distributors and Retailers of America an Trump: »Amerikanische Schuhunternehmen und Familien sind durch solche erheblichen Kostensteigerungen in ihrer Existenz bedroht … Hunderte von Unternehmen stehen vor der Schließung, Zehntausende von Arbeitsplätzen sind in Gefahr.«[157]

Auch viele Farmer waren dramatisch von dem von Trump entfesselten Handelskrieg betroffen. Das wiederum hatte zur Folge, dass Trump viele Milliarden Dollar Subventionen an die Farmer ausschüttete, um diese Folgen zu lindern. Ein klassisches Beispiel für das, was Ludwig von Mises die »Interventionsspirale« nannte. Mises meinte damit, dass staatliche Eingriffe in den Markt unerwünschte Nebenwirkungen erzeugen, weil sie Preissignale und Anreize verzerren. Um diese neuen Probleme zu beheben, greift der Staat erneut ein, was weitere Verzerrungen und wiederum neue Probleme verursacht. So entsteht eine Spirale immer weiterer Interventionen.

In einem Bericht des Congressional Budget Office vom Februar 2026 werden die wirtschaftlichen Auswirkungen der von Trump eingeführten Zölle untersucht.[158] Der Bericht belegt, dass der überwiegende Teil der Belastung nicht von ausländischen Produzenten, sondern von der amerikanischen Wirtschaft selbst getragen wird. 95 Prozent der Kosten landen letztlich bei amerikanischen Konsumenten und Unternehmen.

Zölle werden formal zwar auf importierte Waren erhoben und sollen ausländische Anbieter treffen. In der Praxis erhöhen sie jedoch vor allem die Preise im eigenen Land. Importierte Güter verteuern sich unmittelbar, weil die Zölle den Preisaufschlag darstellen. Gleichzeitig steigen auch die Preise vergleichbarer inländischer Produkte, da die heimischen Hersteller weniger Konkurrenzdruck haben und ihre Preise anheben können. Das bedeutet, dass Konsumenten für viele Waren mehr bezahlen, unabhängig davon, ob sie aus dem Ausland stammen oder im Inland produziert wurden.

Ein weiterer Effekt besteht darin, dass amerikanische Unternehmen, die Vorprodukte aus dem Ausland beziehen, höhere Kosten tragen müssen. Diese Mehrkosten werden entweder an Kunden weitergegeben oder schmälern die Gewinne. Dadurch sinkt die Wettbewerbsfähigkeit dieser Firmen sowohl im Inland als auch auf internationalen Märkten. Besonders betroffen sind Industriezweige, die stark auf globale Lieferketten angewiesen sind.

Der Bericht zeigt, dass die Einnahmen des Staates aus den Zöllen zwar steigen, dies aber kein echter wirtschaftlicher Gewinn ist. Denn diese Einnahmen stammen letztlich aus höheren Preisen, die amerikanische Haushalte und Firmen zahlen. Die Zölle wirken damit wie eine indirekte Steuer auf Konsum und Produktion. Ausländische Exporteure zahlen, anders als Trump behauptet, nur einen kleinen Teil der Kosten, etwa indem sie ihre Preise geringfügig senken, um wettbewerbsfähig zu bleiben. Dieser Anteil wird jedoch in dem Bericht auf nur etwa fünf Prozent geschätzt. Darüber hinaus verweist der Bericht auf breitere wirtschaftliche Folgen. Höhere Importpreise und steigende Produktionskosten führen zu geringerer Nachfrage, schwächerem Wachstum und einer Verringerung der Reallöhne. Die Kaufkraft der Haushalte sinkt, weil ein größerer Teil des Einkommens für dieselben Waren aufgewendet werden muss. Unternehmen investieren unter solchen Bedingungen tendenziell weniger, da ihre Kosten steigen und die Absatzperspektiven unsicherer werden.

Dass höhere Zölle dem Wachstum schaden, haben Ökonomen wiederholt nachgewiesen. Die amerikanischen Wirtschaftswissenschaftler Davide Furceri, Swarnali A. Hannan, Jonathan D. Ostry und Andrew K. Rose haben Jahresdaten für 151 Länder (34 entwickelte Volkswirtschaften und 117 Entwicklungsländer) im Zeitraum von 1963 bis 2014 ausgewertet und sind zu dem eindeutigen Ergebnis gekommen, dass höhere Zölle signifikante negative Auswirkungen auf das Produktionswachstum haben: »Der Effekt ist anhaltend und nimmt mit dem Ausmaß der Zolländerung zu. Unser ökonometrisches Basismodell legt nahe, dass ein Anstieg des Zollsatzes um eine Standardabweichung (entsprechend 3,6 Prozentpunkten) fünf Jahre später zu einem Rückgang der Produktion um etwa 0,4 Prozent führt. Der geschätzte

Produktionsrückgang scheint mit einer geringeren Effizienz beim Einsatz von Arbeit zwischen den Sektoren zusammenzuhängen, mit einer Aufwertung des realen Wechselkurses, die die Wettbewerbsfähigkeit beeinträchtigt (und mögliche Verbesserungen der Handelsbilanz untergräbt), mit höheren Kosten für importierte Vorleistungen, die die Produktionskosten erhöhen, sowie mit zeitlichen Vorzieheffekten, da erwartete Zölle Konsum und Produktion vorziehen, nur um dann einen Einbruch dieser makroökonomischen Variablen zu erleben, sobald der Zoll tatsächlich eingeführt wird.«[159]

Warum verbreiten Politiker protektionistische Parolen, wenn alle Erfahrung zeigt, dass noch niemals ein Land durch Protektionismus reicher geworden ist? Viele Gründe können eine Rolle spielen: ökonomische Unbildung (ein Phänomen, das bei Vertretern aller Parteien anzutreffen ist); die Erfahrung, dass man mit protektionistischen Versprechen Wählerstimmen gewinnen kann; und der Einfluss von Lobbyisten aus Unternehmen, die sich vor ausländischer Konkurrenz schützen wollen.

Aber es gibt noch ein Motiv, das gerade bei Trump eine wichtige Rolle spielt: Die Zollpolitik ist ein Mittel, um sich selbst Vorteile zu verschaffen. Wie viele staatliche Regulierungen macht auch eine willkürliche Zollpolitik Politiker sehr mächtig, da sie nach Gutdünken Zölle erhöhen oder aber – gegen entsprechende Gegenleistungen – Zölle wieder senken können. Die britischen Ökonomen Aris Trantidis und Nick Cowen haben in einem Aufsatz mit dem Titel »Hayek versus Trump. The radical right's road to serfdom« eindringlich vor der Gefahr gewarnt, die Zollpolitik könne zur Erosion von politischer Freiheit und Marktwirtschaft führen: »Wenn partiell-diskriminierende Zuteilungen zur Regel werden, kann es für wirtschaftliche Akteure unmöglich werden, sich dem Einfluss einer politisierten Wirtschaft zu entziehen und die damit verbundene Ausübung von Zwang zu vermeiden. An diesem Punkt erzeugen partiell-diskriminierende Eingriffe nicht nur eine staatlich kontrollierte Wirtschaft, sondern eine politisch kontrollierte

Gesellschaft, in der wirtschaftliche Akteure auf politischer Grundlage identifiziert, ins Visier genommen, belohnt oder diskriminiert werden können. Wird die Zuteilung von Chancen systematisch von einer einzigen politischen Kraft kontrolliert, die bestimmt, wie der Staat Ressourcen verteilt, geraten soziale Gruppen in ein Abhängigkeitsverhältnis, das anstelle von Gewalt partiell-diskriminierende Zuteilungen als sozioökonomische Sanktionen einsetzt, um Bürger zur politischen Loyalität zu zwingen und sie davon abzuhalten, starken Dissens zu demonstrieren.«[160]

Trumps Zollpolitik steht zudem im Verdacht, ein Instrument zu sein, um sich und seiner Familie persönliche Vorteile zu verschaffen. Der Verdacht eines Zusammenhangs zwischen Trumps Zollpolitik und persönlichen Geschäftsinteressen zeigt sich etwa am Beispiel von Vietnam. Anfang April 2025 drohte Donald Trump der Regierung in Hanoi im Rahmen seiner neuen Handelspolitik mit Strafzöllen von bis zu 46 Prozent auf Exporte in die USA. Der renommierte Ökonom Mark Skousen kommentierte das so: »Als Vietnam mit einem bizarren Zoll von 46 Prozent auf seine Exporte in die Vereinigten Staaten bedroht wurde, konterte die dortige Regierung mit dem Angebot eines Null-Prozent-Zollsatzes zwischen beiden Ländern – und Trump lehnte ab. Diese Weigerung Trumps, ein echtes Freihandelsabkommen zu akzeptieren, ist besonders empörend: Ein früherer Feind wird bestraft, der den Marktkapitalismus übernommen hat und den Übeln des Kommunismus schließlich entkommen ist.«[161]

Gleichzeitig verhandelten vietnamesische Behörden mit der Trump Organization über ein groß angelegtes Golf- und Immobilienprojekt. Dieses Projekt mit einem Volumen von rund 1,5 Milliarden Dollar hat die vietnamesische Regierung im Mai 2025 genehmigt. Dies erfolgte auffallend schnell und in einer Phase intensiver handelspolitischer Spannungen mit den USA.[162] Nur wenige Wochen später änderte Trump öffentlich seinen Ton gegenüber Vietnam. Anfang Juli 2025 erklärte er, dass Vietnam die angedrohten 46 Prozent Zölle doch nicht zahlen müsse. Stattdessen kündigte er einen Deal an, der pauschale Zölle von etwa 20 Prozent vorsah. Diese Reduktion wurde als Ergebnis erfolgreicher Verhandlungen dargestellt. Kritiker verweisen darauf, dass die zeitliche Abfolge von Zolldrohung, Resort-Genehmigung und Zollsenkung zumindest den Eindruck eines Interessenkonflikts erweckt. Die Trump-Seite bestreitet einen Zusammenhang, doch der Fall gilt als Beispiel dafür, wie die Grenzen zwischen staatlicher Handelspolitik und privaten Geschäftsinteressen verschwimmen können.

Dass die Zollpolitik von Trump rechtlich nicht haltbar ist, zeigte das Urteil des Obersten Gerichtshofs im Februar 2026, in dem das Recht des Kongresses bekräftigt wurde, Zölle festzulegen, und die exzessive Ausnutzung von Ausnahmegenehmigungen durch Trump kritisiert wurde. Auch zwei von Trump selbst nominierte Richter sahen das so, was nicht verwunderlich ist. Die Rechtslage hier ist eindeutig, wie bereits 2021 Kevin J. Fandl, Professor für Wirtschafts- und Handelsrecht, in seinem Aufsatz »National security tariffs. A threat to effective trade policy« begründete. Er argumentierte, dass Zölle mit Verweis auf nationale Sicherheit häufig politisch instrumentalisiert werden und selten echten Sicherheitszielen dienen. Das Reciprocal Trade Agreements Act (RTAA) von 1934, das solche Ausnahmen ermöglichte, zielte ursprünglich darauf ab, Zölle zu senken und dem Präsidenten begrenzte Flexibilität für Handelsverhandlungen zu geben.[163] Diese Kompetenz war damals eindeutig auf handelspolitische Liberalisierung ausgerichtet gewesen und nicht auf protektionistische Sicherheitszölle. Einen Wendepunkt sieht Fandl im Trade Expansion Act von 1962, insbesondere in Section 232, die erstmals explizit nationale Sicherheit als Begründung für Handelsbeschränkungen verankerte.

Diese Regelung hat dem Präsidenten einen außergewöhnlich großen Ermessensspielraum eröffnet, der heute weit über den ursprünglichen Zweck hinaus genutzt wird. »Zwischen 1962 und 2016 wurde Abschnitt 232 des Trade Expansion Act von 1962 insgesamt 26-mal angewendet. Nur in acht dieser Fälle ergriff ein Präsident Maßnahmen zur Beschränkung des Handels mit Verweis auf die nationale Sicherheit.

Die Trump-Regierung hat sich in starkem Maße auf diesen Abschnitt gestützt, um Erhöhungen von Zöllen auf Importe zu rechtfertigen. Dieser Wandel der Handelspolitik signalisiert das Ende der progressiven Ära, in der Handelsliberalisierung mit nationaler Sicherheit und Demokratisierung verknüpft wurde, und kündigt eine neue protektionistische Phase an.«[164]

Das Gegenteil von Freihandel ist eine Autarkiepolitik. Vor dem Zweiten Weltkrieg wurden in vielen Ländern, besonders in Deutschland, Autarkiekonzepte diskutiert. Der Wirtschaftshistoriker Eckart Teichert schreibt: »›Autarkie‹ und ›Großraumwirtschaft‹ waren populäre Schlagworte, die durch eine schier unübersehbare Flut von Büchern, Broschüren und Aufsätzen verbreitet wurden. Alle diese Publikationen signalisierten pessimistische Erwartungen im Staatsapparat und in der Wirtschaftsbürokratie, in der wissenschaftlichen Nationalökonomie, der Publizistik und in der breiten Öffentlichkeit über die zukünftige Bedeutung der Außenwirtschaft und der weltwirtschaftlichen Ordnung.«[165]

Ferdinand Fried, ein vehementer Verfechter des Autarkie-Konzepts, konnte in seinem 1932 erschienenen Buch »Autarkie« feststellen: »Kaum ein Begriff, in die gegenwärtige öffentliche Diskussion geworfen, hat die Leidenschaften so entzündet wie die ›Autarkie‹, und um keinen Begriff wird heute so heiß und bitter gestritten wie um die ›Autarkie‹.«[166] Die Forderung nach Autarkie war eng mit einer grundsätzlichen Kritik des kapitalistischen Systems und mit dem Ziel gekoppelt, dieses durch eine staatliche Wirtschaftslenkung bzw. Planwirtschaft zu ergänzen oder abzulösen. Fried selbst stellte gleich zu Beginn seines Buches diesen Zusammenhang her: »Die Autarkie steht zum Freihandel wie die Planwirtschaft zur freien Marktwirtschaft.«[167]

Einer der prominentesten Vertreter der Autarkie in der Geschichte war Adolf Hitler. »Die Wirtschaft kann ein Volk grundsätzlich nur dann gesund ernähren«, so Hitler, »wenn sie im inneren Kreise des Volkes bleibt. Wie oft haben wir Nationalsozialisten auch von dieser Stelle aus den Grundsatz vertreten: Gesund ist eine Volksgemeinschaft dann, wenn die Urproduktion des Bodens die industriellen Kräfte ernährt, wenn der eine Teil der Abnehmer des anderen ist. Dann ist das Volk unabhängig von außen und der Körper ist gesund im Inneren organisiert. Sowie aber das Volk zu klein ist, um diesen inneren Kreislauf zu ermöglichen, und gezwungen ist, mit seiner Wirtschaft den äußeren Kreislauf anzutreten, im gleichen Augenblick tritt dieses Volk in den Machtkampf ein.«[168]

Hitler begründete sein Ziel, »Lebensraum im Osten« zu erobern, mit einer ökonomischen Theorie, nämlich der »Schrumpfung der Märkte«. Die europäischen Länder, die USA und Japan kämpften, so Hitler, um einen begrenzten Absatzmarkt. Dieser Absatzmarkt wird aber zusätzlich dadurch verkleinert, dass der Kapitalexport der industriell entwickelten Länder den Anstoß zur Industrialisierung bisher unterentwickelter Länder gibt. Damit beschneiden sie sich jedoch langfristig selbst die Absatzmärkte und ziehen ungewollt neue Konkurrenten groß. Der sich verschärfende Kampf um Absatzmärkte wird zunächst mit rein ökonomischen Mitteln ausgefochten, schließlich aber führe er unvermeidlich zum Krieg. Hitler war ein dezidierter Anhänger des Nullsummenglaubens, da er die Ressourcen als begrenzt ansah, was zu Kampf und Krieg führen müsste.

In seinem sogenannten »Zweiten Buch«, geschrieben 1928, aber zu seinen Lebzeiten nicht veröffentlicht, erklärte er: »Der Absatzmarkt der heutigen Welt ist kein unbegrenzter. Die Zahl der industriell tätigen Nationen hat dauernd zugenommen. Fast alle europäischen Völker leiden unter dem ungenügenden und unbefriedigenden Verhältnis ihres Bodens zur Volkszahl und sind deshalb auf Weltexport angewiesen. In letzter Zeit kommt zu ihnen noch die amerikanische Union, im Osten Japan. Damit beginnt von selbst ein Kampf um den begrenzten Absatzmarkt, der umso härter werden wird, je zahlreicher die industriell tätigen Nationen werden und je mehr umgekehrt die Absatzmärkte sich verengen. Denn während einerseits die Zahl der um den Weltmarkt ringenden Völker zunimmt, wird der Absatzmarkt selbst langsam verkleinert, teils infolge der Selbstindustrialisierung aus eigener Kraft, teils durch ein

System von Filialunternehmungen, die aus reinem kapitalistischen Interesse in solchen Ländern mehr und mehr ins Leben gerufen werden … Je mehr nun rein kapitalistische Interessen die heutige Wirtschaft zu bestimmen beginnen, je mehr hier vor allem allgemeine Finanz- und Börsengesichtspunkte entscheidenden Einfluss erringen, umso mehr wird dieses System der Filialgründungen um sich greifen, damit aber die Industrialisierung bisheriger Absatzmärkte … künstlich durchführen und besonders den europäischen Mutterländern die Exportmöglichkeiten beschneiden.«[169]

Solche wirtschaftlichen Überlegungen spielten im Rahmen von Hitlers Weltanschauung eine sehr viel größere Rolle, als man früher angenommen hat, wie ich in meiner Dissertation über seine sozial- und wirtschaftspolitischen Ziele gezeigt habe. In seinen Monologen im Führerhauptquartier erklärte er im September 1941:

»Auch ist, glaube ich, eine europäische Politik dann richtig, wenn sie sich fernhält von dem Wunsche, in alle Welt ausführen zu wollen. Die weiße Welt hat sich den Handel über die Erde selber zerstört. In den übrigen Kontinenten hat die europäische Wirtschaft keine Absatzgebiete mehr. Bei unseren Produktionskosten können wir hier nicht konkurrieren. Wir sind überall so schlecht begünstigt, dass wir nirgends hineinkommen. Um die paar Export-Artikel, auf welche das Ausland noch angewiesen ist, rauft sich die ganze Welt; daran teilzuhaben, muss ich so viel Export-Abgabe zahlen, dass unserem eigenen Volksbedarf ungeheure Kraft, eine kolossale Arbeitsleistung, entzogen ist. Nur mit den paar jeweils neuen Erfindungen können wir eine Zeit lang Handel treiben … Deutschland als einziges Land hat heute keine Arbeitslosigkeit, weil wir uns nicht auf ausländische Absatzmärkte eingestellt haben! Das Land, das wir uns jetzt erschließen [d. h. Russland – R. Z.], ist für uns nur Rohstoff-Quelle und Absatzgebiet, nicht ein Feld für industrielle Produktion.«[170]

Wir sehen aus diesen Überlegungen, wie eng die Nullsummenlogik, die Ablehnung des Freihandels und letztlich – in aller Konsequenz –

Autarkiegedanken beieinander liegen. Die Ablehnung des Freihandels verbindet dabei Linke, Rechte und Grüne, wie die Kampagnen gegen das gescheiterte Freihandelsabkommen TTIP und die Diskussionen um das Freihandelsabkommen Mercosur zeigen.

TTIP steht für »Transatlantic Trade and Investment Partnership« und war ein geplantes Freihandelsabkommen zwischen der Europäischen Union und den Vereinigten Staaten. Ziel von TTIP war es, Handelshemmnisse abzubauen und den wirtschaftlichen Austausch über den Atlantik hinweg zu erleichtern. Dazu sollten unter anderem Zölle gesenkt, Normen angeglichen und Investitionen erleichtert werden. Die Verhandlungen begannen offiziell im Jahr 2013.

Beteiligt waren auf europäischer Seite die EU-Kommission im Auftrag der Mitgliedstaaten und auf amerikanischer Seite die US-Regierung. Linke Parteien und sogenannte »N«GOs (ich schreibe das »N« in Anführungszeichen, weil viele dieser Gruppen massiv vom Staat subventioniert werden) in Europa, besonders in Deutschland, entfesselten eine beispiellose Kampagne gegen das Abkommen. Die Jugendorganisation der Partei Die Grünen, die Grüne Jugend, brachte das Nullsummendenken so zum Ausdruck: »Die Großen gewinnen, die Kleinen verlieren.«[171]

In vielen europäischen Ländern kam es zu großen Protesten gegen das Abkommen. Ab 2016 stockten die Verhandlungen zunehmend. Die EU-Kommission gab vor, das Freihandelsabkommen zu unterstützen, finanzierte aber gleichzeitig mit mehreren Millionen Euro radikale Freihandelsgegner wie etwa das niederländische Transnational Institute (TNI). Deren Vorstand Susan George – eine ehemalige Greenpeace-Funktionärin, Ehrenpräsidentin von Attac Frankreich und Autorin des Buches »How to win a class war« – bezeichnete TTIP als »gefährliches Tier«.[172]

Während in Deutschland Vertreter von Die Linke und den Grünen sowie linke »N«GOs die Kampagne anführten, positionierte sich auch die rechte AfD klar gegen TTIP. Der damalige stellvertretende AfD-Vorsitzende Alexander Gauland erklärte, das Freihandelsabkommen »würde einen eisernen Vorhang der Wirtschaft gegenüber Russland hochziehen und eine noch größere Entfremdung zwischen Europa und Russland zementieren«.[173]

Die Kampagne war sehr erfolgreich, besonders in Deutschland. Von 3,3 Millionen Unterschriften gegen das Freihandelsabkommen in Europa stammten 1,57 Millionen aus Deutschland. 2017 wurden die Verhandlungen faktisch beendet, weil nach der Wahl von Trump klar wurde, dass auf beiden Seiten des Atlantiks die Freihandelsgegner von links und rechts die Überhand gewonnen hatten. Die Nullsummenlogik, die alle Gegner des Freihandels verbindet, hatte gesiegt. Und so mancher wünschte sich, als Trump Deutschland mit höheren Zöllen bestrafte, dass das TTIP-Abkommen damals doch realisiert worden wäre.

Wie verbreitet der Protektionismus in verschiedenen politischen Lagern ist, zeigte sich im Januar 2026. Nach 25 Jahren Verhandlungen wurde das sogenannte Mercosur-Abkommen von der EU beschlossen. Mercosur ist ein südamerikanischer Wirtschaftsverbund, zu dem Argentinien, Brasilien, Paraguay und Uruguay gehören und dessen Ziel der Aufbau eines gemeinsamen Marktes ist; der Name steht für »Mercado Común del Sur«, also Gemeinsamer Markt des Südens. Gegründet wurde Mercosur 1991 mit dem Vertrag von Asunción. Die Europäische Union verhandelte seit 1999 über das Abkommen, wobei die Gespräche über Jahre hinweg immer wieder unterbrochen und später neu aufgenommen wurden. Im Jahr 2019 erzielten die Verhandlungsparteien eine politische Grundsatzeinigung, die jedoch immer wieder von Freihandelsgegnern torpediert wurde.

Das Abkommen zwischen der Europäischen Union und Mercosur soll eine der größten Freihandelszonen der Welt schaffen und 700 Millionen Menschen umfassen. Zentrale Vorteile liegen im Abbau von Zöllen und Handelshemmnissen, insbesondere für Industrieprodukte aus Europa und für Agrarprodukte aus Südamerika. Europäische Unternehmen würden dadurch einen besseren Zugang zu einem großen und bislang teilweise abgeschotteten Markt erhalten. Umgekehrt können die Mercosur-Staaten ihre Exporte ausweiten und stärker von ausländischen

Investitionen profitieren. Zudem soll das Abkommen die wirtschaftliche Integration Südamerikas vertiefen und die Einbindung der Region in den Welthandel stärken.

Anfang 2026 wurde das Abkommen von der EU und den südamerikanischen Ländern unterzeichnet, doch unmittelbar danach beschloss das Europäische Parlament, das Abkommen vom Europäischen Gerichtshof (EuGH) überprüfen zu lassen. Das Parlament forderte mit dem Beschluss seine Präsidentin auf, den EuGH anzurufen und um ein Gutachten zum Mercosur-Abkommen zu bitten. Der Antrag auf eine rechtliche Prüfung war von französischen Abgeordneten und von Parlamentariern der extremen Linken und der Grünen eingereicht worden. Dadurch hätte das Freihandelsabkommen für viele Monate, vielleicht sogar für Jahre blockiert werden können. Letztlich entschied die Kommission, es zunächst trotz der ausstehenden rechtlichen Prüfung doch in Kraft zu setzen.

Aufschlussreich ist das Abstimmungsverhalten der deutschen Abgeordneten: Fast alle Vertreter der Grünen (mit zwei Ausnahmen) und der AfD (mit einer Ausnahme) stimmten für die Überweisung, zusammen mit linksextremen Parteien. Der AfD-Chef von Thüringen, Björn Höcke, der ohnehin oft schon seine antikapitalistische Gesinnung bekundet hat, jubelte auf X: »Das Mercosur-Abkommen wurde heute in letzter Minute in Straßburg gestoppt. Jetzt muss der EuGH entscheiden. Die ESN-Fraktion gab den Ausschlag bei der Abstimmung.«

Doch kurz darauf gab es positive Nachrichten: Die protektionistische Politik von Trump hat dazu geführt, dass die Verhandlungen zwischen der EU und Indien über ein Freihandelsabkommen, die bereits 2007 begonnen hatten, am 27. Januar 2026 mit der Unterzeichnung des Abkommens endlich beendet wurden. Ziel dieses Abkommens ist der schrittweise Abbau hoher Zölle, insbesondere auf Industriegüter, sowie der bessere Marktzugang für Dienstleistungen und Investitionen.

Berechnungen des Instituts für Weltwirtschaft in Kiel prognostizieren, dass durch das Abkommen der bilaterale Handel (allerdings von einem niedrigen Ausgangsniveau) um 41 bis 65 Prozent steigen könnte, da Handelshürden abgebaut und Lieferketten effizienter werden.[174] Für die EU ergeben sich vor allem Vorteile für exportstarke Branchen wie Maschinenbau, Chemie, Automobilindustrie und hochwertige Konsumgüter, die bisher in Indien sehr hohen Einfuhrzöllen unterlagen. Indien profitiert laut der Kieler Studie durch steigende Exporte in die EU, mehr ausländische Direktinvestitionen, Technologietransfer und Produktivitätsgewinne. Zudem rechnet das IfW mit positiven Beschäftigungseffekten in Indien, weil der bessere Zugang zum europäischen Markt die industrielle Entwicklung beschleunigt. Insgesamt, so wird erwartet, stärkt das Abkommen das Wirtschaftswachstum beider Seiten und reduziert die Abhängigkeit von einzelnen Handelspartnern. Und Ende März 2026 verkündeten die EU und Australien den Abschluss eines Freihandelsabkommens, über das seit 2018 verhandelt worden war. Es gibt sie also doch noch – positive Nachrichten über den Freihandel.

5.

Nullsummenglaube und Entwicklungshilfe

Laut Daten der Weltbank[175] lebten 1990 in der Region Ostasien/Pazifik 65,2 Prozent der Bevölkerung in extremer Armut, 2024 waren es nur noch 0,8 Prozent. In Südasien sank der Anteil der extrem Armen an der Gesamtbevölkerung von 50 Prozent (1990) auf 7,6 Prozent (2024). Deutlich langsamer verlief die Entwicklung auf dem schwarzen Kontinent: In Subsahara-Afrika ging die Quote im genannten Zeitraum von 54,6 Prozent auf 36,5 Prozent zurück.

Was ist der Grund dafür, dass die Armut in Asien viel stärker sank als in Afrika? Seit 1990 flossen nach heutigen Preisen mehrere Billionen Dollar an Entwicklungshilfe in den globalen Süden. Vor dem großen wirtschaftlichen Aufschwung in Ostasien lagen die offiziellen Entwicklungshilfezuflüsse pro Kopf dort deutlich niedriger als in Subsahara-Afrika. Für Ostasien und den Pazifik weist die Weltbank für die frühen 1960er-Jahre Netto-ODA (Official Development Assistance, wie die staatliche Entwicklungshilfe im Fachjargon genannt wird) von meist unter 20 Dollar pro Kopf und Jahr aus. Subsahara-Afrika erhielt im gleichen Zeitraum höhere Pro-Kopf-Zuflüsse. Für die Region Subsahara-Afrika weist die Weltbank für die 1970er-Jahre durchschnittliche Netto-ODA von rund 40 bis 60 Dollar pro Kopf und Jahr aus, mit weiter steigender Tendenz in den 1980er-Jahren.

Ostasien begann seinen wirtschaftlichen Aufschwung in einer Phase vergleichsweise niedriger Pro-Kopf-Entwicklungshilfe, während Subsahara-Afrika bereits früh höhere und später stark steigende Pro-Kopf-Zuflüsse erhielt. Wir werden im Folgenden zahlreiche Studien kennenlernen, die belegen, dass Entwicklungshilfe den Ländern Afrikas nur wenig genutzt und oft sogar geschadet hat. Ich habe darüber ausführlich im 2. Kapitel meines Buches »Kapitalismus ist nicht das Problem, sondern die Lösung« geschrieben.[176] Ausländische Hilfszahlungen finanzierten großzügig korrupte Regierungen, die sich in keiner Weise dem Wohl ihrer Bevölkerung verantwortlich fühlten. Die ausländischen Zahlungen führten auch dazu, dass diese Machthaber nicht von der Zustimmung der Bevölkerung abhingen. So konnten sie ungeniert Rechtsstaatlichkeit blockieren, die Schaffung transparenter politischer und zivilgesellschaftlicher Institutionen und den Schutz bürgerlicher Grundrechte verhindern. Dadurch waren sie zugleich dafür verantwortlich, dass weder einheimische noch ausländische Investoren in diesen armen Ländern aktiv werden wollten. So hat die westliche Entwicklungshilfe dazu beigetragen, viele afrikanische Länder in ihrer Entwicklung zurückzuwerfen.

Ein funktionierender Kapitalismus konnte sich dort nicht entwickeln, weil ein Umfeld hochgradiger Korruption und Unsicherheit Investoren abschreckte.[177] Das führte zur Stagnation und würgte Wachstum ab. Die korrupten Staatsangestellten entschieden nicht im Interesse des Allgemeinwohls, sondern nach Maßgabe möglicher Selbstbereicherung. Große Summen an Hilfsgeldern und eine Kultur der Abhängigkeit von Entwicklungshilfe ermutigten afrikanische Regierungen zudem, unproduktive öffentliche Sektoren weiter aufzublähen – was auch eine Art ist, Günstlinge zu belohnen.[178]

Anhänger der Entwicklungshilfe sind oft Anhänger des Nullsummenglaubens. Für sie ist die Armut in Afrika und anderen Kontinenten ein Ergebnis der Sünden des Kolonialismus und der »Ausbeutung der Dritten Welt« durch die kapitalistischen Länder. Die Logik: »Wir sind nur reich, weil diese Länder arm sind, also müssen wir jetzt etwas zurückgeben.«

Aber bewirkt Entwicklungshilfe das, was sich die Befürworter davon erhoffen? Abdoulaye Wade, 2000 bis 2012 Präsident von Senegal, äußerte in einem Interview: »Ich habe noch nie erlebt, dass sich ein Land durch Entwicklungshilfe oder Kredite entwickelt hat. Länder, die sich entwickelt haben – in Europa, in Amerika; oder auch Japan oder asiatische Länder wie Taiwan, Korea und Singapur –, haben alle an den freien Markt geglaubt. Das ist kein Geheimnis. Afrika hat nach der Unabhängigkeit den falschen Weg gewählt.«[179] In der Tat wählte Afrika einen anderen Weg. Nach dem Ende der Kolonialzeit bekannten sich fast alle afrikanischen Länder zu irgendeiner Form des Sozialismus.

Ägypten folgte mit dem »Nasserismus«, so benannt nach dem Machthaber Gamal Abdel Nasser, der Ägypten von 1954 bis 1970 beherrschte, einem »arabischen Sozialismus«; Eritrea bekannte sich seit Anfang der 90er-Jahre zu einem Marxismus-Leninismus albanischer Prägung; Ghana folgte dem sowjetischen Modell einer sozialistischen Planwirtschaft und Kollektivierung der Landwirtschaft; Kongo wurde von einer Einheitspartei regiert, die sich auf den Marxismus-Leninismus berief; Madagaskar hatte eine sozialistische Verfassung und orientierte sich an China und Nordkorea; Mosambik wurde von einer marxistisch-leninistischen Einheitspartei regiert; Algerien, Angola, Mali, Guinea, Uganda, Senegal, Sudan, Somalia, Sambia, Simbabwe, Tansania und andere afrikanische Länder bekannten sich ebenfalls zum Sozialismus. Viele dieser Politiker träumten von einem besonderen »afrikanischen Sozialismus«, der sich gleichermaßen vom Kapitalismus wie auch von den sozialistischen Modellen in der Sowjetunion oder anderen Ostblockstaaten unterscheiden und auf afrikanischen Werten basieren sollte.

Die wirtschaftlichen Ergebnisse waren noch schlechter als in den sozialistischen Ländern des Ostblocks. Die Armut in Afrika hat viele Ursachen, von denen ein verfehltes Wirtschaftssystem nur eine ist. Es fehlten und fehlen in vielen Ländern stabile politische Institutionen. Kriege und

Bürgerkriege verfeindeter Stämme bzw. zwischen verschiedenen ethnischen Gruppen zerrissen den Kontinent.

William Easterly, Professor für Ökonomie und Afrikastudien an der New York University, hält Entwicklungshilfe für weitgehend nutzlos, oft sogar für kontraproduktiv. Eines der Beispiele aus seinem Buch »Wir retten die Welt zu Tode«: In zwei Jahrzehnten wurden in Tansania zwei Milliarden Dollar an Entwicklungshilfe für den Straßenbau ausgegeben. Aber das Straßennetz ist nicht besser geworden. Weil die Straßen nicht instandgehalten wurden, verfielen sie schneller, als die Geldgeber neue bauen konnten, berichtet Easterly. Was sich hingegen wirkungsvoll in Tansania entwickelte, war eine gigantische Bürokratie. »Für seine Geldgeber, die das Empfängerland mit tausend Missionen von Entwicklungshilfevertretern im Jahr überfluten, produzierte Tansania jedes Jahr 2.400 Berichte.« Die Entwicklungshilfe habe also nicht geliefert, was die Armen benötigten (Straßen), sondern stattdessen vieles, was den Armen wenig nützt.[180]

Dambisa Moyo stammt aus Sambia und lebt seit Anfang der 1990er-Jahre in den USA. An der American University in Washington, D.C., studierte sie mit Hilfe eines Stipendiums Chemie und absolvierte nach ihrem Bachelor dort ein MBA-Programm in Finanzwirtschaft. Sie legte außerdem an der Kennedy School of Government der Universität Harvard einen Master-Abschluss ab und erwarb von der Universität Oxford einen Doktortitel in Volkswirtschaft. In ihrem Buch »Dead Aid« rechnet Moyo mit der Entwicklungshilfe ab: Eine Studie der Weltbank belege, dass mehr als 85 Prozent der Fördermittel für andere Zwecke verwendet wurden als ursprünglich vorgesehen, oft umgeleitet in unproduktive Projekte.[181] Selbst da, wo die Mittel in an sich sinnvolle Projekte flossen, wurden die kurzfristig positiven Folgen von negativen Langzeitfolgen konterkariert, zum Beispiel, weil durch Hilfsprojekte lokale Firmen in den Ländern zerstört wurden.

Der Entwicklungshelfer Frank Bremer hat sein Leben dem Kampf gegen die Armut verschrieben und sich in 30 Ländern in Afrika, Zentralasien, der Karibik und dem Indischen Ozean mit Entwicklungshilfe befasst. Er war an Projekten in den Bereichen ländliche Entwicklung und Umwelt beteiligt. Nach mehr als 50 Jahren Engagement in der Entwicklungshilfe zieht Bremer eine bittere Bilanz: »Entwicklungshilfe ist ein Vorhaben, das für ein nicht erreichbares Ziel – die Armutsminderung – für eine falsch ausgewählte Zielgruppe – die afrikanischen Kleinbauern – mit einer nicht funktionierenden Methode – der Hilfe zur Selbsthilfe – in einem untauglichen Format – dem Projekt – wirkungslose Aktivitäten durchführt, die wie Strohfeuer außer schönen Erinnerungen bei allen Beteiligten keine nachhaltigen Spuren hinterlässt, den größten Teil der Mittel für die Projektdurchführung verwendet und damit viel Geld für eine ursprünglich gute Idee verschwendet.«[182]

Oft sind es modische Themen, die gefördert werden, so etwa Ökofarmen: Sie blieben, so Bremer, »zwölf Jahre lang eine folgenlose Spielwiese für entsandte Experten und ihre Fachgutachter für die in diesen Jahren in Mode gekommene ökologische bzw. standortgerechte Landwirtschaft. Insgesamt sind mit diesen Projekten ca. 20 Millionen Euro in den Savannensand gesetzt worden.«[183]

Thilo Bode war zwölf Jahre Geschäftsführer von Greenpeace und zuvor elf Jahre in der Entwicklungshilfe aktiv. Auch er zieht eine bittere Bilanz. »Nehmen wir Tunesien. Da habe ich als Entwicklungshelfer gearbeitet … Die ganze Hilfe der letzten 30, 40 Jahre hat die Armut nicht beseitigt. Dafür hat sie ökologische Schäden verursacht, etwa durch Entnahme von Übermengen an Grundwasser für Bewässerungssysteme, die nicht instand gehalten werden. Oder für den Anbau von Olivenbaumsorten, die für das trockene Land ungeeignet sind und zu viel Wasser verbrauchen. Hinzu kommt die Landschafts- und Stadtbildzerstörung durch den Massentourismus. Einige sind reich geworden, aber zur Entwicklung des Landes haben wir nichts beigetragen.«[184]

Bode bekennt, er sei in den ersten Jahren als Entwicklungshelfer »abenteuerlich naiv«[185] gewesen, erst später habe er erkannt, »dass Entwicklungshilfe nicht wirklich zur Überwindung der Armut beitragen kann«, zumindest nicht, solange die Machtverhältnisse des jeweiligen Landes es nicht zuließen.[186] In Somalia sollte er Nomaden zu Fischern umschulen und wunderte sich, dass der Minister in dem damals sozialistischen Land den Vertrag umgehend mit seinem Daumenabdruck genehmigte und dann – auf seinen Koffer deutend – fragte, ob darin das Geld für das Projekt sei. »Das war es nicht. Trotzdem steht zu vermuten, dass zumindest ein Teil der dann regulär ausgezahlten Projektgelder nicht in das Fischereiflottenprojekt floss, sondern in die Taschen des Präsidenten und seiner Clique. Damals aber redeten wir uns … das Thema Korruption kollektiv schön.«[187]

30 Jahre später legte dann ein UNO-Bericht dar, dass nur etwa die Hälfte der Nahrungsmittelhilfen bei den Zielgruppen ankam, während die andere Hälfte bei den Warlords landete.[188] Ein Großteil des Geldes, so Bode, ging nicht an die Bedürftigen, sondern versickerte in Prachtvillen und Wohnungen, die sich die Nomenklatura von diesem Geld in Paris oder London kaufte.[189] Was haben Bode und andere Entwicklungshelfer in Somalia wirklich erreicht? »Schaue ich heute zurück, kann ich nur schlussfolgern, dass das Land nach Jahrzehnten ausländischer Einflussnahme – inklusive Entwicklungshilfe – schlechter dasteht als vor 50 oder 60 Jahren kurz nach seiner Unabhängigkeit. Das Bild vom Scherbenhaufen drängt sich auf.«[190] Im Klartext: Das Land ist ein *Failed State.*

In Tunesien war Bode ebenfalls viele Jahre aktiv. Auch hier hätten die ambitionierten Projekte, z. B. zur Förderung des Tourismus, die Situation nicht verbessert, sondern zum Teil sogar verschlechtert. Die Entwicklungshelfer selbst bescheinigten sich die Note 3,2 für Tunesien, aber tatsächlich wurde die Armut nicht einmal ansatzweise überwunden und es habe sich ein Polizeistaat etabliert. »Zu diesem äußerst deprimierenden Zustand hat die Entwicklungshilfe durch Mitwirkung, aber auch durch Wegschauen ihren Teil beigetragen.«[191]

Auf die Frage, warum man trotzdem weiter Entwicklungshilfe an solche Länder gebe, antwortet Bode: »… weil wir erpressbar sind. Weil unsere korrupten und autoritären Partner sagen: Wenn ihr uns das Geld nicht gebt, dann lassen wir noch mehr Flüchtlingsboote nach Europa kommen. Hinzu kommt die mangelnde Transparenz. Denn die Entwicklungshelfer evaluieren sich selbst. Ich habe vom Bundesministerium für wirtschaftliche Zusammenarbeit die Prüfberichte der letzten 40 Jahre angefordert. Sie waren praktisch von der ersten bis zur letzten Zeile geschwärzt.«[192]

Eine breitere Öffentlichkeit in den Geberländern interessierte das viele Jahre lang kaum. Die Projekte sind weit weg – und ob sie etwas bewirken, wurde höchstens in der Wissenschaft hinterfragt. Die Politiker und die Medien befassten sich verständlicherweise eher mit den Themen, die die Wähler und Leser in den Geberländern beschäftigten und interessierten – und nicht mit der Frage, ob die Milliardensummen für die Entwicklungshilfe sinnvoll verwendet werden. Und wenn die Medien über Entwicklungshilfe berichteten, dann überwiegend positiv: Journalisten werden häufig von den Organisationen, die diese Hilfe finanzieren, zu Pressereisen eingeladen, und die Berichte fallen dann entsprechend unkritisch aus.

Ist das von Autoren wie William Easterly, Dambisa Moyo, Frank Bremer und Thilo Bode gezeichnete Bild zu einseitig? Im Jahr 2000 fand eine Studie der amerikanischen Ökonomen Craig Burnside und David Dollar[193] über »Aid, Policies, and Growth« viel Beachtung. Sie versuchten den Nachweis zu erbringen, dass unter bestimmten Voraussetzungen – insbesondere, wenn die Nehmerländer gut regiert würden – Entwicklungshilfe zum Wachstum beitrage.

Der Ökonom Tomi Ovaska überprüfte die Ergebnisse in einem 2003 veröffentlichten Aufsatz (»The Failure of Development Aid«)[194] und stellte Berechnungen für 86 Entwicklungsländer in den Jahren 1975 bis 1998 an. Er kam zum Ergebnis, dass sich Entwicklungshilfe sogar negativ auf das Wachstum auswirke: Bei einem Anstieg der Entwicklungshilfe um ein Prozent des BIP sank (!) das jährliche reale Pro-Kopf-BIP-Wachstum um 3,65 Prozent. Auch konnte er in den Daten keine Bestätigung für die These von Burnside und Dollar finden, wonach eine bessere Qualität der Regierungsarbeit zu einer größeren Effizienz der Entwicklungshilfe führe.[195] Er kam daher zu einer anderen Empfehlung: »Entwicklungsländer bei der Schaffung von einem mit freien Märkten kompatiblen wirtschaftlichen Umfeld zu unterstützen, ist ein vielversprechender und potenziell kosteneffizienter Weg, die individuellen Anstrengungen und die Kreativität in diesen Ländern freizusetzen.«[196] Der bereits zitierte William Easterly verwendete in einem 2003 veröffentlichten Beitrag (»Can Foreign Aid Buy Growth?«)[197] die gleichen Daten wie Burnside und Dollar, fügte weitere hinzu und kam ebenfalls zu dem Ergebnis, dass Entwicklungshilfe auch bei guten politischen Rahmenbedingungen keinen positiven Effekt habe.[198] Eine ausführliche statistische Untersuchung, die über einen Zeitraum von 24 Jahren reichte – von 1970 bis 1993 – belegte, dass Entwicklungshilfe für das wirtschaftliche Wachstum der Länder nichts gebracht hat.[199]

Easterly weist auf das Problem hin, dass die Ergebnisse von Projekten nur selten mit einem Abstand von drei oder zehn Jahren nach ihrer Beendigung geprüft würden. Die Weltbank überprüfe nur fünf Prozent ihrer Darlehen im genannten Zeitraum darauf, ob sie Auswirkungen auf die Entwicklung hatten.[200] Letztlich bedeutet dies, dass man sich für die Auswirkungen der Entwicklungshilfe nicht interessiert oder dass man in Anbetracht der Ergebnisse bewusst nicht näher hinschaut.

Vier Jahre später veröffentlichte Easterly einen weiteren Beitrag zum Thema: »Was development assistance a mistake?« In den vergangenen 42 Jahren seien 568 Milliarden Dollar (in Dollarwert des Jahres 2007) nach Afrika geflossen, aber das Wachstum des realen Bruttoinlandsproduktes pro Einwohner sei nicht messbar gewesen. Das oberste Viertel aller Empfängerländer von Entwicklungshilfe habe in diesen 42 Jahren 17 Prozent des Bruttoinlandsproduktes als Hilfe empfangen, doch das Wachstum des Bruttoinlandsproduktes pro Kopf habe nahe Null gelegen.[201] Die Länder dagegen, die hohes Wachstum verzeichneten, vor allem Indien, China und Vietnam, hätten vergleichsweise wenig Entwicklungshilfe erhalten.[202]

Seine Gesamtbilanz der Entwicklungshilfe fällt vernichtend aus: »Eine Fokussierung auf die Kreditvergabe und nicht auf die Ergebnisse dieser Kredite; eine Überfülle an Berichten, die niemand liest; ein Hang zu großtuerischen Rahmenplänen und Weltgipfeln; moralische Ermahnungen an alle, anstatt dass irgendeine Institution die Verantwortung für irgendetwas übernimmt; ausländische technische Experten, denen niemand zuhört; Krankenhäuser ohne Medikamente und Schulen ohne Schulbücher; Straßen und Wassersysteme, die gebaut, aber nicht instand gehalten werden; durch Entwicklungshilfe finanzierte Regierungen, die trotz Korruption und Misswirtschaft an der Macht bleiben, und so weiter.«[203]

Was wirklich helfe, seien nicht Experten mit der Anmaßung von Wissen, sondern spontane Entwicklungen des Marktes, Entwicklungen, die von unten kommen müssten.[204] Die freie Marktwirtschaft, so erklärt Easterly in seinem Buch »Wir retten die Welt zu Tode«, funktioniere, aber sie könne nicht von oben verordnet werden.[205]

Kapitalismus entsteht – anders als Sozialismus – eben nicht durch staatliche Verordnungen und zentrale Planung, sondern als spontaner, dezentraler Prozess. Die Konsequenz aus dieser Erkenntnis lautet für Easterly: »Der Westen kann folglich für arme Länder keine umfassenden Reformen zuwege bringen, die durch geeignete Gesetze und Institutionen für funktionierende Märkte sorgen. Wie wir gesehen haben, beruhen die Regeln, nach denen die Märkte arbeiten, auf einer komplexen Bottom-up-Suche nach den sozialen Normen, Beziehungsnetzwerken und formellen Gesetzen und Institutionen, die den größten Nutzen bringen. Doch damit nicht genug. Diese Normen, Netzwerke und Institutionen reagieren auf veränderte Umstände und wandeln sich.«[206]

Um das zu demonstrieren, nennt Easterly ein Beispiel aus China: In dem kleinen Dorf Xiaogang in der Provinz Anhui – dem Herzen der chinesischen Reisanbauregion – hielten 1978 etwa 20 Familien ein Geheimtreffen ab. Die Menschen waren verzweifelt, denn die Kollektivierung der Landwirtschaft und die Abschaffung des Privateigentums hatten – wie schon zuvor in der Sowjetunion – zu Hunger und extremer Armut geführt. In vielen Dörfern Chinas gingen die Menschen deshalb dazu über, das Privateigentum de facto wieder einzuführen, obwohl das eigentlich verboten war. Sie teilten das Land auf, und jeder durfte das behalten, was er auf seinem Stück Land erwirtschaftete.

Zwar hielten die Dorfbewohner ihre Absprache geheim, aber die Reisproduktion nahm so stark zu und das Ergebnis war so spektakulär, dass sie es nicht dauerhaft verbergen konnten. Als die Bewohner anderer Dörfer davon erfuhren, machten sie es den Bewohnern von Xiaogang nach.[207] Just zu dieser Zeit hatte Deng Xiaoping seine marktwirtschaftlichen Reformen in China begonnen, und der Staat hielt die Menschen nicht mehr davon ab, nach besseren, marktwirtschaftlichen Lösungen zu suchen.

Doch schon lange bevor das offizielle Verbot von privater Landwirtschaft 1982 aufgehoben wurde, gab es überall in China spontane Initiativen von Bauern, die das private Eigentum entgegen dem sozialistischen Glaubensbekenntnis faktisch wieder einführten.[208] Das Ergebnis war sehr positiv: Die landwirtschaftliche Produktion stieg rapide an, die Menschen mussten nicht mehr hungern. Und 1983 war fast die gesamte Landwirtschaft in China entkollektiviert. Das große sozialistische Experiment Maos, dem so viele Millionen Menschen zum Opfer gefallen waren, war beendet.

In Vietnam war es ähnlich. Durch die 1986 eingeleiteten marktwirtschaftlichen Reformen – nicht durch Entwicklungshilfe – sank die Armut von fast 80 auf drei Prozent. Doch teilweise legitimierten die ersten Reformschritte nur das, was bereits zuvor als spontane Entwicklung in etlichen Dörfern stattgefunden hatte. Viele landwirtschaftliche Kollektive und sogar Staatsbetriebe ignorierten die offiziellen staatlichen Bestimmungen und Regulierungen. Sie weigerten sich, in Kollektiven zu arbeiten, und schlossen unerlaubte Verträge (»Khoán chui«) zwischen Kollektiven und Familien oder zwischen Staatsbetrieben und privaten Händlern ab. Diese Praxis wurde als »Phá rào«, als Zerstörung der Zäune, bezeichnet.[209]

Manche Autoren gehen sogar so weit, die eigentliche Quelle der Reformen in Vietnam eher bei diesen spontanen Graswurzelentwicklungen auf dem Land zu sehen als in der Partei, die diese nur gebilligt habe. »Es kommt der Wahrheit näher«, so Vu Le Thao Chi, »dass der Staat eher als Agent der Anpassungen agierte und damit nur die Verfahren sanktionierte, mit denen die einfachen Bauern versuchten, angesichts der Unvorhersehbarkeiten des unüberschaubaren Weges zu überleben.«[210]

Auf dem Land gab es schon Veränderungen vor dem offiziellen Beginn der großen Reformen in den 80er-Jahren. Die Bauern konzentrierten ihre Arbeit auf das wenige Land, das sie selbst besaßen – was nur rund fünf Prozent der Gesamtfläche entsprach –, weil sie die hier erzeugten Produkte zu Marktpreisen verkaufen konnten. Thi Anh-Dao Tran und andere Wissenschaftler betonen, dass der Reformprozess in Vietnam begann »mit evidenzbasierten Praktiken auf der mikroökonomischen (lokalen) Ebene, die dann auf die makroökonomische (nationale) Ebene übertragen wurden«.[211]

Die Provinzen im Mekongdelta schafften beispielsweise schon Anfang der 80er-Jahre das Rationierungszuschusssystem »Bao cáp« ab und entschieden sich für ein marktwirtschaftliches System. »Ohne solche illegalen Praktiken oder Pilotverfahren hätten sich die Marktmechanismen wohl nicht so schnell entwickeln können.«[212] Einige Reformen legalisierten nur das Fortbestehen von privatwirtschaftlichen Strukturen im Süden nach dem Ende des Krieges.

Vietnam und China sind Beispiele dafür, dass Armut nicht durch Entwicklungshilfe überwunden wird, sondern durch marktwirtschaftliche Reformen, die zu Wirtschaftswachstum führen. Es ist also genau das Gegenteil dessen richtig, was die Anhänger des Nullsummenglaubens sagen. Das Problem Afrikas ist nicht zu viel, sondern zu wenig Kapitalismus. Man sieht das am Index of Economic Freedom: Die höchste Dichte von Ländern mit wirtschaftlicher Unfreiheit ist in Afrika. In den Entwicklungsländern, die als »mostly unfree« oder »repressed« gelten, ist die Armutsquote neunmal so hoch wie in den Entwicklungsländern, die als »mostly free« oder »moderately free« gelten.[213]

In dem renommierten »Journal of Economic Surveys« veröffentlichte 2009 der dänische Ökonom Martin Paldam von der University of Aarhus einen Aufsatz mit dem Titel: »The Aid Effectiveness Literature: The Sad Results of 40 Years of Research«. Der Ökonom hatte 97 wissenschaftliche Studien zur Wirksamkeit von Entwicklungshilfe unter die Lupe genommen. Er führte mehrere Metaanalysen durch, das sind statistische Verfahren, die Ergebnisse mehrerer Studien zur selben Fragestellung zusammenfassen und auswerten. Sein Befund: »Unsere drei Metaanalysen der Literatur über die Wirksamkeit von Entwicklungshilfe haben keinen Nachweis für einen signifikant positiven Effekt von Entwicklungshilfe ergeben. Wenn es also eine Wirkung gibt, so muss diese gering sein. Entwicklungshilfe richtig zu leisten hat sich als ein schwieriges Unterfangen erwiesen.«[214]

Die deutschen Ökonomen Axel Dreher und Sarah Langlotz von der Universität Heidelberg sind im Juni 2017 der gleichen Frage nachgegangen und haben die Auswirkungen von Entwicklungshilfe auf 96 Empfängerländer in dem Zeitraum von 1974 bis 2009 untersucht. Ihr Ergebnis war, dass die bilaterale Hilfe das Wirtschaftswachstum nicht steigern kann. In den Jahren des Kalten Krieges, so ein weiteres Ergebnis, hatte Entwicklungshilfe sogar einen negativen Effekt auf das Wirtschaftswachstum. »Wir untersuchten auch die Auswirkungen der Entwicklungshilfe auf Ersparnisse, Konsum und Investitionen und können weder in der Gesamtstichprobe noch in unseren Unterstichproben eine Auswirkung der Entwicklungshilfe feststellen.«[215]

Die Autoren entschuldigen sich fast dafür, dass sie diese deprimierenden Ergebnisse überhaupt veröffentlichen, sehen sich jedoch dazu verpflichtet, da viele Veröffentlichungen von einer gut gemeinten Einäugigkeit der Autoren gegenüber dem Thema geprägt sind: »Dennoch halten wir es für wichtig, diese Ergebnisse aufzuzeigen und zu veröffentlichen. Denn die über die Wirksamkeit der Entwicklungszusammenarbeit veröffentlichte Literatur ist tendenziell überoptimistisch, was an der institutionellen Voreingenommenheit der Autoren dieser Literatur und der bekannten Voreingenommenheit von Fachzeitschriften liegt, die (nur) signifikante Ergebnisse veröffentlichen.«[216]

Entwicklungshilfe hilft offenbar nicht dauerhaft bei der Bekämpfung der Armut. Damit ist nicht humanitäre Unterstützung gemeint, etwa bei Naturkatastrophen oder Hungersnöten. Solche Hilfen sind richtig und wichtig. Aber das ist nicht das, was mit Entwicklungshilfe oder Entwicklungszusammenarbeit gemeint ist.

Wenn Entwicklungshilfe schon nicht beim wirtschaftlichen Wachstum hilft, dann vielleicht aber bei der Entwicklung demokratischer Strukturen in einer Gesellschaft? Auch dies ist nicht der Fall, wie eine im April 2005 veröffentlichte Studie belegt. Die Autoren Simeon Djankov und José G. Montalvo untersuchten Daten von 108 Empfängerländern über einen Zeitraum von fast 40 Jahren, und das Ergebnis war, dass Entwicklungshilfe eine negative Wirkung auf die Demokratie hat.[217]

Wenn die Ergebnisse von zahlreichen wissenschaftlichen Studien so eindeutig sind, warum hält sich dann so zäh der Glaube, Entwicklungshilfe sei der beste Weg, um Nationen von der Armut zu befreien? Viele Menschen glauben, arme Länder seien nur arm, weil die reichen Länder ihnen etwas weggenommen haben – ein typisches Beispiel für Nullsummenglauben. Die Folgerung: Die reichen Länder müssten etwas von ihrem Reichtum abgeben, dann werde es den armen Ländern besser gehen. Der oben zitierte Thilo Bode formuliert das in seinem Buch so: »Wir folgten einem simplen Ursache-Wirkungs-Zusammenhang: Die Entwicklungsländer sind arm, und wenn wir dorthin Geld für vernünftige Projekte geben und durch unsere Begleitung dafür sorgen, dass diese Projekte ordentlich abgewickelt werden, dann wird die Sache schon funktionieren. Im Rückblick ist diese Annahme lächerlich unterkomplex.«[218] Dass das nicht funktioniert, haben die vergangenen Jahrzehnte eindeutig gezeigt. Wenn die Diagnose der Probleme der armen Länder falsch ist, dann ist auch die Therapie falsch.

Sowohl Kritiker als auch Befürworter von Entwicklungshilfe halten Entwicklungshilfe für ein Nullsummenspiel, bei dem die reichen Länder verlieren und die armen Länder im gleichen Maße profitieren – nur die Bewertung fällt unterschiedlich aus: Die Befürworter finden, die »Opfer« müsse man akzeptieren, aus Mitmenschlichkeit oder als Wiedergutmachung der kolonialen Sünden des Westens. Die Kritiker finden, angesichts der Probleme in unserem Land könnten wir uns eine solche Großzügigkeit nicht leisten.

Die Befürworter der Entwicklungshilfe versuchen zudem, die Menschen in den reichen Ländern mit dem Argument zu überzeugen, wir würden selbst auch davon profitieren, denn durch diese Hilfe würden »Fluchtursachen beseitigt«, und daher führe Entwicklungshilfe zu weniger illegaler Migration. Daher sei Entwicklungshilfe kein Nullsummenspiel, sondern führe dazu, dass beide Seiten gewinnen. Das ist aus mehreren Gründen falsch: Zunächst kann Armut nicht durch Entwicklungshilfe reduziert werden, wie die Erfahrung der vergangenen Jahrzehnte und die in diesem Kapitel zitierten Studien gezeigt haben. Aber selbst wenn es manchen Menschen dadurch etwas besser ginge, führte das eher zu mehr als zu weniger Migration: Denn die Ärmsten der Armen kommen ohnehin nicht, weil sie nicht in der Lage sind, mehrere Tausend Dollar für professionelle Schlepper zu bezahlen. Nur jene, denen es im Vergleich etwas besser geht, können sich das leisten.

Entwicklungshilfe ist in der Tat kein Nullsummenspiel, sondern bezeichnet eine Win-win-Situation, aber in ganz anderer Weise, als ihre Verfechter es behaupten. Denn es profitieren auf der einen Seite in hohem Maße die mächtigen staatlichen Entwicklungshilfeorganisationen sowie »N«GOs in den reichen Ländern, und auch die vielen gut bezahlten Entwicklungshelfer, die in diesen Strukturen arbeiten und ein privilegiertes Leben führen. Auf der anderen Seite profitieren korrupte Eliten in den Empfängerländern. Vergleicht man die Länder, in die Entwicklungshilfe fließt, mit dem Korruptions-Index von Transparency International, wird man eine hohe Übereinstimmung feststellen. Und es ist sehr naiv anzunehmen, dass ausgerechnet in einem Bereich, in dem Milliarden-Mittel aus dem Westen fließen, die dortigen Eliten nicht die Hand aufhalten würden.

Zunehmend dient Entwicklungshilfe auch eher dazu, ideologische Lieblingsprojekte von »N«GOs umzusetzen, als dass sie an den tatsächlichen Nöten und Bedürfnissen der armen Menschen ansetzen würde. Nicht die Bedürfnisse der Empfängerländer leiten die Projekte, sondern politische Moden in den Geberländern. Besonders absurde Beispiele dafür liefert die deutsche Entwicklungshilfe: Neben dem Aufbau einer modernen Steuerverwaltung in Kamerun (fünf Millionen Euro), dem kommunalen Umweltschutz in Kolumbien (80,5 Millionen Euro) oder dem Ausbau von klimafreundlichen ÖPNV-Systemen in Lateinamerika (106,5 Millionen Euro) wird auch die Biodiversität in Paraguay (sechs Millionen Euro) mit Steuergeldern gefördert. Gender-Training in China und ein Projekt zu positiver Maskulinität in Ruanda liegen dem Bundesministerium für Entwicklungszusammenarbeit – wie es heute offiziell heißt – ebenfalls sehr am Herzen.[219]

In den vergangenen Jahren wurden solche Projekte allerdings zunehmend hinterfragt. Für besondere Aufregung sorgte die Diskussion um die Förderung von Radwegen in Peru. Im Jahr 2020 waren zunächst 20 Millionen Euro für deren Ausbau in Lima vorgesehen. Zwei Jahre später, 2022, folgten weitere 24 Millionen Euro für Radwege in anderen Städten Perus. Die Mittel werden von der Kreditanstalt für Wiederaufbau (KfW) verwaltet, die gemeinsam mit der Stadtverwaltung von Lima das Projekt plant und umsetzt.

Ziel sei es, ein Radwegenetz von insgesamt 114 Kilometern Länge zu schaffen, schrieb die *Frankfurter Allgemeine Zeitung (FAZ)*, die sich im Rahmen einer Reportage in Lima ein Bild von den Radwegen gemacht hatte. Vor Ort bot sich der *FAZ*-Autorin folgendes Bild: »Der doppelspurige neue Radweg verläuft auf dem Mittelstreifen zwischen zwei schnurgeraden Schnellstraßen. Breit genug, dass auch zwei Fahrräder aneinander vorbeikommen, eingegrenzt von gelb gestrichenem

Kantstein. Ein wunderbarer Fahrradweg – und wir haben ihn für uns allein.« Denn genutzt werde der Fahrradweg so gut wie nicht: »Um vier Uhr nachmittags ist kaum ein Radfahrer zu sehen. Dafür ist der Lärm und Gestank der Busse, Autos und Tuk-Tuks umso größer, die rechts und links an uns – in gebührendem Abstand – vorbeirauschen.«

Jener Radweg in Villa El Salvador, im äußersten Süden Limas, werde längst auch von Fußgängern, Familien mit Kindern oder Hundehaltern genutzt. Radfahrer seien in der Minderheit. Viele, die sich vor Ort aufs Rad schwingen, »biken damit am Wochenende in den Bergen. Die brauchen den Radweg eigentlich nicht«, sagt ein Mann, der eine Fahrradwerkstatt betreibt.[220] Man kann fragen, wer alles von solchen Projekten profitiert, aber die armen und bedürftigen Menschen auf der Welt sind es sicherlich nicht.

So wie die Nullsummengläubigen der Ansicht sind, in einem Land seien Reiche deshalb reich, weil sie den Armen etwas weggenommen hätten – und nun sollten sie es zurückgeben –, so stellen sie sich auch die Ursachen und Lösungen für Armut und Reichtum im weltweiten Maßstab vor: Im »globalen Süden« seien die Menschen arm, weil sie in den entwickelten Ländern reich seien. In beiden Fällen liegen sie falsch. Das schlechte Gewissen vieler Menschen im Westen hat eine Basis vor allem in fehlendem historischen Wissen. So wird behauptet, der Kapitalismus sei durch Sklaverei und Ausbeutung der Kolonien erst ermöglicht worden. Tatsache ist, dass es Sklaverei schon im antiken Rom oder Griechenland gab, in Indien, China und vielen anderen Ländern – und dass sie erst durch den Kapitalismus überwunden wurde.[221]

Selbst eine dezidierte Kapitalismuskritikerin wie die taz-Journalistin Ulrike Herrmann gibt das zu und stellt in ihrem Buch »Das Ende des Kapitalismus« fest: »So paradox es klingen mag: Ausbeutung macht nicht reich … Der Sklavenhandel war also eher ein ökonomisches Randphänomen.«[222] Und sie räumt auch ein: »Der Kapitalismus ist kein Nullsummenspiel, bei dem nur gewinnen kann, wer andere unterdrückt und ausbeutet. Alle werden umso reicher, je reicher jeder Einzelne ist. Man wächst gemeinsam. Wer heute glaubt, Europa hätte Kolonien benötigt, um sich zu entwickeln, wiederholt den Irrtum der Kolonialherren.«[223]

Das Argument, Kapitalismus beruhe auf Kolonialismus, wird schon dadurch entkräftet, dass sich führende Kolonialmächte wie Großbritannien oder Frankreich wirtschaftlich schlechter entwickelten als etwa die Schweiz, Schweden, Dänemark und Österreich, die kaum bzw. keinen kolonialen Besitz hatten. Die ursprünglich führenden Wirtschafts- und Handelsnationen Großbritannien, Niederlande und Frankreich fielen in der zweiten Hälfte des 19. Jahrhunderts relativ gesehen zurück. Portugal und Spanien, die ersten imperialistischen Mächte mit Kolonien von Mexiko bis Macau, waren zum Zeitpunkt der Entstehung des Kapitalismus die ärmsten in Westeuropa. Nordamerika war, um es in der Sprache der antikapitalistischen Kolonialismuskritiker zu sagen, nicht »Täter«, sondern gehörte zunächst selbst zu den Opfern des Kolonialismus. Eigene koloniale Aktivitäten spielten für Nordamerika und seine wirtschaftliche Entwicklung eine völlig untergeordnete Rolle.

Kanada, Australien, Neuseeland und Singapur, alles wirtschaftlich sehr erfolgreiche Länder, waren selbst Kolonien. Das trifft auch für Hongkong zu, der wirtschaftlich erfolgreichste Teil Chinas. Und auch wenn heute viel über die koloniale Vergangenheit Deutschlands geredet wird, spricht die Tatsache, dass Deutschlands koloniale Unternehmungen seit den 1880er-Jahren von geringer wirtschaftlicher Bedeutung waren, gegen die Betonung des Kolonialismus als Wurzel des Kapitalismus.[224]

Andererseits waren einige der ärmsten Länder der Welt wie etwa Afghanistan, Liberia, Nepal und Tibet (bis zum chinesischen Einmarsch 1950) nie Kolonien. »Die Ungleichheit auf der Welt steht im Zusammenhang mit dem Kapitalismus«, schreibt der schwedische Autor Johan Norberg, »aber nicht in dem Sinne, dass dieser bestimmte Gruppen ärmer gemacht hätte, sondern dadurch, dass diejenigen, die sich seiner zu bedienen wissen, reicher wurden. Die ungleiche Verteilung auf der Welt hängt mit der ungleichen Verteilung des Kapitalismus zusammen.«[225]

Da all diese Legenden – sowohl die, dass die Armut Afrikas auf der Ausbeutung durch die Kolonialmächte beruhe, als auch die, dass Entwicklungshilfe die Probleme beseitigen würde – immer deutlicher widerlegt werden, rechtfertigt man die Milliardentransfers in den »globalen Süden« neuerdings anders. Heute nennt sich »Entwicklungshilfe« lieber »Klimahilfe«. Offenbar haben die Vertreter des »globalen Südens« begriffen, dass sich heute leichter an Geld kommen lässt, wenn man an das schlechte Gewissen der reichen Länder als »Verursacher des Klimawandels« appelliert und dafür Ausgleichszahlungen verlangt.

Die Logik: Die Sünde der reichen Länder bestehe in der industriellen Entwicklung und dem dadurch ausgelösten Klimawandel. Die Opfer seien die armen Länder, denen man zum Ausgleich nun Hunderte Milliarden zahlen müsse. Die Begründungen wechseln, das Konzept bleibt gleich. Nur dass die »Tugend« der Länder des globalen Südens jetzt auf einmal ist, dass sie sich nicht so stark industrialisiert haben (weshalb sie in Armut leben), und die Sünde der reichen Länder besteht darin, durch Industrialisierung (die zur weitgehenden Überwindung von Armut führte) den Klimawandel hervorgerufen zu haben.

Einer Reuters-Recherche zufolge zahlte Deutschland im Zeitraum 2015 bis 2020 rund ein Viertel der weltweiten Klimahilfen: 45,1 Milliarden Dollar. 35 Regierungen hatten einen Etat von rund 182 Milliarden Dollar gemeldet.[226] Nur Japan meldete höhere Förderbeträge als Deutschland, allerdings handelt es sich bei den japanischen Klimahilfen zumeist um Kredite.

Auf den ersten Blick erscheint es logisch, CO_2-Emissionen dort zu reduzieren, wo es einfacher ist. Und in Entwicklungsländern wäre der Hebel in der Tat viel größer als in Europa oder den USA, weil diese Länder – aufgrund nicht vorhandener wirtschaftlicher Freiheit – die schlechtesten Umweltstandards haben und daher mit weniger Geldeinsatz mehr CO_2-Emissionen vermieden werden könnten. Nach 60 Jahren Erfahrung mit Entwicklungshilfe muss man jedoch vermuten, dass auch bei der Klimahilfe wieder ein Großteil des Geldes in die Taschen korrupter Eliten fließt und deren Herrschaft festigt. Warum soll auf einmal etwas funktionieren, das man nun »Klimahilfe« nennt, was als »Entwicklungshilfe« nicht funktioniert hat?

Und in der Tat: Bei der Klimahilfe ist vieles genauso wenig nachvollziehbar wie bei der Entwicklungshilfe, und man hat das Gefühl, dass nur das Etikett ausgetauscht wurde: »Italien etwa«, so berichtet Axel Bojanowski in der »Welt«, »finanzierte die Eröffnung von Gelato- und Schokoladengeschäften in Asien und meldete das als Klimafinanzierung. Japan meldete den Bau eines Kohlekraftwerks auf der Insel Matarbari, Bangladesch und die Erweiterung des Flughafens Borg El Arab in Ägypten als Klimaprojekte – offizielle Begründung: Die Anlagen verwendeten effizientere Technik oder bekämen Fotovoltaik-Fassaden. Die USA gewährten einen Kredit für den Ausbau eines Marriott-Hotels in Haiti. Der Standort liegt auf einem Hügel und ist nicht vom steigenden Meeresspiegel bedroht; als Klimamaßnahme wurden Regenwasserkontrolle und Hurrikanschutz angeführt. Belgien förderte den Spielfilm ›La Tierra Roja‹, eine Liebesgeschichte in Argentiniens Regenwald, und erklärte dies zum Klimabeitrag, weil der Film auf Abholzung als Treiber des Klimawandels hinweise.«[227]

Das skurrilste Beispiel ist vielleicht, dass die EU Wrestling-Arenen in Gambia mit 500.000 Euro finanziert. Offizielles Ziel: »Resilienz gegen den Klimawandel durch kulturelle Identität und soziale Kohäsion«. Die Förderlogik: Wer gemeinsam kämpft, trotzt den Folgen der globalen Erwärmung.[228] Ich denke, wenn in einer breiteren Öffentlichkeit bekannt würde, wohin das Geld für Entwicklungs- und Klimahilfe fließt, wäre die Empörung groß, aber leider berichten nicht viele Medien darüber.

Die Alternative? Die beste »Klimahilfe« wäre größere wirtschaftliche Freiheit, denn ein Vergleich des Index of Economic Freedom mit dem Environmental Performance Index zeigt, dass die Umweltstandards am höchsten in Ländern mit wirtschaftlicher Freiheit sind: Die Länder, die laut dem Index of Economic Freedom als »free and mostly free«

gelten, erreichen einen deutlich höheren Score (61,1) im Environmental Performance Index der Yale University als die Länder, die als »mostly unfree« oder »repressed« gelten (40,5).[229] Wirtschaftliche Freiheit ist jedoch noch nie in ein unterentwickeltes Land ohne marktwirtschaftliche Tradition von außen gekommen, ebenso wenig wie Demokratie.

6.

Wie aus Nullsummenglauben Neid entsteht

In den vergangenen Kapiteln ging es vor allem darum, wie schädlich der Nullsummenglaube für die Gesellschaft und die Wirtschaft ist. Das nächste Kapitel handelt davon, wie schädlich der Nullsummenglaube für den Nullsummengläubigen selbst ist. In diesem Kapitel geht es um beides, denn Neid schadet der Gesellschaft, aber auch dem Neider selbst.

»Nullsummenspiel-Denken ist die kognitive Basis von Neid«, schreibt der Ökonom Weiying Zhang.[230] Nullsummendenken ist in der Tat eine der Ursachen des Neids, wenngleich nicht die einzige. Nullsummendenken kann zu Neid führen, aber das Gegenteil ist auch richtig, dass also Nullsummendenken eine Rationalisierung der neidischen Gefühle ist, die man gegenüber Menschen hegt, die auf einem Gebiet erfolgreicher oder besser sind als man selbst.

Die Navajo (Diné) sind der zweitgrößte noch lebende Stamm der nordamerikanischen Ureinwohner in den USA. Es gibt rund 400.000 Navajo, davon leben etwa 170.000 im Gebiet der Navajo-Nation. Ursprünglich stammen sie aus dem Südwesten Nordamerikas und besiedelten vor allem die Regionen der heutigen Bundesstaaten Arizona, New Mexico und Utah. Der Nullsummenglaube spielt bei ihnen eine große Rolle. »Wem immer es besser geht, wer etwa nach ihren Begriffen reich wird, kann es nur auf Kosten der anderen geworden sein«, schreibt der Soziologe Helmut Schoeck in seinem Buch »Neid. Eine Theorie der Gesellschaft«. »Die besser situierten Navajo fühlen sich deswegen dauernd unter sozialem Druck, verschwenderisch zu bewirten und Geschenke zu verteilen.« Täten sie das nicht, fürchteten sie Gegenmaßnahmen, z. B. durch Schadenzauber.[231]

Die Dobu sind ein indigenes Volk im Pazifik und gehören zu Papua-Neuguinea. Sie stammen vor allem von Dobu Island und von umliegenden Inseln in der Milne Bay. Frühe Anthropologen beschrieben ihre Gesellschaft als von Misstrauen, Rivalität und dem Glauben an Magie geprägt. So wie die Navajo stellen auch sie sich vor, »jedes Wohl eines anderen sei tatsächlich kausal für das eigene Unwohl verantwortlich«.[232] Die Lovedu sind eine ethnische Gemeinschaft, die vor allem im Norden von Südafrika lebt. Sie glauben an Hexerei, und wenn die Hexe ein langes Leben hat, so ihre Überzeugung, dann hat sie die Leben jüngerer Verwandter für ihr eigenes eingehandelt.[233]

Schon früh wurde beobachtet, dass Nullsummenglaube und Neid zusammenhängen. Der spanische Dominikanermönch und Schriftsteller Luis von Granada (1505–1588), der dem Neid ein Kapitel seines »Sündenführers« widmete, definierte Neid als »Verdruss über das Glück der anderen«[234] und sah als Quelle den Nullsummenglauben: Der Neider denke, »dass, wenn ein anderer erhält, was er erstrebt, er es ihm entweder ganz entzieht oder zumindest schmälert«.[235] Der Schriftsteller Juan Eusebio Nieremberg (1595–1658) stellte den Zusammenhang von Nullsummensituationen und Neid her: »Die weltlichen Güter vermindern sich umso mehr, unter je mehr Besitzern sie sich verteilen«, so glaubte er und folgerte: »und daher quält der Neid die Seele dessen, der sie begehrt, weil, wenn ein anderer erhält, was sie sich wünscht, wird es ihr entweder ganz weggenommen oder zumindest geschmälert, und so kann sie nur schwerlich keinen Verdruss empfinden, besitzt doch ein anderer, was sie sich wünscht«.[236]

Der Philosoph Max Scheler sah eine Kausaltäuschung als Ursache des Neids, nämlich dass »der andere und sein Besitz als die *Ursache* unseres (leidvollen) Nichtbesitzes des Gutes erlebt wird«.[237] Und Schoeck verweist darauf, dass manche Naturvölker, aber auch einige Dorfgemeinschaften in höheren Kulturen diese Kausaltäuschung ausdrücklich vornehmen: »Die Ernte des Nachbarn *kann* nur deshalb besser ausgefallen sein, *weil* er meine irgendwie durch böse Zauberei zu schmälern wusste.« Dieses magische Denken verleihe auch dem Neid in der aufgeklärten modernen Gesellschaft seine Dynamik.[238]

Was aber ist überhaupt Neid? Was macht Neid mit dem Neider, mit dem Beneideten und mit der gesamten Gesellschaft?

Es gibt viele Definitionen von Neid, eine der besten kommt von Immanuel Kant, der in seiner »Metaphysik der Sitten« schreibt, Neid sei »der Hang, das Wohl anderer mit Schmerz wahrzunehmen, obzwar dem seinigen dadurch kein Abbruch geschieht«.[239] In dieser Definition stecken mehrere wichtige Einsichten über den Neid:

- Neid ist ein unangenehmes, schmerzhaftes Gefühl. Das ist ein Unterschied zu anderen »Todsünden« wie etwa der Wollust oder der Völlerei. »Neid bringt dem Neider Leid«, wie ein Sprichwort sagt.
- Der Neider beneidet die Vorteile (z. B. Besitz oder Schönheit) eines anderen, obwohl er selbst dadurch keinen Nachteil hat.

Der Psychologe Rolf Haubl schreibt in seinem Buch mit dem treffenden Titel »Neidisch sind immer nur die anderen«: »Geht ein Amerikaner mit seinem Freund die Straße entlang. Kommt ein großer Cadillac vorbei. Sagt der Amerikaner zu seinem Freund: ›So einen Wagen fahre ich auch noch mal!‹ Geht ein Deutscher mit seinem Freund die Straße entlang. Kommt ein großer BMW vorbei. Sagt der Deutsche zu seinem Freund: ›Der Typ geht auch noch mal zu Fuß!‹«[240]

Haubl meint, das Beispiel des Amerikaners stehe für konstruktiven Neid: Der Neider gönne dem Beneideten das Gut. Er sehe den Besitz dieses Gutes als ein Ziel, das ihn ansporne, dem Beneideten nachzueifern, um selbst ebenfalls das Gut zu erlangen. Das Beispiel des Deutschen stehe dagegen für destruktiven Neid: Der Neider missgönne dem Beneideten das Gut und wünsche dem Besitzer Schlechtes.

Das zeigt ein häufiges Missverständnis über Neid. Haubl selbst schreibt wenige Seiten später, Neid liege dann vor, wenn jemand darüber »verärgert oder wütend« sei, dass ein anderer das begehrte Gut besitze und deshalb feindselig darauf reagiere.[241] Das trifft in Haubls Beispiel aber nur für den Deutschen zu. Der Amerikaner in dem Beispiel ist nicht wütend, sondern voll Bewunderung. Er möchte auch mal so ein Auto fahren, das hat per se nichts mit Neid zu tun.

Der Philosoph Christian Neuhäuser schreibt in seinem Buch »Reichtum als moralisches Problem«, Neid gelte zwar »gemeinhin als Untugend«, aber es gebe auch Theorien, wonach »Neid durchaus eine Tugend sein kann, wenn er auf Ungerechtigkeit hindeutet«. Was man für Neid halte, sei oft einfach ein verletztes Gerechtigkeitsempfinden.[242]

Dass es sich in seiner Streitschrift gegen die Reichen nicht um Neid handelt, muss jedoch bezweifelt werden. Denn dem Autor geht es ausdrücklich *nicht* in erster Linie um das Schicksal der Armen, und sein erstes Anliegen ist gerade nicht, deren Situation zu verbessern, sondern den Reichen ihren Reichtum abzunehmen. Ausdrücklich wendet Neuhäuser sich gegen eine Einstellung, die nur darauf schaut, »in welcher Gesellschaft die ärmsten Menschen am meisten Güter haben«. Denn, so sein Einwand: »Damit wäre eine Gesellschaft, in der die ärmsten Menschen vielleicht 15.000 Euro im Jahr haben, aber alle anderen Menschen Millionäre sind, gerechter als eine Gesellschaft, in der die ärmsten Menschen nur 12.000 Euro haben, aber alle anderen nur etwas mehr besitzen.«[243] Eine Gesellschaft, in der die Ärmsten weniger haben, aber der Abstand zu den Reichen nicht so groß ist, ist ihm also lieber als eine Gesellschaft, in der es den Ärmsten besser geht, aber die Schere zwischen Arm und Reich weiter auseinandergeht.

Denkt man das zu Ende, müsste sich der Autor China zu Maos Zeiten zurückwünschen, als Millionen Menschen hungerten und in bitterer

Armut lebten. Denn damals war die Ungleichheit in China geringer als heute, wo es viele Millionäre und Milliardäre gibt – und zugleich Hunderte Millionen von der Armut in die Mittelschicht aufgestiegen sind. Aber da die Ungleichheit in diesem Zeitraum massiv gestiegen ist, müsste man sich, der Logik Neuhäusers folgend, die Zeiten vor den kapitalistischen Reformen zurückwünschen.

Neuhäuser meint, ein Grund, Reichtum zu verbieten, liege bereits dann vor, wenn ein Teil der Gesellschaft reicher werde, der andere Teil jedoch in deutlich geringerem Ausmaß, denn dadurch steige die relative Armut.[244] Man könne das Problem der relativen Armut auch dadurch lösen – hier bleibt Neuhäuser konsequent –, dass man nicht die Situation der Armen verbessert, sondern nur den Reichen etwas von ihrem Reichtum nimmt. Ein solches »Leveling-Down« könnte sehr positive Effekte haben.[245] Auch ohne die Armut der Armen zu lindern, sei bereits viel gewonnen, wenn man den Reichen etwas abnehme. Es helfe tatsächlich auf »substantielle Weise, wenn die reichen Menschen weniger reich sind. Denn dann steigt die Möglichkeit von armen Menschen, als gleichrangige Gesellschaftsmitglieder auftreten und sich selbst als solche ansehen zu können.« Es sei eben ganz falsch, wenn jemand behaupte, »dass es keinen positiven und nur einen negativen Unterschied macht, wenn die Reichen weniger reich wären. Es macht für die Würde der Armen durchaus einen positiven Unterschied.«[246] Würde ist für Neuhäuser eine konstante Größe – wenn dem einen etwas von seiner Würde genommen wird, steigt gleichsam automatisch die Würde des anderen.

Das gesamte Wirtschaftssystem sollte so umgebaut werden, dass es »ohne große Kapitalflüsse selbst stabil« bleibe.[247] In der von Neuhäuser erdachten neuen Wirtschaftsordnung ohne Wachstum ginge es den Armen besser als heute, weil sie ja die Nutznießer der Abschaffung des Reichtums seien. »Es wäre nämlich zu erwarten, dass die Einkommen der unteren sozialen Schichten ansteigen, weil es durch die Abschaffung von Reichtum insgesamt zu einem Umverteilungseffekt kommt.«[248]

Der Philosoph vertritt in seinem Buch immer wieder die Nullsummentheorie, wonach der Reichtum der Reichen auf der Armut der Armen beruhe und es den Armen automatisch besser gehe, wenn man den Reichen ihren Reichtum abnehme.

Vertreter einer Neidphilosophie – und zu diesen gehört Neuhäuser – streiten die Existenz von Neid rundweg ab. Der Trick von Neuhäuser ist eine unsinnige Definition von Neid: »Eine Person ist dem üblichen Verständnis nach dann neidisch, wenn sie nur etwas aus dem Grund haben will, weil eine andere Person das auch hat«, schreibt er in einer Schrift mit dem bezeichnenden Titel »Wie reich darf man sein?«[249] Da es aber immer andere Gründe gibt, warum man etwas besitzen möchte (z. B. die Schönheit oder Nützlichkeit eines Produktes oder auch das Gefühl von »Gerechtigkeit«[250]), gibt es Neid aus Sicht von Neuhäuser nur sehr selten, eigentlich fast nie.

Seine Definition des Neides ist allerdings abwegig. Ich habe Dutzende Definitionen des Neides von verschiedenen Philosophen und Neidforschern gelesen, aber ich habe keinen einzigen gefunden, der diese Definition teilen würde. Neid ist nicht, wie Neuhäuser behauptet, dass jemand etwas nur deshalb begehrt, weil ein anderer es hat. Neid ist, wenn jemand Befriedigung daraus bezieht, dass einem anderen etwas genommen wird bzw. es einem anderen schlechter geht, und zwar auch dann, wenn er selbst gar keinen Vorteil daraus zieht.

Während es Neid nach Neuhäuser nur sehr selten gebe, sei »Gier« sehr weitverbreitet. »Während ich den Neidvorwurf für überzogen halte, scheint mir der Vorwurf, gierig zu sein, tatsächlich einen wichtigen Punkt zu treffen.«[251] Wir alle seien gierig, ganz besonders die Reichen. »Der Unterschied zwischen Neid und Gier liegt jedoch vor allem darin, dass wir in einer Kultur der Gier, nicht aber in einer Neidkultur leben.«[252] Die »Grundstruktur unserer Gesellschaft« ist »auf Gier abgestellt«. Und weiter: »Deswegen ist auf dieser strukturellen Ebene der Vorwurf, gierig zu sein, angemessen, der Neidvorwurf hingegen ist es nicht.«[253] Warum es Gier ist, wenn ein Reicher sein Geld behalten will, aber keine Gier (sondern Verlangen nach Gerechtigkeit), wenn ein anderer ihm sein Geld durch »Umverteilung« abnehmen will, ist schwer verständlich.

Aber muss Neid denn immer negativ sein? Manchmal wird argumentiert, es gebe auch eine gutartige Form des Neides, und zwar dann, wenn er gleichsam als Ansporn gelte, sich anzustrengen oder sich selbst zu verbessern. Schoeck wendet sich ausdrücklich gegen diese Auffassung. Der Neid gehöre zur menschlichen Existenz, aber fast alle Kulturen – etwa durch ihr Stammesethos – und alle Religionen hätten den Neid und den Neider verurteilt. »Er wird immer als Gefahr erkannt. Sehr selten, etwa in manchen Gedichten, wird der Neid als Ansporn, als etwas Hohes oder Konstruktives angesprochen; es handelt sich aber dabei um eine falsche Wortwahl des Dichters, der ein agonales Phänomen meinte. Der eigentliche Neider schließt sich von vornherein vom Wettbewerb aus.«[254]

Neid sei ein Aggressionsgefühl, das sich seiner Impotenz bereits bewusst sei und von vornherein einen Teil der Aggression, ein gutes Maß der Pein, der Qual, leicht masochistisch, auf das Subjekt selbst lenke. »Man missgönnt den anderen ihre personalen oder materiellen Werte und ist in der Regel fast noch stärker daran interessiert, sie zu vernichten als sie selbst zu erwerben.«[255]

Der Neider sei weniger an einer Überführung irgendwelcher Werte aus dem Besitz anderer an sich selbst interessiert. »Er möchte den anderen beraubt, enteignet, entblößt, gedemütigt, geschädigt sehen, er malt sich aber fast nie im Einzelnen aus, wie eine Übertragung der fremden Güter an ihn selbst möglich wäre. Der reine Typ des Neiders ist kein Räuber oder Schwindler in eigener Sache. Und wenn es sich beim Neid um persönliche Eigenschaften, um Können oder Ansehen eines anderen Menschen handelt, ließe sich ein Raub ohnehin nicht ausführen. Aber der Wunsch, der andere möge seine Stimme, seine Virtuosität, sein gutes Aussehen oder seine Tugend verlieren, lässt sich ohne weiteres hegen.«[256]

Die Idee des gutartigen Neides kommt aus dem alltäglichen Sprachgebrauch: »Was für ein tolles Haus, ich beneide dich darum.« Es ist jedoch häufig so, dass beim saloppen Sprechen nicht präzise zwischen Emotionen unterschieden wird. Zum Neid, so die US-amerikanischen Psychologen Justin D'Arms und Alison Duncan Kerr, gehöre nicht nur, das Gut des anderen zu begehren, sondern entscheidend sei der Wunsch, dass dieser das Gut, den Vorteil oder den Status verlieren möge.[257] »Es gibt nicht so etwas wie völlig gutartigen Neid, denn jeder Neid beinhaltet den Wunsch, dass der Rivale seinen Vorteil verliert.«[258] »Gutartiger Neid«, so D'Arms und Duncan, sei ein Widerspruch in sich.[259] Hat der Neidische die Wahl, ob der Beneidete das Gut besitzt oder keiner von beiden, dann bevorzugt er eine Situation, in der keiner von beiden es hat. Wenn der Nachbar einen Mercedes gekauft hat und ich bin deshalb neidisch, wird der Neid nicht unbedingt verschwinden, wenn ich mir eine Woche später selbst einen kaufe. Er wird aber sofort verschwinden, wenn der Nachbar seinen Mercedes – aus welchem Grund auch immer – wieder verliert.[260] Das, was als gutartiger Neid bezeichnet werde (also »Neid« ohne Ärger und Feindseligkeit), sei besser als »Begehren« oder »Verlangen« zu bezeichnen.

Manchmal höre ich, dies sei eben eine reine Definitionssache. In gewisser Hinsicht stimmt das. Aber zur Klarheit trägt es nicht bei, wenn man ganz verschiedene Gefühle, die vielleicht im Alltagssprachgebrauch vermengt werden, auch dann unter einen Begriff zusammenfasst, wenn es um die präzise wissenschaftliche Analyse geht. Oder würden Sie statt »Liebe« eher »gutartiger Hass« sagen?

Neid, so die amerikanischen Psychologen Christine R. Harris und Peter Salovey, habe zwei Aspekte: Der Neider fokussiere sich auf der einen Seite darauf, das wegzunehmen, was der andere besitzt, er empfinde die Ungleichheit als ungerecht. Auf der anderen Seite interpretiere der Neider die Ungleichheit der Situation als Ergebnis seines eigenen Versagens, was sein Selbstwertgefühl bedrohe.[261]

Das Besondere am Neid ist, dass diese Emotion geleugnet wird. Der spanische Philosoph Gonzalo Fernández de la Mora betont in seinem Buch »Der gleichmacherische Neid«, dass Neid eine stark geleugnete

Emotion ist: »Die Hoffart, der Geiz, die Wollust, der Jähzorn, die Völlerei, die Faulheit werden eingestanden, und es wird sogar mit ihnen geprahlt. Es gibt nur eine unaussprechliche Todsünde: den Neid. Er ist finster, verborgen, ewig maskiert. Er verbirgt sich vor den übrigen mit vielerlei Verkleidungen, und sein Symbol müsste die Gesichtsmaske sein. Dem Neider selbst widersteht es, seine eigene Empfindung so zu sehen, wie sie ist, und er verbannt sie in das Unbewusste oder gibt ihr ein anderes Gesicht, um sie unkenntlich zu machen. Die Menschen verhehlen ihren Neid und außerdem verleugnen sie ihn.«[262] Ein Grund dafür sei: Werde der Neid als Handlungsmotiv offenbar, dann würden die Handlungen des Neiders, die darauf abzielten, die Gründe für seinen Neid zu beseitigen, sozial delegitimiert. Werde der Neid als solcher erkennbar bzw. offen kommuniziert, dann würde der Neider seine Intentionen damit automatisch disqualifizieren.[263]

Man mag vielleicht einwenden, dass Menschen nicht selten zugeben, neidisch zu sein. So sagt man: »Ich beneide dich um dein großes Wissen.« Aber wir sehen hier wieder, dass eigentlich nicht Neid gemeint ist, sondern Bewunderung. Wirklichen Neid im Sinne von Missgunst wird man nur ganz ausnahmsweise zugeben. Oder haben Sie schon mal einen Sozialdemokraten oder Linken gehört, der zugab, dass seine ständige Polemik gegen Reiche und »Besserverdiener« von Neid motiviert ist?

Der Psychologe George W. Foster erklärte, Neid sei angstbesetzt. Menschen fürchteten sich vor dem Neid anderer und vor den Konsequenzen, die dieser haben könne. Menschen fürchteten sich zugleich jedoch, selbst von anderen des Neides bezichtigt zu werden, und sie fürchteten sich schließlich, vor sich selbst zugeben zu müssen, dass sie neidisch seien.[264]

Auch Foster fragt, warum Menschen Gefühle der Schuld, der Scham, des Stolzes, der Gier und des Zornes ohne Beeinträchtigung der Selbstachtung anerkennen können, nicht jedoch Gefühle des Neids. Seine Erklärung lautet: Wer vor sich selbst und anderen zugebe, dass er neidisch sei, der gibt zu, dass er sich einem anderen unterlegen fühlt bzw. Minderwertigkeitsgefühle hat. Deshalb sei es so schwierig, Neidgefühle zuzugeben bzw. bei sich selbst zu akzeptieren. »Indem man seine Neidgefühle eingesteht, räumt man seine eigene Unterlegenheit *gegenüber einem anderen* ein; man misst sich an einem anderen und sieht sich als mangelhaft. Nach meiner Ansicht ist dieses mit dem Neid einhergehende Eingeständnis der Unterlegenheit für uns noch schwerer zu akzeptieren als das Eingeständnis des Neids an sich.«[265]

Foster zitiert den Psychologen Harry Stack Sullivan mit einer Überlegung, die für die Erforschung der Quellen des Neides auf Reiche bedeutsam ist. Neid beginne mit dem Eingeständnis, dass der andere etwas hat, das man selbst gerne hätte. Dies führe automatisch zu der Frage, warum man selbst es nicht hat und warum es dem anderen gelungen ist, das zu erreichen, was man selbst nicht erreichen konnte. Dies ist ein zentraler Gedanke für das Verständnis der Tatsache, dass Neidgefühle so stark geleugnet werden und die meisten Menschen nicht zugeben wollen, dass sie neidisch sind: »Neid ist nicht angenehm, weil jede Formulierung des Gefühls, jeder implizite Prozess, der damit verbunden ist, notwendigerweise mit dem Punkt beginnt, dass man irgendetwas Materielles begehrt, das unglücklicherweise jemand anderes hat. Das führt automatisch zu der Frage: Warum hast du es nicht? Und das reicht mitunter aus, um Unsicherheit auszulösen, weil offenbar der andere Kerl im Gegensatz zu dir in der Lage ist, sich diese materiellen Dinge zu verschaffen, die ihm Sicherheit geben, während du dich nur noch unterlegener fühlst.«[266]

Ähnlich argumentieren die Psychoanalytiker Ingo Focke, Eckehard Pioch und Sylvia Schulze in ihrem Buch »Neid. Zwischen Sehnsucht und Zerstörung«: »Nähern wir uns diesem Gefühl [dem Neid, R. Z.] von der deskriptiven Seite, fällt zunächst auf, dass das Neidgefühl möglichst verborgen wird. Wir haben einen Vergleich angestellt und dabei festgestellt, dass die andere Person etwas zu bieten hat, über das wir selbst nicht verfügen können, dieses aber für erstrebenswert halten. Verborgen wird es, weil es auf einen eigenen Mangel hinweist, ein Defizit, welches offenbar schwer zu ertragen ist. Hinzu kommt, dass es uns beschämt, dass uns dieser Mangel etwas ausmacht.«[267]

Seit Aristoteles wird oft argumentiert, Neid beziehe sich nur auf Menschen, die einem in gewisser Weise nahe bzw. ähnlich sind. In gewisser Hinsicht ist das richtig, aber in dieser Absolutheit ist es falsch. Natürlich beneidet ein Sänger eher einen anderen Sänger als einen Schachweltmeister, und der Schachprofi beneidet den erfolgreicheren Schachprofi eher als den erfolgreichen Sänger, Schauspieler oder Eiskunstläufer, mit denen er nicht im Wettbewerb steht.

Aber es gibt gewisse Ressourcen, die zumindest in bestimmten Lebensphasen für alle Menschen eine Bedeutung haben, und nicht zufällig sind es jene, die einen Vorteil bei der Partnerwahl bringen – vor allem Geld, sozialer Status und Attraktivität. Die Frage, wer besser Schach spielt, ist nur für Schachprofis relevant, aber die Frage, wer mehr Geld oder einen höheren sozialen Status hat oder wer besser aussieht, hat bei der Partnerwahl für die allermeisten Menschen eine hohe Relevanz, da diese Faktoren eine große Rolle für die Wahlmöglichkeiten spielen.

Selbstverständlich beneidet man nicht nur jene in der Nähe, die *etwas* mehr davon haben, sondern gerade auch Personen, die man nur aus den Medien oder dem Internet kennt und die sehr viel reicher und sehr viel schöner sind als man selbst. Es ist kein Zufall, dass bei bildlichen Darstellungen des Neids oft eine körperlich ausgezehrte, ältere Frau mit vergrämtem Gesicht gezeigt wird.[268]

Wie bereits in Kapitel 2 erwähnt, habe ich in den Jahren 2018 bis 2022 eine internationale Befragung über die Einstellung zu Reichtum und den Reichen bei den Instituten Allensbach und Ipsos MORI in Auftrag gegeben. Da es wegen des in der Neidforschung bekannten Phänomens der Neidleugnung nicht sinnvoll ist, die Menschen direkt zu fragen, ob sie neidisch sind, haben wir Fragen formuliert, deren Beantwortung Indikatoren für Neid bzw. die damit verbundene Schadenfreude sein können:

1. »Wenn jemand sagt: ›Ich fände es gerecht, wenn die Steuern für Millionäre stark erhöht würden, auch wenn ich dadurch persönlich keinen Vorteil hätte.‹ – würden Sie dieser Aussage sehr zustimmen, eher zustimmen, eher nicht zustimmen, überhaupt nicht zustimmen?«
2. »Wenn jemand sagt: ›Wenn ich höre, dass ein Millionär mal durch ein riskantes Geschäft viel Geld verloren hat, denke ich: Das geschieht dem recht.‹ – würden Sie dieser Aussage sehr zustimmen, eher zustimmen, eher nicht zustimmen, überhaupt nicht zustimmen?«

Hinzu kam die als Auswahlmöglichkeit in einer Listenfrage enthaltene Aussage:

3. »Ich wäre dafür, die Gehälter von Managern drastisch zu kürzen und das Geld an die Angestellten der Unternehmen zu verteilen, auch wenn diese dadurch vielleicht nur ein paar Euro im Monat mehr bekämen.«

Die Fragen wurden so gestellt, weil Neid eine Haltung ist, die dadurch charakterisiert wird, dass der Neider nicht vor allem selbst nach Besserstellung strebt, sondern dass er dem Beneideten seine Vorteile missgönnt und sich wünscht, diesem mögen sie genommen werden (auch dann, wenn der Neider selbst keinen unmittelbaren Vorteil davon hätte). Dementsprechend hängen, wie die Neidforschung ebenfalls gezeigt hat, Neid und Schadenfreude stark zusammen.

Allerdings ist es bei Frage 1 möglich, dass nicht Neid, sondern andere Motive zu einer positiven Beantwortung führen. Keine der drei oben genannten Aussagen ist für sich genommen ein absolut sicherer Indikator für Neid. Wenn aber jemand zwei oder sogar drei dieser Aussagen zustimmt, ist es wesentlich wahrscheinlicher, dass das Reichen-Bild dieser Person von Neid beeinflusst ist, als wenn jemand keiner oder nur einer der Aussagen zustimmt. Zur Kategorisierung der Befragten kann es in solchen Fällen somit sinnvoller sein, festzustellen, *wie vielen* solcher Aussagen sie zustimmen, als festzustellen, *welche* dieser

Aussagen sie *konkret* bejahen. Um eine solche Analyse zu ermöglichen, wurden die drei genannten Fragen bzw. Aussagen zu einer sogenannten *Quasi-Skala* zusammengefügt. Jedem Befragten wurde, abhängig von seinem Antwortverhalten bei den betreffenden Fragen, ein Punktwert zugeordnet.[269]

Wie bereits in Kapitel 2 erwähnt, wurde bei dieser Befragung auch eine Frage gestellt, mit der wir herausfinden wollten, ob die Befragten dem Nullsummenglauben anhängen. Diese Frage lautete: »Wenn jemand sagt ›Je mehr die Reichen haben, desto weniger bleibt den Armen übrig‹ – würden Sie dieser Aussage voll und ganz zustimmen, eher zustimmen, eher nicht zustimmen oder überhaupt nicht zustimmen?« Das Ergebnis: In zehn von 13 Ländern überwog die Anzahl der Menschen, die dieser Aussage zustimmten, die Zahl derjenigen, die sie ablehnten. Interessant ist jedoch, dass bei dieser Befragung der von vielen Philosophen und Sozialwissenschaftlern behauptete Zusammenhang von Neid und Nullsummenglaube empirisch nachgewiesen werden konnte.

In allen 13 Ländern stimmten die Neider weitaus häufiger der Nullsummen-Aussage zu als die Nicht-Neider. In Deutschland beispielsweise stimmten 84 Prozent der Sozialneider der Aussage zu: »Je mehr die Reichen haben, desto weniger bleibt für die Armen übrig.« Nur 14 Prozent der Neider stimmten nicht zu. Bei den Nicht-Neidern war es umgekehrt: Lediglich 28 Prozent von ihnen stimmten zu, aber 63 Prozent lehnten die Nullsummen-Aussage ab.

Hier die Ergebnisse für alle 13 Länder (Zustimmung bzw. Ablehnung zur Nullsummen-Aussage bei Neidern und Nicht-Neidern. Fehlende Prozent zu 100 % sind stets Teilnehmer, die »Weiß nicht« angaben.)

Neid und Nullsummenglauben

Frage: Stimmen Sie zu? »Je mehr die Reichen haben, desto weniger bleibt für die Armen übrig.«

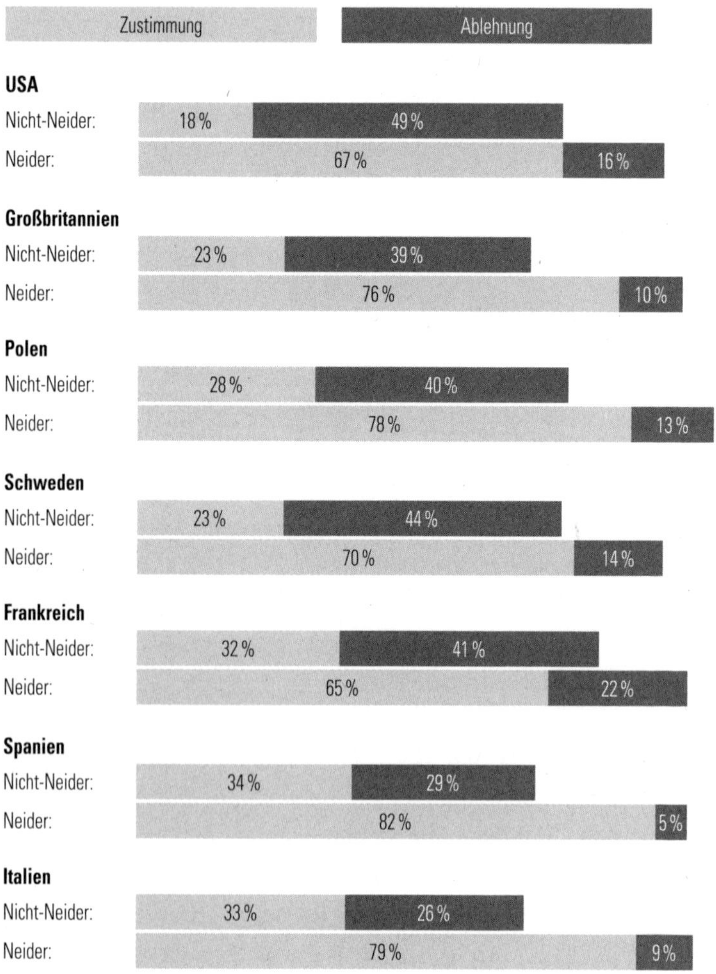

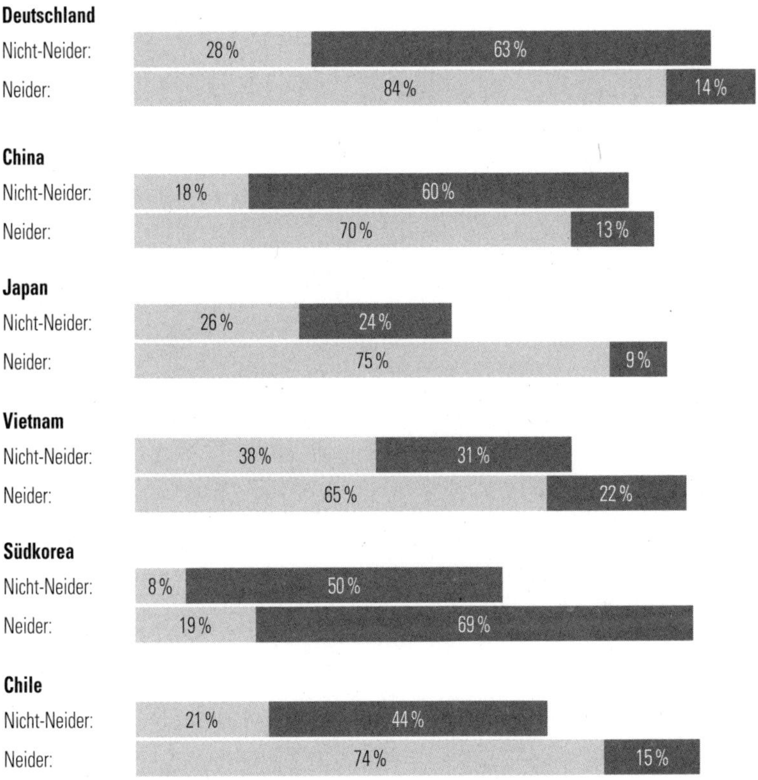

Lesebeispiel: In Deutschland stimmen 84 Prozent der Neider, aber nur 28 Prozent der Nicht-Neider der Nullsummen-Aussage »Je mehr die Reichen haben, desto weniger bleibt für die Armen übrig.« zu. Fehlende Prozent zu 100 Prozent sind Teilnehmer, die »weiß nicht« angaben oder nicht antworteten.

Quelle: Allensbach / Ipsos MORI.

Die Befragung belegt also den starken Zusammenhang von Nullsummenglaube und Neid. Neid wird zusätzlich durch politische Bewegungen angestachelt, die aus dieser menschlichen Emotion Kapital schlagen wollen. Dafür gibt es in der Geschichte viele Beispiele. Der brutale Diktator Idi Amin, der in den 1970er-Jahren in Uganda herrschte, hasste Juden und »reiche« Asiaten. Er schlug vor, alle Israelis aus dem Nahen Osten nach Großbritannien umzusiedeln.

Nach den Juden richtete sich sein Hass gegen Asiaten, besonders gegen Inder. Anfang August 1972 ordnete Idi Amin die Ausweisung der Asiaten an. Damals lebten in Uganda etwa 80.000 Asiaten, vor allem aus Indien und Pakistan. Schon Idi Amins Vorgänger, der Sozialist Milton Obote, war gegen sie vorgegangen und hatte damit der Wirtschaft Schaden zugefügt. Wie so oft in der Geschichte wurden Reiche und Erfolgreiche zum Sündenbock gemacht und eine beispiellose Sozialneid-Hetze gestartet.

Asiaten wurden als Ausbeuter abgestempelt, deren einziges Ziel es sei, sich auf Kosten der einheimischen Bevölkerung zu bereichern.[270] Godfrey Mwakikagile schreibt in seiner Geschichte Ugandas seit der Unabhängigkeit: »Sie [die Inder, R. Z.] wurden beschuldigt, Reichtum zu horten. Man warf ihnen vor, die Wirtschaft auszusaugen. Alles, was in der Wirtschaft schieflief, wurde ihnen angelastet. Afrikaner seien arm, weil Inder sie ausbeuteten.«[271]

Das Vorgehen gegen die Asiaten fand weite Zustimmung in der Bevölkerung. »Das machte ihn im ganzen Land außerordentlich populär. Er sagte ihnen, dass es die einfachen Leute, einschließlich der Armen, seien, die am meisten von dem Wirtschaftskrieg gegen die Asiaten profitieren würden.«[272] Vor der Vertreibung besaßen viele Asiaten große Unternehmen in Uganda. Die »Säuberung« der Asiaten aus Ugandas Wirtschaft war praktisch vollständig. 5.655 Firmen, Ranches, Farmen und landwirtschaftliche Grundstücke, Häuser, Autos usw. wurden ihnen weggenommen und Afrikanern gegeben, besonders den Getreuen des Diktators. Nur ein halbes Jahr später, im Januar 1973, entschied Idi

Amin, auch die Firmen, die in britischem Besitz waren, entschädigungslos zu enteignen.[273]

Nach der Nullsummenlogik würde es den Armen besser gehen, wenn man die reichen Inder enteignete. Tatsächlich jedoch geriet Uganda durch diese Politik der Neidanstachelung in eine tiefe Krise. Durch die Vertreibung der Asiaten verschlimmerte sich die Misere des Landes, da dadurch ein erheblicher Teil der finanziellen Grundlage in den Städten vernichtet wurde – die Asiaten hatten 90 Prozent der Steuereinnahmen Ugandas erwirtschaftet. Idi Amin und seine Gefolgsleute hingen dem Nullsummenglauben an und meinten, den Menschen in Uganda ginge es nur schlecht, weil es den Asiaten gut gehe. Also müsse man denen nur etwas abnehmen, um Gerechtigkeit herzustellen. Am Ende schadeten sie damit jedoch allen.

Neid gab es schon immer. Aber Gesellschaften, die den Neid eindämmten – etwa durch die christliche Religion, die den Neid zur Todsünde erklärte –, waren stets erfolgreicher als Gesellschaften, in denen er politisch instrumentalisiert und künstlich angeheizt wurde. Nur wer den Neid eindämmt, kann erfolgreich sein. Das gilt für Individuen wie für die ganze Gesellschaft.

Die Freude des Neiders ist die Schadenfreude. In der oben erwähnten Umfrage des Instituts für Demoskopie Allensbach[274] zeigten viele Deutsche Schadenfreude, wenn einem Reichen etwas Negatives widerfährt: Wenn anderen Menschen etwas Schlechtes zustößt, haben die meisten Menschen Mitleid. Verliert dagegen ein Millionär durch ein riskantes Geschäft viel Geld, dann empfindet eine knappe relative Mehrheit der Deutschen (40 Prozent gegen 37 Prozent) Schadenfreude und meint: »Das geschieht dem recht.« Bei Ostdeutschen ist die Schadenfreude etwas stärker ausgeprägt (45 Prozent gegen 30 Prozent).

Viele Menschen sind sogar bereit, etwas herzugeben, nur wenn es anderen dadurch schlechter geht. Sie lassen sich ihre Schadenfreude im wortwörtlichen Sinne etwas kosten. Darüber berichten die Ökonomen John Zizzo (Oxford University) und Andrew Oswald (Warwick

University) in dem Beitrag »Are People Willing to Pay to Reduce Others' Incomes?«[275] Die Wissenschaftler ließen die Versuchsteilnehmer ein Spiel spielen. Nach dem Spiel gaben sie den Verlierern die Möglichkeit, den Gewinnern Schaden zuzufügen, indem sie deren Gewinn reduzierten (wohlgemerkt: ohne selbst etwas davon zu haben). Zwei Drittel der Versuchsteilnehmer gaben Geld aus, um das Glücksgefühl zu kaufen, dass dem Sieger etwas weggenommen wird.[276] Dies erscheint irrational, und das ist es auch. Aber es zeigt, wie stark und schädlich der Neid ist, denn Neider nehmen sogar eigene Nachteile in Kauf, wenn dadurch die Situation des Beneideten verschlechtert wird.

Ähnliche Experimente wiederholte etwa zehn Jahre später Inga Wobker von der Zeppelin Universität in Friedrichshafen. Auch sie fand heraus, dass neidische Verlierer bei einem Spiel bereit sind, zehn Cent einzusetzen, wenn dem Gewinner dadurch ein Euro abgenommen wird. »Aus ökonomischer Perspektive ergab es für die Verlierer keinen Sinn, den Gewinnern zu schaden. Sie hatten keinen wirtschaftlichen Nutzen davon, da die Verringerung des Saldos lediglich Kosten verursachte, ihnen selbst jedoch kein zusätzliches Geld einbrachte. Eine ökonomische Theorie, die Entscheidungsverhalten losgelöst von Emotionen erklärt, würde daher vorhersagen, dass kein verlierender Akteur dafür zahlen würde, einem gewinnenden Akteur zu schaden. Dies stünde im Widerspruch zu der einfachen Regel: ›Mehr Geld ist besser als weniger.‹«[277]

Man sollte erwarten, dass sie dem Gewinner das Geld lassen würden, weil sie selbst einen ökonomischen Nachteil und keinen Vorteil hatten, wenn sie durch Geldeinsatz seinen Gewinn reduzierten. Aber Neid führte dazu, dass Versuchsteilnehmer gegen ihre eigenen Interessen handelten.

Nachdem in den ersten Kapiteln gezeigt wurde, wie Nullsummenglaube der Gesellschaft und der Wirtschaft schadet, wird hier schon deutlich, wie er auch dem Individuum Nachteile bringt. Der Neider schadet sich vor allem selbst, weil sein ganzes Denken und Bestreben nicht mehr dahin geht, wie er selbst aufsteigen, erfolgreich sein und besser werden kann, sondern wie die Situation des Beneideten verschlechtert werden könnte.

Psychologen haben sogar herausgefunden, dass Neid zu psychischen und körperlichen Erkrankungen führen kann.[278] Wissenschaftler untersuchten den Zusammenhang von Neid und psychischer Gesundheit auf Basis der Daten von 18.000 Personen in Australien in den Jahren 2005, 2009 und 2013. Sie verglichen das Niveau des Neids, das sie in einer Umfrage maßen (wobei man hier mit einer Verzerrung rechnen muss, da die meisten Menschen Neid nicht zugeben), mit dem Stand der psychischen Gesundheit nach dem SF-36 Mental Health Index. Der SF-36 ist ein international etablierter Fragebogen zur Erfassung der gesundheitsbezogenen Lebensqualität, der körperliche und psychische Aspekte der Gesundheit abbildet. Er besteht aus acht Subskalen, darunter die Mental-Health-Skala, die das psychische Wohlbefinden anhand von Symptomen wie depressiver Stimmung, Angst und emotionaler Stabilität misst. Das Ergebnis war eindeutig: »Je höher der Neid heute ist, desto geringer ist das psychische Wohlbefinden in der Zukunft.«[279]

Mehrere neuere Studien von chinesischen Psychologen, die sie an Universitäten in ihrem Land durchführten, haben ergeben, dass Neid direkt zu mehr Einsamkeit führt: Neid sei ein »signifikanter Katalysator für Einsamkeit«, und es bestehe in der Folge die Gefahr, dass sich eine negative Spirale ergebe, weil die Einsamkeit den Neid verstärke.[280] In einer weiteren Studie wiesen sie nach, dass Neid zu geringerer psychologischer Resilienz führt, also zu einer verminderten Fähigkeit, Krisen, Rückschläge und Belastungen zu bewältigen. Schließlich konnten sie nachweisen, dass Neid Depressionen auslöst.[281] Also: Nullsummenglaube, eine wichtige Basis von Neid, kann auch Ihrer Gesundheit schaden.

7.

Eine Theorie des kompensatorischen Nullsummenglaubens

»Beauty and the Geek« ist eine US-amerikanische Reality-TV-Show, die vom Sender »The WB« entwickelt und erstmals 2005 ausgestrahlt wurde. In der Sendung werden attraktive, selbstbewusste Frauen (»Beauties«) mit intelligenten, aber sozial unsicheren Männern (»Nerds«) zu Teams zusammengestellt. Die ungleichen Paare leben gemeinsam in einer Villa und müssen verschiedene Herausforderungen meistern, die sowohl Wissen als auch soziale Kompetenzen erfordern. Der amerikanische Psychologe David Anderegg beginnt sein Buch »Nerds« mit einem Gedankenexperiment: Außerirdische kommen auf die Erde und studieren unser Leben. Aus »Beauty and the Geek« lernen sie: »Alle richtig klugen Leute sind hässlich, und alle schönen sind dümmer als ein Sack Steine.«[282]

Und wie wären die Reaktionen der Außerirdischen? »Ein wohlgesinnter Außerirdischer würde vielleicht sagen: ›Wie nett! Wie gerecht! Die guten Eigenschaften der Menschen sind wunderbar ausgewogen verteilt! Niemand ist zugleich schön und klug, und niemand muss zugleich dumm und hässlich sein.‹ Ein weniger wohlgesinnter Außerirdischer würde dagegen sagen: ›Wie praktisch! Man wird sie leicht erobern können, denn die Intelligenten wollen sich mit den Unintelligenten paaren – also werden die Menschen nie klüger! Ein einfacher Unkrautmäher reicht aus, um diesen ganzen Planeten abzuräumen!‹«[283]

In der US-Serie gelingt es den Dummen, ein wenig intelligenter zu werden, und den Intelligenten, ein wenig schöner zu werden. »Aber es kostet Mühe, sehr viel Mühe, und natürlich merkt man, wenn die nächste Staffel beginnt, dass es auf der Welt einen unerschöpflichen Vorrat an dummen Schönheiten und hässlichen Nerds gibt. Sagen wir einfach: So erhebend die späte Verwandlung auch sein mag – sie stellt die Grundannahme der Serie nie infrage, nämlich dass Schönheit und Verstand sich gegenseitig ausschließen.«[284]

Es gibt noch eine Art des Nullsummenglaubens, die nicht mit jenem identisch ist, von dem sonst in diesem Buch die Rede ist. Als »kompensatorischen Nullsummenglauben« bezeichne ich die Überzeugung, dass außergewöhnliche Vorteile in einem Feld (z. B. Reichtum, Intelligenz) nur um den Preis entsprechender Defizite in anderen, vor allem moralisch oder menschlich zentralen Bereichen möglich seien. Diese Defizite werden nicht empirisch festgestellt, sondern anderen Gruppen zugeschrieben, um Ungleichheit psychologisch zu neutralisieren und das eigene Selbstwertgefühl zu stabilisieren.

Obwohl »Nullsummenglaube« hier etwas anderes meint als sonst in diesem Buch, nenne ich dies so, weil die Denkstruktur Parallelen aufweist: Menschen gehen offenbar unbewusst davon aus, dass die Summe positiver und negativer Merkmale null sei. Zumindest gilt dies beim Aufwärtsvergleich, also dann, wenn sie sich mit Personen bzw. Gruppen vergleichen, die ihnen in einem oder mehreren Bereichen ganz offensichtlich überlegen sind. Es muss hier auch nicht bei der Kompensation bleiben, sondern es kann auch eine Überkompensation erfolgen, wenn also zum Ausgleich für zwei Pluspunkte nicht zwei, sondern drei Minuspunkte gegeben werden, um sich der anderen Person überlegen zu fühlen.

Beim Vergleich mit Personen bzw. Gruppen, die ihnen in einem oder mehreren Bereichen unterlegen sind, gilt das nicht unbedingt, denn dadurch wird das Selbstwertgefühl ja eher gestärkt als angegriffen. Wähnt man sich einem anderen unterlegen, dann fühlt man sich nicht gut, und da kann es trösten, wenn man dieser Person negative Eigenschaften zuschreibt, die mindestens so stark ausgeprägt sind wie die Merkmale, in denen sie überlegen ist. Zudem manifestiert sich darin unbewusst eine – vielleicht sogar religiöse – Vorstellung, eine höhere Macht hätte die Menschen irgendwie gleich gemacht, weil sie diejenigen, denen sie besonders positive Fähigkeiten oder Merkmale geschenkt hat, sozusagen zum gerechten Ausgleich auch mit negativen Merkmalen gestraft hat.

Das Insa-Institut legte im Januar 2026 insgesamt 2008 repräsentativ ausgewählten Deutschen folgendes Statement vor und fragte sie, ob sie zustimmen oder nicht: »Wenn ein Mensch auf einem Gebiet große Vorteile hat und weit über den Durchschnitt herausragt (z. B. Intelligenz, Reichtum, Schönheit, sportliches Talent), dann hat er meist auf einem anderen Gebiet entsprechend große Nachteile. Unter dem Strich gleichen sich Vorteile und Nachteile für die meisten Menschen aus.«[285]

Insgesamt stimmten 35 Prozent der Befragten zu, 42 Prozent lehnten die Aussage ab. Der Rest war unentschieden. In Ostdeutschland war die Zustimmung mit 37 Prozent etwas höher als in Westdeutschland (34 Prozent). Bei den Befragten unter 40 Jahren überwog die Zustimmung mit 41 Prozent gegenüber der Ablehnung (38 Prozent), bei den Älteren überwog die Ablehnung. Männer stimmten mit 36 Prozent etwas häufiger zu als Frauen (33 Prozent). Und bei den Wählern der Grünen und der CDU fiel die Zustimmung mit jeweils 39 Prozent etwas höher als im Durchschnitt aus. Nur bei FDP-Wählern war die Ablehnung mit 52 Prozent sehr ausgeprägt und sogar doppelt so hoch wie die Zustimmung (26 Prozent), was nicht verwundert, da Liberale sich am ehesten an der Aussage »Unter dem Strich gleichen sich Vorteile und Nachteile für die meisten Menschen aus« stören dürften.

Erinnern wir uns: Bei der Nullsummenaussage »Je mehr die Reichen haben, desto weniger bleibt für die Armen übrig«, die 2018 das Allensbach-Institut stellte, stimmten 48 Prozent zu. Bei dieser Umfrage gab es aber viel weniger Unentschiedene als bei der Umfrage zu den menschlichen Eigenschaften. Rechnet man bei beiden Umfragen die Unentschiedenen bzw. jene, die keine Angaben machten, heraus, dann kommt man bei der Nullsummenaussage zu menschlichen Eigenschaften (Insa-Umfrage) auf 46 Prozent Zustimmung, bei der Nullsummenaussage zu Reichen und Armen (Allensbach-Umfrage) auf 52 Prozent. Klar, das sind ganz verschiedene Fragestellungen, aber in beiden Fällen ist es so, dass etwa die Hälfte derjenigen, die sich eine Meinung dazu zutrauen, zustimmt. Und Neid ist ein wichtiges Element, das beide Arten des Nullsummenglaubens verbindet.

In den USA, wo Insa die Befragung ebenfalls durchführte, war die Zustimmung zu der Aussage, ob Menschen, die in einem Bereich über den Durchschnitt hinausragen, in anderen Bereichen gleich große Defizite hätten, sogar noch höher: 56 Prozent der Amerikaner stimmten der Aussage zu, nur 31 Prozent lehnten sie ab (der Rest war unentschieden). Wie auch in Deutschland, stimmten Männer mit 58 Prozent etwas häufiger zu als Frauen (54 Prozent). Und auch in den USA war die Zustimmung bei den jungen Menschen deutlich stärker als bei Älteren: 70 Prozent der unter 30-Jährigen stimmten zu und 47 Prozent der über 70-Jährigen. Was in den USA noch auffiel: Bei denen, die mehr verdienten, unterstützte zwar auch die Mehrheit die Aussage, aber die Zustimmung fiel etwas geringer aus als bei den Geringverdienern. [286]

Ich habe diesen kompensatorischen Nullsummenglauben, dem doch erstaunlich viele Menschen anhängen, zuerst beobachtet, als ich mich mit der Vorurteilsforschung über reiche Menschen befasste. Die Psychologin Susan Fiske ist eine der bekanntesten Vorurteilsforscherinnen der USA; sie hat an der Princeton University gelehrt. Fiske schreibt über die Sicht auf reiche Menschen: »Sie erscheinen übermenschlich, als lägen sie in bestimmten Punkten über normalen Menschen (zum Beispiel in ihrer Intelligenz), zugleich aber unterlegen in genau jenen Eigenschaften, die einen Menschen im alltäglichen Sinn ausmachen. Reiche gelten als defizitär an Wärme, als hätten sie keinen Zugang zu komplexen Gefühlen, keine Selbstwahrnehmung, keine Auf-und-Abs im Gefühlsleben und nichts von dem, was man gemeinhin als menschlich bezeichnet.«[287]

Die Forschungen von Soziologen und Psychologen legen nahe, dass Angehörige der Arbeiterschaft ihre eigene Wertigkeit (und die anderer Gruppen) auf der Grundlage universell verfügbarer »Güter« – wie moralischen Eigenschaften oder der Qualität zwischenmenschlicher Beziehungen – definieren. »Dies erlaubt es ihnen«, so der Soziologe Patrick Sachweh, »sich trotz ihres niedrigen sozioökonomischen Status neben oder gar über denjenigen zu positionieren, die ihnen in sozioökonomischer und materieller Hinsicht überlegen sind, und dadurch ein Gefühl von Selbstwert und Würde aufrechtzuerhalten, auch wenn sie mit den traditionellen Erfolgsnormen nicht mithalten können. An den Angehörigen mittlerer und oberer Klassen werden seitens dieser Arbeiter dabei häufig ihre oberflächlichen persönlichen Beziehungen und Freundschaften, ein Mangel an Aufrichtigkeit sowie übermäßige Ambitioniertheit und Wettbewerbsorientierung kritisiert.«[288]

Sachweh schreibt, indem man Reichen bestimmte positive Eigenschaften abspricht oder negative zuschreibt – etwa mangelnde Rücksichtnahme oder Egoismus –, wolle man sich selbst in einem günstigeren Licht darstellen. Die »Reichen« wurden von den für seine Studien Befragten aus unteren Schichten als egoistisch, rücksichtslos, geizig, raffgierig und maßlos wahrgenommen. Diesem Bild »unmoralischer Reicher« stehe insbesondere in der Selbstdefinition seiner Interviewpartner aus unteren Klassenlagen die Zuschreibung einer größeren Solidarität unter benachteiligten Bevölkerungsschichten gegenüber.[289]

Im Kern geht es um die Erhaltung des Selbstwertgefühls: Reiche seien gut im Geldverdienen, aber dafür mangele es ihnen an anderen Dingen, so das Vorurteil. Dass es sich hierbei um eine Strategie handelt, die darauf zielt, das Selbstwertgefühl zu erhalten, indem erstens die Bedeutung von wirtschaftlichem Erfolg relativiert und zweitens die eigene Überlegenheit auf anderen Gebieten (bessere Moral, besseres

Familienleben) kompensatorisch ins Feld geführt wird, bestätigt eine qualitative Untersuchung von Thomas Gorman, Professor für Soziologie am Queens College der City University of New York. In den Interviews, die er führte, wurden starke Vorbehalte der Arbeiter gegen die Mittelschicht und die Reichen deutlich. Arbeiter sahen sich anderen Gruppen insoweit als überlegen an, dass sie selbst stärker familienorientiert seien, während Höhergestellte ihrer Meinung nach zu stark auf Ausbildung und Karriere fixiert seien.[290] Angehörige der Arbeiterschaft »fanden, dass es sozioökonomisch Bessergestellten an wichtigen Qualitäten mangele. Eine Büroangestellte sagte: ›Mit Geld kann man alles kaufen, aber weder Liebe noch Glück, wirklich. Ich würde lieber wenig Geld haben und glücklich sein als reich und unglücklich. Mir ist wichtig, dass ich mich wohlfühle, während *die* nicht wissen, was sie mit ihrem Geld anfangen sollen.‹ (35, arbeitslos, abgeschlossene Schulausbildung).«[291]

Hier wird wieder deutlich, dass Personen aus unteren Schichten bestrebt sind, Reiche bezüglich menschlicher Qualitäten herabzusetzen, um selbst im relativen Vergleich besser dazustehen: »Von diesen Eltern aus der Arbeiterklasse hören wir immer wieder die Überzeugung, dass es sozioökonomisch Bessergestellten zwar finanziell besser gehe, aber dafür an anderen Qualitäten mangele; Eltern aus der Arbeiterklasse denken, dass Reichere den Segen, der darin liegt, Eltern zu sein, nicht würdigen. Ich habe diese Bemerkungen immer als einen subtilen Weg verstanden, ihre negative Meinung über das kapitalistische System zu äußern … Sie mögen nicht reich an dem vom System wertgeschätzten Kapital sein, aber diese Eltern aus der Arbeiterklasse haben den Eindruck, dass sie in bestimmten Aspekten ihres Lebens den Reicheren überlegen sind.«[292]

Es sind jedoch keineswegs nur Arbeiter bzw. Personen aus unteren Schichten, die den Reichen negative Persönlichkeitsmerkmale zuordnen. Auf die Frage, welche Persönlichkeitsmerkmale man besonders oft bei reichen Leuten finde, sagten bei einer Umfrage des Instituts für Demoskopie Allensbach in Deutschland 62 Prozent »egoistisch«, 56 Prozent »materialistisch (denken nur ans Geld)«, 50 Prozent »rücksichtslos«

und 49 Prozent »gierig«. Fast jeder dritte Deutsche (30 Prozent) sagte sogar, Reiche seien zwar gut im Geldverdienen, aber in der Regel keine anständigen Menschen.[293] In den USA stimmten der Aussage, Reiche seien in der Regel keine anständigen Menschen, 27 Prozent zu.[294]

Wie stark der Nullsummenglaube und negative moralische Urteile über Reiche zusammenhängen, sieht man in Polen. Insgesamt haben Polen ein deutlich positiveres Bild von den Reichen als die Befragten in den anderen zwölf Ländern, in denen wir die Befragung durchführten. Doch von den Nullsummengläubigen in Polen sagten 62 Prozent, Reiche seien gut im Geldverdienen, aber in der Regel keine anständigen Menschen. Von den Nicht-Nullsummengläubigen in Polen sagten das nur 19 Prozent.[295]

Juden sind ein weiteres Beispiel für Gruppen, die einerseits als herausragend betrachtet werden, aber denen andererseits gerade deshalb negative Eigenschaften unterstellt werden, wobei sich die Stereotype hier mit denen über reiche Menschen überschneiden.[296] Schon Mark Twain erklärte in seinem 1899 veröffentlichten Aufsatz »Concerning the Jews«[297] den Antisemitismus mit dem Neid auf Erfolgreiche. Juden seien zahlenmäßig eine kleine Gruppe, aber überproportional sichtbar in Bereichen wie Handel, Finanzen, Wissenschaft und Kultur, was Neid und Missgunst auslöse. Juden, so seine These, würden gerade wegen ihres besonderen Erfolgs angefeindet.[298]

Juden, so die amerikanischen Vorurteilsforscherinnen Collange, Fiske und Sanitioso, »zählen zu einer beneideten, stereotypisierten Gruppe, der man Kompetenz zuschreibt, jedoch keine Wärme«.[299] Die Wahrnehmung von Fremdgruppen als besonders fähig, so Fiske, kann dazu führen, negative Gefühle und Einstellungen sogar zu bestärken: »Fremdgruppen mit hohem Status können eine neiderfüllte Mischung aus Bewunderung (und eben nicht Missachtung) sowie intensiver Abneigung auslösen, motiviert durch ein Gefühl der Bedrohung (als gefährliche Konkurrenten)… Antisemiten etwa vertreten oft absurde Verschwörungstheorien über den wirtschaftlichen und sozialen Einfluss von Juden. In diesem Fall führen positive Stereotype über die Kompetenz einer solchen Fremdgruppe (in Kombination mit entsprechend negativen Stereotypen über deren mangelnde Wärme und schlechte Absichten) zu einer besonders gefährlichen Form von Vorurteilen, die allzu oft zu Ausbrüchen extremer Gewalt führt.«[300]

Der amerikanische Sozialpsychologe Peter Glick bezeichnet Gruppen wie die Juden als »Victims of Success«: »Der vergleichsweise große Erfolg von Juden in Finanzwesen, Medien, Regierung und akademischen Institutionen trägt dazu bei, dass amerikanische Juden als Minderheit weiterhin so verortet werden, dass neidische Stereotypisierungen verstärkt werden.« Dies habe sich etwa in der Finanzkrise 2008 gezeigt, als antisemitische Verschwörungstheoretiker »jüdische Banker« wie die Rothschilds und Lehman Brothers als Sündenböcke denunzierten.[301]

Dies hat bekanntlich eine unheilvolle Tradition. Der »reiche Jude«, der »Finanzjude« usw. sind negative Stereotype, derer sich die Nationalsozialisten bedienten. Propagandafilme wie »Die Rothschilds« oder »Der ewige Jude« suggerierten, der finanzielle Erfolg von Juden basiere auf Wucher und Ausbeutung. Einerseits wurden Juden als besonders mächtig, geschickt und erfolgreich dargestellt, andererseits wurden sie moralisch diskreditiert, als unehrlich, verschlagen, materialistisch und raffgierig.

Auch hier spielt wieder die Kompensation von eigenen Minderwertigkeitsgefühlen eine zentrale Rolle: Einer als überlegen empfundenen Gruppe schreibt man negative Eigenschaften zu, so wie wir dies bei anderen Gruppen gesehen haben, die über den Durchschnitt hinausragen. Ein Unterschied zu anderen in diesem Kapitel behandelten Gruppen besteht allerdings darin, dass hier der Begriff des »kompensatorischen Nullsummenglaubens« nicht ganz passt, weil Antisemiten Juden gerade nicht als Gleiche betrachten, bei denen sich positive und negative Eigenschaften irgendwie ausgleichen – im Gegenteil.

Dafür ist der wirtschaftlich motivierte Antisemitismus (der oft mit Antikapitalismus einhergeht) ein Beispiel für die klassische Nullsummenlogik, wie wir sie in diesem Buch dargestellt haben: Der Erfolg einer Gruppe basiert angeblich auf der Ausbeutung der anderen. Hitler erklärte, die Juden hätten ihren Reichtum von anderen geraubt: »So ist dieses Kapital gewachsen und beherrscht heute praktisch die ganze Erde, unermesslich an Summen, unfassbar in seinen großen Verhältnissen, unheimlich wachsend und – das Schlimmste! – alle redliche Arbeit vollständig korrumpierend, und darin liegt das Grauenhafte, dass der gewöhnliche Mensch, der heute die Lasten zu tragen hat zur Verzinsung dieser Kapitalien, sehen muss, wie ihm trotz Fleiß, Emsigkeit, Sparsamkeit, trotz wirklicher Arbeit kaum das bleibt, um sich nähren zu können, und noch weniger, um sich kleiden zu können, in der gleichen Zeit, in der dieses internationale Kapital Milliarden verschlingt, nur an Zinsen, die er mit aufbringen muss, in der gleichen Zeit, in der sich eine Rassenschicht breitmacht im Staate, die keine andere Arbeit tut als für sich selber Zinsen eintreiben und Coupons abschneiden.«[302]

Aber zurück zum Thema des kompensatorischen Nullsummenglaubens: Kann man diese Mechanismen, in einem Bereich überlegene Gruppen herunterzusetzen und ihnen in anderer Hinsicht negative Eigenschaften zuzuschreiben, auf weitere Gruppen übertragen, beispielsweise auf schöne Menschen? Auf den ersten Blick scheint das Gegenteil der Fall zu sein. Psychologen fanden schon vor über 50 Jahren heraus, dass schönen Menschen positive Charaktereigenschaften zugeschrieben werden. »What is beautiful is good«, resümierten amerikanische Wissenschaftlerinnen – in Anlehnung an einen Ausspruch der antiken griechischen Dichterin Sappho – in einem Beitrag, der 1972 im »Journal of Personality and Social Psychology« erschien.[303] Sie berichten von einem Experiment, bei dem Versuchsteilnehmern Fotos von schönen, durchschnittlich aussehenden und unattraktiven Personen vorgelegt wurden.

Die Versuchsteilnehmer wurden gebeten, auf einer Liste mit 27 Persönlichkeitsmerkmalen die gezeigten Personen zu bewerten. Das Ergebnis war, »dass ein Stereotyp körperlicher Attraktivität existiert und dass dieses inhaltlich vollständig mit der These ›Was schön ist, ist gut‹ übereinstimmt. Physisch attraktive Personen werden nicht nur als

Träger sozial erwünschter Persönlichkeitsmerkmale angesehen als weniger attraktive Personen, sondern es wird auch angenommen, dass ihr Leben glücklicher und erfolgreicher sein wird.«[304] Man bezeichnet dies auch als »Halo«-Effekt, wobei der Begriff aus dem Englischen stammt und sich auf den Heiligenschein (Halo) bezieht, der sinnbildlich dafür steht, dass eine einzelne auffällige Eigenschaft das Gesamturteil über eine Person überstrahlt.

Eine Metaanalyse der amerikanischen Sozialpsychologen Alice A. Eagly, Richard D. Ashmore, Mona G. Makkhijani und Laura C. Longo[305] über Studien zur Wahrnehmung von attraktiven Personen, die ca. 600 Untersuchungen zu diesem Thema auswertete, kam indes zu dem Ergebnis, dass der immer wieder behauptete Zusammenhang, wonach attraktiven Personen »gute« Persönlichkeitsmerkmale zugeordnet werden, erstens deutlich schwächer ist als meist behauptet und zweitens zu pauschal ist, weil nicht zwischen verschiedenen Persönlichkeitsmerkmalen unterschieden wird.

Der Zusammenhang sei, so die Autoren, bei der Auswertung aller Studien nicht nur schwächer, als es die These vom unumstrittenen Konsens nahelegen würde, vor allem greife es zu kurz, alles auf eine »Good-Bad«-Dichotomie zu reduzieren. Eagly und Kollegen plädieren dafür, statt alle Persönlichkeitsmerkmale unter »Good« oder »Bad« zu subsumieren, solle man genauer unterscheiden. »Die Tatsache, dass körperliche Attraktivität ihren stärksten Einfluss auf soziale Kompetenz hatte, stützt unsere Auffassung, dass der Kern des Stereotyps körperlicher Attraktivität in Geselligkeit, Beliebtheit und ähnlichen Eigenschaften liegt.«[306] Schöne Menschen würden, so ihr Ergebnis, in vielerlei Hinsicht nicht positiver als unattraktive beurteilt und sie gelten als »eitler und weniger bescheiden«.[307]

Eagly u. a. empfehlen daher, den Zusammenhang zwischen Attraktivität und Persönlichkeitsmerkmalen differenzierter in den Blick zu nehmen. »Aggregierte Maße, die aus Items bestehen, die nach eher willkürlichen Verfahren ausgewählt wurden, führen zu unzuverlässigen

Schätzungen der Stärke des Stereotyps körperlicher Attraktivität und verschleiern die Feinheiten des stereotypen Denkens von Menschen über äußere Erscheinung.«[308]

Eine Untersuchung aus dem Jahr 2019 von Leah D. Sheppard (Washington State University) und Stefanie K. Johnson (University of Colorado Boulder) kam zu dem Ergebnis, dass Schönheit eher ein Nachteil für Geschäftsfrauen sei.[309] Sie führten sechs verschiedene Studien durch, die zeigen sollten, ob man eher schönen als unattraktiven Managerinnen vertraut, wenn sie positive oder auch negative Maßnahmen in ihrer Firma verkünden. Aber egal, welcher Art die Nachrichten waren: Obwohl Frauen sonst eher vertraut wird als Männern, gilt dies nicht für schöne Frauen, denen eher misstraut wird. Die Wissenschaftlerinnen nannten das den »Femme Fatale Effect«.

Die amerikanischen Sozialpsychologen Donald F. Sacco, Kurt Hugenberg und Elizabeth J. Kiel veröffentlichten 2013 eine Studie zum Thema »Facial attractiveness and helping behavior beliefs«.[310] Die Wissenschaftler untersuchten, für wie hilfsbereit Menschen mit unterschiedlicher Attraktivität eingeschätzt werden. Das Thema Hilfsbereitschaft ist wichtig, denn »prosoziale Neigungen sind ein integraler Bestandteil adaptiven Gruppenverhaltens, und Individuen ziehen es vor, mit anderen zu interagieren, die kooperieren und sich prosozial verhalten, im Gegensatz zu jenen, die betrügen oder sich egoistisch verhalten«.[311] Versuchsteilnehmern wurden Fotos einer attraktiven, einer mittelmäßig attraktiven und einer unattraktiven Person vorgelegt. Sie wurden gebeten, einzuschätzen, wie hilfsbereit diese Personen seien. Als Beispiel wurde genannt, wie viel sie für Charity spenden und ob sie sich unentgeltlich für Non-Profit-Organisationen engagieren. Neben der Frage, wie hilfsbereit die gezeigten Personen *tatsächlich* seien, wurde auch gefragt, wie hilfsbereit sie nach Meinung der Versuchspersonen denn sein *sollten*.[312]

Sowohl über die Attraktiven als auch über die Unattraktiven sagten die Versuchsteilnehmer, dass diese weniger helfen, als sie es ihrer

Meinung nach sollten. Für die gemäßigt Attraktiven gab es diese Diskrepanz nicht. »… diese Befunde liefern Hinweise darauf, dass sowohl unattraktive als auch attraktive Personen als relativ wenig hilfsbereit wahrgenommen werden und als solche, die ihrer Verpflichtung zu helfen, nicht nachkommen.«[313]

In einem zweiten Experiment wollten die Wissenschaftler herausfinden, *warum* sowohl die Attraktiven als auch die Unattraktiven als wenig hilfsbereit gesehen wurden. Die Versuchsteilnehmer wurden gebeten, sowohl einzuschätzen, ob die ihnen auf den Fotos gezeigten Attraktiven und Unattraktiven *willig* seien zu helfen, als auch, *ob sie dazu überhaupt in der Lage seien.* Ergebnis: »Daher werden attraktive Zielpersonen vor allem deshalb als wenig hilfsbereit angesehen, weil man ihnen mangelnde Hilfsbereitschaft unterstellt. Unattraktive Zielpersonen gelten dagegen als wenig hilfsbereit sowohl aufgrund einer relativ geringen Fähigkeit als auch aufgrund mangelnder Bereitschaft zu helfen.«[314]

Die Autoren vermuten, dass zur Erklärung das Stereotyp Content Model von Fiske u. a. herangezogen werden könne, wonach Fremdgruppen als warm und kompetent, warm und inkompetent, kalt und kompetent oder kalt und inkompetent wahrgenommen würden. Vermutlich würden die Unattraktiven als kalt und inkompetent, die Attraktiven als kalt und kompetent wahrgenommen.

Marshall Dermer und Darrel L. Thiel vertreten in ihrer Studie »When beauty may fail«[315], die Hypothese, dass es nichtlineare Zusammenhänge zwischen Attraktivität und der Zuschreibung von positiven oder negativen Persönlichkeitsmerkmalen gibt. Viele Studien zu dem »Beautiful is good«-Stereotyp litten daran, dass keine Fotos von »außergewöhnlich attraktiven Personen« verwendet wurden.[316] Ihre These ist, »dass attraktive Frauen aufgrund ihrer Fähigkeit, Männer mit hohem Status anzuziehen, stereotyp als Trägerinnen sozial unerwünschter konventioneller Orientierungen angesehen werden könnten. Allgemeiner formuliert gibt es demnach Grenzen, jenseits derer Schönheit ihre positive Wirkung verfehlen kann.«[317]

Insgesamt bestätigte sich zwar in den Studien von Dermer und Thiel das »Beautiful is good«-Stereotyp, aber es gab eine Reihe von wichtigen Punkten, bei denen die sehr Attraktiven schlechter abschnitten. »Attraktive Zielpersonen galten dennoch auch als eitler, egoistischer, eher geneigt, eine Scheidung einzureichen und eine außereheliche Affäre einzugehen, sowie im Vergleich zu unattraktiven Zielpersonen als weniger mitfühlend gegenüber unterdrückten Völkern, materialistischer und snobistischer.«[318] Unattraktive Versuchsteilnehmerinnen bewerteten zudem die attraktivsten Frauen, die ihnen auf Fotos gezeigt wurden, als die schlechtesten Eltern.[319]

Die zentrale These, die die Autoren aus dieser Untersuchung ableiten, lautet, »dass die positive Bewertung eine kurvilineare Funktion der Attraktivität der Zielperson sein kann, sodass die positive Bewertung zunimmt, wenn die Attraktivität von niedrigen zu moderat hohen Werten steigt, und dann bei außergewöhnlich hoher körperlicher Attraktivität wieder abnimmt ... außergewöhnlich attraktive Frauen können ein Bild hervorrufen, das eher mit Pandora als mit Güte vereinbar ist.«[320]

Die Unterschiede zu den vorangegangenen Studien, die die »What is beautiful is good«-These zu belegen schienen, sind, dass mehr Variablen abgefragt wurden und auch sehr attraktive Frauen (statt nur moderat attraktive Frauen) in die Untersuchung einbezogen wurden. Einige Studien deuten also darauf hin, dass für sehr attraktive Frauen ähnliche Mechanismen gelten wie für Reiche. Sozusagen als »Ausgleich« dafür, dass sie in einem Bereich weit überdurchschnittlich sind, werden ihnen in wichtigen Bereichen negative Eigenschaften zugeschrieben. Ähnlich wie bei Reichen werden sie als weniger vertrauenerweckend, weniger empathisch, als kalt und weniger hilfsbereit wahrgenommen.

Diese Eigenschaften sind aber die entscheidenden für unser Gesamturteil über Menschen, wie inzwischen durch mehrere wissenschaftliche Arbeiten belegt ist: Wir unterscheiden zwischen moralischen Persönlichkeitsmerkmalen (»M-traits«) und Kompetenz-Werten (»C-traits«), aber »der Gesamteindruck von realen Personen wurde besser durch

M-Eigenschaftszuschreibungen vorhergesagt als durch C-Eigenschaftszuschreibungen«.[321] Wenn jemand als wenig hilfsbereit, kalt und nicht vertrauenerweckend beschrieben wird, dann kann dies nicht durch andere positive Zuschreibungen ausgeglichen werden.

Ulrich Renz schreibt in seinem Buch über die Schönheitsforschung, dass Menschen oft versuchen, Schönheit und die Schönen abzuwerten: »Eine Schönheit ist eine Frau, der man alles zutraut, aber sonst nicht viel« – der Volksmund sei reich an solchen Sprüchen, mit denen die Schönen moralisch in Misskredit gebracht werden sollen. »Das Äußere kann demnach – ganz nach unserer abendländischen Logik – nur auf Kosten des Inneren blühen«, so Renz.[322] Models als dumm zu bezeichnen, gehöre geradezu zum guten Ton unter den »Gebildeten«. »Sobald Schönheit Macht über uns hat«, so Renz, »setzt offenbar ein Drang ein, sie abzuwerten.«[323]

Diese negativen Zuschreibungen können ernste Auswirkungen haben, wie Madeline E. Heilman und Lois R. Saruwatari herausgefunden haben. Sie zeigten, dass es bei Bewerbungen kein Nachteil sei, eine Frau zu sein, aber dass es ein Nachteil sei, wenn man eine sehr schöne Frau ist. Das gelte zumindest dann, wenn sich die Frau um eine Führungsposition bewerbe, nicht jedoch, wenn sie sich für eine einfache Tätigkeit bewerbe.[324]

Viele Studien zum »What is beautiful is good«-Stereotyp litten zudem darunter, dass nicht zwischen den Reaktionen und Einstellungen geschlechtsspezifisch unterschieden wurde. Diese Unterscheidung ist jedoch sehr bedeutsam, denn drei Studien aus dem Jahr 2011 belegen, dass der Vorteil, gut auszusehen, etwa in einem Bewerbungsgespräch, nur dann gilt, wenn die Bewerberin weiblich ist und der Beurteilende männlich. War die Bewerberin dagegen weiblich und die Beurteilende auch weiblich, hatten sehr gut aussehende Bewerberinnen keinen Vorteil, sondern einen Nachteil: »In keiner der vorliegenden Studien hatten gleichgeschlechtliche Zielpersonen einen Vorteil daraus, attraktiv zu sein; in zwei der drei Studien waren sie dadurch sogar signifikant benachteiligt.

Die Teilnehmer empfahlen sehr attraktive gleichgeschlechtliche Personen seltener als durchschnittlich aussehende für eine Stelle oder für die Zulassung zu einer Universität.«[325] Sehr gutes Aussehen war ein Nachteil, wenn die Kandidatin und die Beurteilende weiblich waren und die Beurteilende zugleich ein geringes Selbstwertgefühl hatte.[326]

Das bestätigt meine These, dass sehr schöne Frauen Neid provozieren, was besonders bei Personen mit geringerem Selbstwertgefühl der Fall ist. Es ist einleuchtend, dass sich Neid in diesen Situationen nur bei Personen des gleichen Geschlechts einstellt, denn warum sollte ein Mann neidisch auf eine sehr attraktive Frau sein? Die Autoren der Studie sehen darin zu Recht eine wichtige Einschränkung der Gültigkeit der »What is beautiful is good«-These.[327]

Drei kanadische Wissenschaftler kamen 2021 in einer Studie zu dem Ergebnis, dass attraktive Frauen leichter Opfer negativer Gerüchte werden. Versuchsteilnehmerinnen erhielten drei positive und drei negative Informationen über eine attraktive Frau. Eine positive Information war zum Beispiel: »Ihr IQ weist sie als Genie aus«, eine negative Information: »Sie schläft mit vielen Männern.« Die negativen Informationen wurden deutlich häufiger weitererzählt.[328] Eine andere Studie zeigte, dass die Wahrscheinlichkeit, Opfer indirekter Aggressionen (z. B. Verbreitung von negativen Gerüchten) zu werden, bei schönen Mädchen 35 Prozent höher ist als bei weniger attraktiven (während die Wahrscheinlichkeit bei attraktiven Jungen sogar um 25 Prozent abnimmt).[329] Dies bestätigte die Ergebnisse einer vorangegangenen Studie aus dem Jahr 2008: »Frauen, die sich selbst als sehr attraktiv einschätzten, berichteten über ein höheres Ausmaß indirekter Viktimisierung.«[330]

Stereotype über Blondinen sind ein Beispiel für negative Zuschreibungen zu Frauen, die als besonders attraktiv wahrgenommen werden. In Wikipedia heißt es unter dem Stichwort »Blondinen«: »Blonde Frauen entsprachen über die Epochen hinweg einem besonderen Schönheitsideal. Die Assoziationen zur blonden Frau unterliegen zugleich einem kulturhistorischen Wandel. In der Gegenwart wird der Begriff zuweilen auch in pejorativer Weise verwendet (Witze, die stereotyp auf der angeblich beschränkten Intelligenz von Blondinen beruhen, sind als sogenannte ›Blondinenwitze‹ im deutschen Sprachraum verbreitet).«

Mit »Blondine« assoziieren die meisten Menschen nicht einfach eine Frau mit blonden Haaren, sondern eine sehr attraktive Frau – nicht zufällig ist der Wikipedia-Artikel mit einem Bild von Marilyn Monroe versehen. Sicherlich zu Unrecht steht auch Monroe manchmal für das Stereotyp der sehr schönen, aber nicht besonders intelligenten Frau, wie dieser bekannte Witz zeigt: »Marilyn Monroe sagt zu Albert Einstein: Stell dir vor, wir hätten ein Kind, mit deiner Intelligenz und meiner Schönheit. Einstein antwortet: Und stell dir vor, es hätte meine Schönheit und deine Intelligenz. Darauf Marilyn: Davor habe ich ehrlich gesagt mehr Angst.« Gibt man bei Google »Blondinenwitz« ein, erhält man ein Vielfaches der Treffer von »Brünettenwitz«. Sogar wissenschaftliche Studien haben sich mit diesen Witzen befasst.[331] In deutsch- und englischsprachigen Witzbüchern gibt es oft eigene Kapitel zu Blondinen, aber fast nie zu Brünetten.

Woher kommt dieses negative Stereotyp, obwohl wissenschaftliche Studien keinen Beleg dafür ergeben, dass blonde Frauen weniger intelligent sind als andere Menschen?[332] Millionen Frauen färben sich ihre Haare blond, angefangen bei der eigentlich brünetten Marilyn Monroe, weil blonde Frauen als attraktiver gelten – weit weniger Frauen färben sich ihre Haare in anderen Tönen. Es gibt wissenschaftliche Studien, die belegen, dass blonde Frauen als attraktiver empfunden und häufiger von Männern angesprochen werden.[333] »Blondinen« zählen damit ebenfalls zu den Gruppen, die – wegen ihrer höheren Attraktivität – in positiver Hinsicht über dem Durchschnitt wahrgenommen werden. Dementsprechend werden ihnen – im Sinne des kompensatorischen Nullsummenglaubens – negative Eigenschaften, vor allem geringere Intelligenz, zugeschrieben.

Die Zuschreibung von negativen Eigenschaften für Personen, die über den Durchschnitt hinausragen, wurde auch für männliche Bodybuilder untersucht. Roland S. Persson hat dazu eine qualitative Studie vorgelegt: »Big, bad & stupid or big, good & smart.«[334] Persson ist ein schwedischer Psychologe und Pädagoge, der vor allem für seine Forschung zu Hochbegabung, Intelligenz, Exzellenz und den sozialen Aspekten von Begabung bekannt ist. Er hat zugleich über mehrere Jahre intensiv Krafttraining betrieben und an Wettkämpfen teilgenommen. In einigen seiner wissenschaftlichen Arbeiten thematisiert er diese eigene Erfahrung und nutzt sie als empirisch reflektierten Hintergrund, um Stereotypisierungen, Projektionen und soziale Abwehrmechanismen gegenüber stark muskulösen Männern zu analysieren.

Persson berichtet: »Nachdem ich im nationalen Fernsehen als Experte für hochbegabte Kinder aufgetreten war, bezogen sich Kommentare von Fitnessstudiomitgliedern und anderen Personen, die mich hauptsächlich als Bodybuilder kannten, auf ihre Überraschung darüber, dass ein Bodybuilder auch ›klug‹ sein könne. In einem allgemeinen Internet-Chatraum erhielt ich plötzlich eine Nachricht von einem mir unbekannten Mann, 50 Jahre alt (Alter und gewählter Name der Diskutanten werden den gesendeten Nachrichten stets beigefügt), nachdem er ein Foto von mir im Internet gesehen hatte. Die Nachricht lautete: ›Also, wie hoch ist dein IQ? Oder hast du keinen; nur kleine Bodybuilder in deinem Kopf vielleicht? Ich würde sagen IQ 70–80. Und wahrscheinlich ist dein Schwanz auch sehr klein. Aber wenn dir das alles gefällt, dann genieße deine Minderwertigkeitskomplexe und trainiere weiter.‹ Ich konfrontierte ihn und schrieb zurück, warum er so etwas sage, und das auch noch zu einem ganz fremden Menschen. Daraufhin erhielt ich folgende, sehr aufschlussreiche Entschuldigung: ›Es tut mir leid, ich weiß nicht, warum ich das geschrieben habe. Ich nehme an, manche Bodybuilder sind dumm. Ich kann nicht verstehen, warum sie so werden müssen. Ein trainierter Körper ist schön, aber warum so; warum so viel? Um Männer und Frauen zu beeindrucken? Maßhalten ist das Beste! Aber wenn du so aussehen möchtest und so viel harte Arbeit investierst, ist das in Ordnung. Ich nehme an, du könntest ein netter Mensch sein, auch wenn du ein Bodybuilder bist. Vielleicht habe ich etwas Dummes gesagt.‹«[335]

Mir selbst ist öfter Ähnliches passiert. Ich betreibe seit 49 Jahren Bodybuilding, habe einige Jahre auch für führende Bodybuilding-Zeitschriften geschrieben und ein Buch über »Erfolgsfaktoren im Kraftsport« verfasst. Manchmal poste ich Bilder vom Training, und darauf erhalte ich teilweise anerkennende Kommentare, teilweise aber auch solche: »Ich dachte, Sie seien ein seriöser Historiker, aber dann habe ich Ihren Namen gegoogelt und gesehen, dass Sie ein Bodybuilder sind.« Er fügte hinzu, deshalb könne er mich als Historiker nicht ernst nehmen. Meine humorvolle Gegenfrage lautete, welche Figur ich haben sollte, damit er mich ernst nehmen könne: »Eher der leptosome Typ mit Armen und Beinen wie Zahnstocher oder eher mit dickem Bauch? Oder vielleicht eine Mischung, also das, was ich als Insektenfigur bezeichne: Dicker Bauch und dünne Gliedmaßen?«

Ich gebe zu, dass ich selbst auch mit solchen Stereotypen aufgewachsen bin: »Muskelprotz mit Spatzenhirn«, sagte man über Männer mit athletischem Körperbau. Hinter diesem Vorurteil steckt eine bestimmte Vorstellung von der Beziehung zwischen Körper und Geist: Wer körperlich sehr stark ist, muss Defizite im geistigen/intellektuellen Bereich haben. Daher staunte ich nicht schlecht, als ich meinen Lehrer im Biologie-Leistungskurs sah, der sehr muskulös und Präsident des Hessischen Gewichtheberverbandes war. Auf mich wirkte er extrem intelligent, und das brachte mein Vorurteil ins Wanken (übrigens motivierte er mich, dem Gewichtheberverein beizutreten).

Persson fragte mehrere Teilnehmer der Studie nach ihren persönlichen Wahrnehmungen: »Die meisten von ihnen hatten ähnliche Erfahrungen gemacht:

- A16-SE: Menschen sind oft überrascht, wenn ich ihnen sage, welchen Beruf ich habe (ich bin Computerprogrammierer und Systementwickler).

- A17-SE: Absolut, das ist die häufigste Beleidigung.
- B1-USA: Ja, ich glaube, die Leute erwarten im Allgemeinen, dass ich ziemlich dumm bin, und sind überrascht festzustellen, dass ich recht gewandt spreche und gebildet bin.
- D1-UK: Häufig. Die Leute halten mich manchmal für weniger intelligent, wenn ich kräftiger aussehe (was vom Stadium des Trainingszyklus oder von der Kleidung abhängt, die ich trage). Wenn ich kräftiger aussehe und spreche, wirken sie deutlich überraschter (ich kann mich recht gut ausdrücken), als wenn ich schlanker aussehe. Ich kann die Veränderung ihrer Einstellung mir gegenüber fast in ihren Gesichtern beobachten.«[336]

Ein Teilnehmer der Studie sagte: »Diese Vorstellung ist jedoch inzwischen in der westlichen Welt so weit verbreitet, dass sie Teil des Stereotyps des männlichen Bodybuilders geworden ist. Jemand, der riesig und muskulös ist, gilt automatisch als jemand ohne größere intellektuelle Fähigkeiten. Es überrascht daher nicht, dass Bodybuilder, insbesondere in der akademischen Welt, mit Missachtung betrachtet werden. Dasselbe lässt sich von einem Golfer oder einem Tennisspieler nicht sagen.«[337] Der kanadische Bodybuilder Claude Groulx bemerkte in einem Interview, dass der unerfreulichste Aspekt seines Sports darin bestehe, »mit der falschen Vorstellung umzugehen, Bodybuilder seien dumm. Diese Schublade beleidigt mich.«[338] Margery Eagan, Kolumnistin des *Boston Herald*, veranschaulicht Groulx' Befürchtung, indem sie sich mit leicht sarkastischem Unterton über Arnold Schwarzenegger als frisch gewähltem Gouverneur von Kalifornien äußerte: »Bodybuilder sind auch nicht notwendigerweise dumm, so wurde mir gesagt, trotz täglich mehr als zwei Stunden, in denen sie ihre erhabenen Selbstbilder anstarren.«[339]

Die Deutung von Persson entspricht exakt der, die ich oben auch schon für reiche Menschen oder schöne Frauen entwickelt habe: »Ich denke, dass die besondere Wahrnehmung männlicher Bodybuilder als dumm oder weniger intelligent sowie als angeblich unfähig zu fortgeschrittenen

Fähigkeiten und komplexem Denken vor allem und ursprünglich ein Abwehrmechanismus ist, der dem Schutz des Selbstwertgefühls dient. Bei anderen einen Makel zu finden oder – wie in diesem Fall – auf sie zu projizieren, und zwar in Bezug auf ein Merkmal oder eine Eigenschaft, die von der Gesellschaft hoch geschätzt wird, macht eine ansonsten unerreichbare Person ›menschlicher‹. Eine solche Zuschreibung macht ihn ›mehr wie mich selbst‹, was der projizierenden Person ein gewisses Gefühl von Sicherheit und Befriedigung verschaffen kann.«[340]

Man muss Bodybuilder nicht schön oder ästhetisch finden – das ist Geschmackssache. Aber Bodybuildern pauschal geringere Intelligenz zuzuschreiben, nur weil sie eine sehr ausgeprägte Muskulatur und viel Kraft haben, ist ein weiteres Beispiel für das verbreitete Muster, Menschen mit überdurchschnittlichen Fähigkeiten in einem Bereich kompensatorisch mit Defiziten in anderen Bereichen zu versehen. Dahinter steht vielleicht die Annahme eines Nullsummenspiels zwischen Körper und Geist. Wer dem Körper viel Aufmerksamkeit widmet, so die implizite Vorstellung, könne geistige Fähigkeiten nicht im gleichen Umfang entwickeln oder habe vielleicht sogar von Natur aus ein Defizit im intellektuellen Bereich.

Hinzu kommt etwas anderes: Eine Studie zeigt, dass Körper mit mehr Muskeln als bedrohlich wahrgenommen werden.[341] Das wird evolutionsbiologisch erklärt aus der adaptiven Funktion, Gefahren schnell zu erkennen: Körperliche Merkmale wie erhöhte Muskelmasse könnten historisch als Hinweis auf physische Stärke und damit potenzielle Gefahr gedient haben. Und diese unbewussten Mechanismen können bis heute wirksam sein – auch in Situationen, in denen der Mensch auf einer rationalen Ebene weiß, dass ihm von einem Bodybuilder, Gewichtheber oder Kraftdreikämpfer keine Gefahr droht. Gleichwohl kann es zu unbewussten Unterlegenheitsgefühlen kommen und dem Bedürfnis, diese zu kompensieren.

Kann man die gleichen kompensatorischen Mechanismen auch in Bezug auf Menschen mit überdurchschnittlicher Intelligenz beobachten?

Hugo de Garis ist ein australischer Informatiker und ehemaliger Forscher auf dem Gebiet der künstlichen Intelligenz. Er wurde 1947 in Sydney geboren und ist bekannt für seine Arbeiten zu dem Konzept künstlicher Gehirne, sowie für seine kontroversen Zukunftsvisionen über die Entwicklung superintelligenter Maschinen. Er war u. a. Leiter der »Brain Builder Group« am ATR-Forschungslabor in Japan und hatte Professuren in den USA und China. In seinem Aufsatz »Discrimination against intellectuals (sages)« argumentiert er, dass Diskriminierung nicht nur Minderheiten oder sozial schwache Gruppen betrifft, sondern auch Menschen mit hoher Intelligenz und ausgeprägten intellektuellen Fähigkeiten. De Garis beschreibt, dass Hochintelligenten in vielen sozialen Kontexten Misstrauen, Ablehnung oder offene Feindseligkeit entgegengebracht werde, insbesondere dann, wenn ihre Fähigkeiten andere verunsichern oder bestehende Macht- und Statushierarchien infrage stellen.

Ein zentraler Gedanke des Aufsatzes ist, dass Intelligenz häufig als Bedrohung wahrgenommen wird. Hochintelligente Menschen erinnern andere an eigene Grenzen, was Neid, Abwehrreaktionen und Abwertung auslösen kann. Diese Abwertung äußert sich etwa in Stereotypen wie soziale Unfähigkeit, Arroganz oder Weltfremdheit. De Garis sieht darin einen psychologischen Selbstschutzmechanismus, der dem Erhalt des eigenen Selbstwertgefühls dient.[342]

De Garis verwendet den Begriff »Sages« nicht im traditionellen Sinn von »Weise«, sondern als soziologische Kategorie. »Sages« sind bei ihm Menschen mit extrem hoher Intelligenz, typischerweise im obersten ein Prozent der IQ-Verteilung. Ihnen stellt er zwei andere Gruppen gegenüber: die »Peakers« als intellektuelle Mitte und die »Subs« als unteres Ende der Verteilung.

»Für die Sages jedoch ist es ebenso verletzend, als ›Eierkopf‹, ›Geek‹, ›Nerd‹ usw. bezeichnet zu werden, wie es für einen Schwarzen verletzend ist, mit Begriffen wie ›Nigger‹, ›Coon‹, ›Darkie‹ usw. bezeichnet zu werden … Als Folge der Etikettierung als ›Eierkopf‹, ›Geek‹, ›Nerd‹ usw. erleiden diese jungen Sages emotionale Zurückweisung in der Schule und lernen, sich in sich selbst zurückzuziehen, um geistig gesund zu bleiben … Sie werden zu ›Nerds‹ (im Wörterbuch definiert als ›intelligente, aber einseitige Menschen, die von einem unsozialen Hobby oder Interesse besessen sind, z. B. Computer-Nerds‹) und ›Geeks‹ (definiert als ›sonderbare oder anderweitig unsympathische Menschen, insbesondere solche, die als übermäßig intellektuell wahrgenommen werden‹). Übermäßig? Laut wem? Den Peakers? Wenn deine Leidenschaft Ideen sind, oder das Durchdenken schöner und mächtiger mathematischer Beweise, oder das Staunen über die Größe des Universums, oder das Ringen mit den schwierigen philosophischen Fragen der menschlichen Existenz – wer soll sagen, dass eine solche intellektuelle Leidenschaft unzulässig ist? Genau diese Haltung der Peakers entfremdet die Sages so sehr.«[343]

Allerdings spricht manches dafür, dass diese Stereotype nicht in allen Ländern gleich verbreitet sind. Marc Oliver Rieger (Universität Trier) und Mei Wang (WHU) haben Studenten in Deutschland, Japan, Vietnam, China und Taiwan befragt, wie beliebt wohl Klassenkameraden seien: diejenigen, die fleißiger in der Schule sind und »nerdige« Hobbys haben, oder jene, die selbst vor einer wichtigen Prüfung lieber mal mit den Freunden Fußball spielen, statt zu lernen, und »sportliche« Hobbys haben. Der »Streber«, so die Forscher, wurde in dieser Studie in allen asiatischen Ländern positiv gesehen, nur in Deutschland negativ.[344]

Wie verhält es sich in den USA? Der amerikanische Psychologe und Bildungsforscher Tracy L. Cross hat sich 25 Jahre lang mit hochbegabten Schülern beschäftigt. In einer Befragung von Highschool-Schülern, die er 1993 zusammen mit zwei Kollegen veröffentlichte, wurde deutlich: »Mehr als die Hälfte der Teilnehmer stellte fest, dass sie lieber den Mund halten, um sich von anderen nicht zu entfremden. Dieses Resultat entspricht früheren Forschungsergebnissen, nach denen hochbegabte Jugendliche positive Aussagen über sich selbst regelmäßig durch neutrale oder abschwächende Zusätze absichern.«[345] Wenn jemand einen Test sehr gut bestanden hatte, sagte er etwas wie: »Bei dem Test hatte ich einfach Glück, ich kam auf 96 Punkte.«[346] Solche Hinweise erfolgreicher Menschen auf »Glück« sind ein typisches Beispiel für Neidabwehr.

2005 schrieb Cross, die am häufigsten verbreiteten Stereotypen über Hochbegabte, die er anfangs in seinen Studien gefunden habe, seien, dass es sich um »Nerds« und »Geeks« handele. »Nerds wurden gemeinhin als sozial unangepasst wahrgenommen, als schüchtern oder besserwisserisch, als intelligent und – wie sich später in unseren Untersuchungen zeigte – möglicherweise zu intelligent. Man hielt sie für einseitig auf akademische Ziele konzentriert, körperlich schwach, langweilig, für die Gesellschaft überflüssig und letztlich unerwünscht. All diese Wahrnehmungen lassen sich grob unter dem Gefühl des Abstoßenden bündeln, so wie es viele dieser Studenten in der Rückschau auf ihr Erleben der eigenen Hochbegabung schilderten.«[347]

Cross schrieb das vor etwa 20 Jahren, war aber optimistisch, dass sich diese Stereotypen auflösen würden: Der Siegeszug des Computers und Vorbilder wie Bill Gates hätten dazu beigetragen, dass die Sicht auf Nerds und Geeks differenzierter geworden sei. Doch die Stereotype wirkten fort: 2003 erhielt ein Aufsatz den zweiten Platz in einem jährlichen Schreibwettbewerb in Arizona: »Why we hate the smart kids«. Manchmal steigere sich die Ablehnung geradezu zu Hass, wie in dem Aufsatz berichtet wird. In einer Online-Diskussion habe ein Teilnehmer gepostet: »Mann, wie ich Nerds hasse … wenn ich jemals eine Maschinenpistole bei mir hätte … würde ich ihnen wahrscheinlich allen den Kopf wegpusten.« In dem Aufsatz hieß es: »Leider stellt dies nur eine einzelne Aussage unter zahllosen ähnlichen Websites und Beiträgen dar …«[348]

In einem 2010 veröffentlichten Beitrag zum Thema »Understanding the stereotypes against gifted students: A look at the social and emotional struggles of stereotyped students« heißt es: »Nach verbreiteter Ansicht denken hochbegabte Kinder zu viel und sind nicht in der Lage, sich zu entspannen oder mit ihren Altersgenossen Spaß zu haben.« Auch würden sie oft pauschal als introvertiert gesehen, obwohl das nur auf ein Drittel der Hochbegabten zutreffe.[349]

Akademiker gelten häufig als weltfremd und lebensfern, weil sie angeblich mehr über Theorien als über praktische Probleme wissen. Man unterstellt ihnen, dass sie einfache Dinge unnötig kompliziert machen. Professoren wird mitunter nachgesagt, sie lebten in einer akademischen Blase und hätten keinen Bezug zum Alltag normaler Menschen. Hochintelligente Menschen gelten als sozial unbeholfen oder emotional distanziert. Oft wird angenommen, dass hohe Intelligenz mit mangelnder Lebensfreude oder Humorlosigkeit einhergeht. Manche Stereotype zeichnen Akademiker als langsam, entscheidungsschwach und unfähig zu pragmatischem Handeln. Hinzu kommt das Vorurteil, dass sie zwar klug reden, aber wenig Verantwortung übernehmen oder Risiken scheuen.

Aufschlussreich ist, was man viel seltener über Hochintelligente hört: Sie begehen weniger oft Selbstmord, erkranken seltener an psychischen Krankheiten und haben insgesamt eine deutlich längere Lebenserwartung als andere Menschen. Und dies gilt auch dann, wenn der soziale Status statistisch kontrolliert wird.[350] Wer intelligenter ist, hat im Durchschnitt ein besseres Gedächtnis, eine schnellere Reaktionszeit, ist kreativer (Kunst, Musik), ernährt sich besser, ist seltener übergewichtig, hat weniger Punkte bei Lügenskala-Tests, hat seltener rassistische Vorurteile, neigt weniger zu Dogmatismus, verfügt über bessere motorische Fähigkeiten und erleidet sogar seltener Unfälle.[351] Haben Sie diese Dinge schon einmal über Hochintelligente gehört? Im Unterschied zu den negativen Stereotypen über »Nerds« sind all diese Dinge statistisch belegt, wie der renommierte Intelligenzforscher Detlef H. Rost berichtet. Wenn Sie diese Tatsachen nicht oder seltener gehört haben als die oben beschriebenen negativen Stereotype über Hochintelligente, dann liegt dies vermutlich an dem, was ich kompensatorischen Nullsummenglauben nenne: Man sagt lieber: »Er ist hochintelligent, *aber* (negative Merkmale)«, statt: »Er ist hochintelligent *und* (positive Merkmale)«.

Die Kompensationsstrategien beziehen sich also keineswegs nur auf Reiche: Dass der Spitzen-Fußballspieler gut kickt, kann man nicht bestreiten, aber abfällig wird darauf hingewiesen, dass er sich (noch dazu nach 90 Minuten eines anstrengenden Spiels) vor der Kamera nicht immer so gewählt ausdrücken kann, wie man das von sprachlich geschulten Journalisten und Politikern in einer Talkrunde im Fernsehstudio gewohnt ist. Dabei widerlegen wissenschaftliche Studien negative Stereotypen über Fußballer. Bonetti et al. fassen eine anspruchsvolle Studie, die 2024 durchgeführt wurde, so zusammen: »In dieser Studie verwendeten wir künstliche neuronale Netze, um die Persönlichkeitsmerkmale und kognitiven Fähigkeiten einer Stichprobe von 328 Teilnehmern umfassend zu untersuchen, darunter 204 Elite-Fußballspieler aus Spitzenmannschaften in Brasilien und Schweden. Unsere Ergebnisse zeigen, dass Elite-Fußballspieler über ausgeprägtere Planungs- und Gedächtnisfähigkeiten verfügen, verbesserte exekutive Funktionen aufweisen, insbesondere eine höhere kognitive Flexibilität, höhere Ausprägungen von Gewissenhaftigkeit, Extraversion und Offenheit für Erfahrungen zeigen sowie zugleich geringere Werte bei Neurotizismus und Verträglichkeit haben.«[352] Das sind die gleichen Persönlichkeitsmerkmale, die in Studien über erfolgreiche Unternehmer identifiziert wurden.

Asiaten, die in Amerika leben und wirtschaftlich weit erfolgreicher sind als alle anderen Gruppen, werden von vielen Amerikanern als »besessen vom Wettbewerb« gesehen; man hält ihnen vor, sie hielten sich für »klüger als alle anderen«, aber hätten »weniger Spaß verglichen mit anderen sozialen Gruppen«, wie eine Studie zu Stereotypen über Asian Americans zeigt.[353]

Diese Mechanismen des kompensatorischen Nullsummenglaubens haben nichts mit empirischer Evidenz zu tun. Oftmals ist es sogar so, dass negative Zuschreibungen umso ausgeprägter sind, je weniger Kontakt die Menschen mit solchen Gruppen haben und je weniger sie über diese Gruppen wissen – das wissen wir gut aus der Vorurteilsforschung.

Selbstverständlich müssen Stereotype nicht unbedingt falsch sein. Manche Wissenschaftler haben sich bemüht, herauszufinden, ob ein als

Vorurteil bezeichnetes Urteil sachlich richtig oder falsch sei. So haben sie Versuchspersonen schätzen lassen, wie häufig ein Verhalten auftritt, das nach einem verbreiteten Stereotyp schwarzen Amerikanern zugeschrieben wird. Für jeden Versuchsteilnehmer wurde ein »diagnostisches Verhältnis« ermittelt, indem der von ihm geschätzte Prozentsatz, zu dem Schwarze das Verhalten zeigten, dividiert wurde durch den Prozentsatz aller Amerikaner, die das gleiche Verhalten zeigten. Dies wurde mit Daten aus der offiziellen US-Bevölkerungsstatistik verglichen.[354] Bei einem anderen Versuch wurden die Teilnehmer gebeten, die Noten von kanadischen Highschool-Schülern aus neun unterschiedlichen ethnischen Gruppen zu schätzen. Danach wurde das Ranking, das sich aus diesen Schätzungen ergab, mit dem tatsächlichen Ranking verglichen. In beiden Fällen erwiesen sich die Schätzungen als ziemlich gut.[355]

Der amerikanische Sozialpsychologe Lee Jussim führt Studien auf, in denen Wissenschaftler versuchten, mit statistischen Vergleichen zu prüfen, ob und in welchem Maße Stereotype richtig oder falsch sind.[356] Hier stellen sich zahlreiche Fragen, etwa wann ein Stereotyp zutrifft und wann nicht: Ab welcher Abweichung zwischen dem vermuteten und dem tatsächlichen Befund muss man davon sprechen, dass das Stereotyp falsch ist? Jussim nimmt als allgemeinen Richtwert, dass ein Stereotyp dann als richtig gelten könne, wenn es statistisch gesehen eine Korrelation von mindestens 0,4 zwischen dem Stereotyp und der Realität gebe.[357]

Solche Untersuchungen gibt es nicht zu den in diesem Kapitel angesprochenen Gruppen. Aber es gibt einige Studien, die Zweifel begründen, dass die stereotypen Zuschreibungen negativer Eigenschaften in der Realität begründet sind. Sind Reiche beispielsweise unehrlicher und in ihrem Verhalten egoistischer als andere Menschen? Das wurde in einer viel zitierten Studie von Pfiff et al. (2012) behauptet, für die beispielsweise beobachtet wurde, wie fair und zuvorkommend sich Fahrer von Autos unterschiedlicher Preisklassen im Straßenverkehr verhielten.[358] Da die Ergebnisse den Vorurteilen gegen Reiche entsprachen – es wurde behauptet, sie würden sich häufiger unethisch verhalten –, fanden sie ein sehr breites Echo in den Medien.

Später wurden diese Studien von anderen Wissenschaftlern, die die Versuche wiederholten, widerlegt. Das Ergebnis: »Im Gegensatz zu den ursprünglichen Befunden finden wir in den beiden Feldreplikationsstudien keinerlei Hinweise auf einen positiven Zusammenhang zwischen sozioökonomischem Status und unethischem beziehungsweise egoistischem Verhalten.«[359]

Eine andere sehr aufwendige internationale Studie (2015) der deutschen Psychologen Martin Korndörfer, Boris Egloff und Stefan C. Schmukle kam sogar zu dem gegenteiligen Befund: »Über acht Studien mit großen und repräsentativen internationalen Stichproben hinweg fanden wir überwiegend positive Effekte der sozialen Klasse auf prosoziales Verhalten. Personen aus höheren sozialen Klassen spendeten häufiger für wohltätige Zwecke und gaben einen höheren Prozentsatz ihres Familieneinkommens für Spenden aus, engagierten sich häufiger ehrenamtlich, zeigten ein höheres Maß an Hilfsbereitschaft und verhielten sich in einem ökonomischen Spiel im Umgang mit einem Fremden vertrauensvoller und vertrauenswürdiger als Personen aus niedrigeren sozialen Klassen.«[360]

Die Studien von Korndörfer et al. waren anderen Studien, die belegen sollten, dass Reiche sich unsozial verhalten, methodisch weit überlegen. Denn während bei den wichtigsten Studien, die Reiche in einen Zusammenhang mit antisozialem Verhalten rückten, meist nur einige Dutzend nicht repräsentativ ausgewählte Personen teilnahmen (oftmals Studenten)[361], basierten die acht Studien von Korndörfer et al. auf großen repräsentativen Panels wie dem Sozioökonomischen Panel SOEP in Deutschland oder der American General Social Survey (GSS).[362]

Dennoch fand diese methodisch weit überlegene Studie sehr viel weniger Beachtung als jene, die auf Versuchen mit einigen Dutzend Studenten beruhten – mutmaßlich, weil sie den negativen Stereotypen über Reiche nicht entsprach. Gegen die These, Personen aus höheren

Schichten zeigten ein unmoralischeres Verhalten, sprechen auch Untersuchungen über Gefängnisinsassen, laut denen untere und keineswegs obere Einkommensschichten überrepräsentiert sind.[363]

Und wie sieht es mit den Stereotypen über Bodybuilder aus? Es gibt keine wissenschaftliche Literatur, die zum Beispiel zeigt, dass Bodybuilder als Gruppe intelligenter oder weniger intelligent wären als andere. Die meisten relevanten Arbeiten beschäftigten sich mit allgemeiner körperlicher Aktivität und kognitiven Effekten, mit psychologischen Profilen von Athleten oder mit gesundheitlichen Folgen von Steroiden, aber sie messen nicht IQ oder Bildung von Bodybuildern. Ich habe lediglich eine Studie über Bodybuilder in einer Region in Indien gefunden, die zeigte, dass viele Bodybuilder aus armen Familien mit geringer Bildung stammten.[364]

Wenn ich über das Thema diskutiert habe, waren viele überrascht, dass unter den prominentesten Bodybuildern zahlreiche Personen mit Hochschulstudium oder erfolgreiche Unternehmer sind: Ronnie Coleman, der achtmal den höchsten Titel im Bodybuilding (»Mr. Olympia«) gewann und damit Rekordhalter ist, schloss ein Universitätsstudium in Accounting mit »cum laude« ab; Phil Heath, der siebenmal den höchsten Titel im Bodybuilding gewann, studierte Informatik und Betriebswirtschaft; Frank Zane, einer der wenigen Bodybuilder, der Arnold Schwarzenegger geschlagen hat und dreimal den Mr. Olympia gewann, war Mathematiklehrer und später erfolgreicher Unternehmer. Natürlich haben solche Einzelbeispiele keine statistische Signifikanz, aber sie sollten doch manchen nachdenklich machen, der pauschale Vorurteile über diese Sportler pflegt.

Auch das Stereotyp über Hochbegabte, die sozial nicht kompetent seien, ist fraglich. Eine Studie über 269 hochbegabte Schüler ergab genau das Gegenteil: »… die Ergebnisse stimmen mit denen anderer Studien überein, die hochbegabte und talentierte Kinder als Kinder mit (a) höherer sozialer Kompetenz, (b) einem gut entwickelten Repertoire sozialer Fähigkeiten, (c) einer überlegenen Fähigkeit zur Problemlösung und (d) einem ausgezeichneten soziometrischen Status einstuften.« Die Befunde der Studie stehen, so die Autorin, »in völligem Gegensatz zu der kulturell verankerten Vorstellung, dass hochbegabte Kinder typischerweise Schwierigkeiten in ihren zwischenmenschlichen Beziehungen haben«.[365]

Es wird noch viel zu dem Thema zu erforschen sein, ob und welche Menschen zum kompensatorischen Nullsummenglauben neigen und welche Abweichungen es zwischen den Stereotypen über herausragende Gruppen und deren tatsächlichen Eigenschaften gibt. Meine Hypothese ist, dass herausragenden Gruppen negative Eigenschaften zugeschrieben werden, um a) das eigene Selbstwertgefühl zu schützen (dank dieser negativen Zuschreibungen muss man sich ihnen weniger unterlegen fühlen), und b) weil das Gleichheits-Vorurteil verbreitet ist, positive und negative Eigenschaften der Menschen würden sich in den meisten Fällen unter dem Strich ausgleichen.

Besonders Menschen mit geringerem Selbstwertgefühl können den Erfolg anderer schwer ertragen. Das zeigten verschiedene Experimente des australischen Sozialpsychologen N. T. Feather, der die Versuchsteilnehmer mit Szenarien konfrontierte, bei denen erfolgreiche Menschen »einen Dämpfer« bekamen bzw. einen Misserfolg erlitten. Versuchsteilnehmer mit einem geringeren Selbstwertgefühl empfanden darüber besondere Genugtuung und unterstützten häufiger Aussagen wie etwa: »Es ist gut zu sehen, wenn sehr erfolgreiche Menschen gelegentlich scheitern«; »Sehr erfolgreiche Menschen werden oft überheblich«; »Sehr erfolgreiche Menschen, die tief fallen, haben diesen Absturz meist verdient«; »Sehr erfolgreiche Menschen müssen manchmal zurechtgestutzt werden, selbst wenn sie nichts falsch gemacht haben.«[366] Dieses »Zurechtstutzen« geschieht mental auch schon dadurch, dass den Erfolgreichen negative Merkmale zugeschrieben werden, um sie damit kleiner zu machen.

Es gibt auch einen klaren Zusammenhang zwischen Verschwörungsdenken und negativen Stereotypen über Gruppen, die als mächtig bzw. über den Durchschnitt herausragend angesehen werden. Die Sozialpsychologen Roland Imhoff und Martin Bruder haben in einer groß angelegten empirischen Untersuchung herausgefunden, dass Menschen mit einer Verschwörungsmentalität Kapitalisten, Finanzspekulanten, Juden und Amerikaner negativ stereotypisieren: Diese werden zugleich als mächtig und bedrohlich wahrgenommen.[367]

Was die Gleichheit betrifft: Schon Karl Marx schrieb im ersten Kapitel des »Kapitals«, dass in der modernen bürgerlichen Gesellschaft »der Begriff der menschlichen Gleichheit bereits die Festigkeit eines Volksvorurteils besitzt«.[368] Dieses Vorurteil nimmt in der heutigen Gesellschaft immer abstrusere Formen an. Wer glaubt, alle Menschen seien gleich, nicht nur an Wert und Würde, sondern auch in Fähigkeiten, Talenten und Ressourcen, der sieht in jeder Ungleichheit ein Ergebnis von diskriminierenden »Strukturen«. Und er muss auch zwangsläufig annehmen, dass jemand, der auf einem Gebiet heraussticht, auf anderen Gebieten mindestens ebenso große Nachteile erleiden müsse. Die Logik hinter dem kompensatorischen Nullsummenglauben erinnert an Palmström in dem schönen Gedicht von Christian Morgenstern über »die unmögliche Tatsache«: »Weil, so schließt er messerscharf, nicht sein kann, was nicht sein darf.«

8.

Wann der Nullsummenglaube Ihnen schadet (oder auch nützt)

Ganz allgemein gesprochen, schadet das Zero-Sum Mindset – so wie viele rigide Deutungsmuster – der Wirklichkeit. Schon im ersten Kapitel haben wir gesehen, dass Menschen mit einem Zero-Sum Mindset auch solche Situationen als Nullsummensituationen betrachten, die es objektiv nicht sind. Darauf werde ich später zurückkommen. Doch natürlich gibt es Situationen, in denen der Nullsummengläubige recht hat, nämlich dann, wenn er tatsächlich mit einer Nullsummensituation konfrontiert ist – das wird in der wissenschaftlichen Literatur zum Nullsummendenken oft vernachlässigt.

Nullsummendenken ist ja nicht immer falsch, sondern nur dann, wenn eine Situation, die objektiv kein Nullsummenspiel ist, als solches wahrgenommen wird. Wer dem Nullsummenglauben anhängt, wird eher auf Konfrontation setzen und sich mit Härte und Aggressivität durchsetzen. Das kann in bestimmten Situationen richtig und erfolgreich sein. Wer jedoch diese konfrontative Haltung auch in Situationen einnimmt, die keine Nullsummensituationen sind und wo eher eine kooperative Strategie zum Erfolg führen würde, schadet sich selbst.

Der Fehler besteht darin, stets in der gleichen Weise zu agieren, obwohl unterschiedliche Situationen ein differenziertes Vorgehen erfordern. Misstrauen wird dort kultiviert, wo Zusammenarbeit objektiv vorteilhaft wäre – und ebenso umgekehrt: Kooperation wird auch dort erwartet, wo strukturell keine gemeinsamen Gewinne möglich sind.

Donald Trump habe ich bereits erwähnt. Hier sehen wir die ambivalente Wirkung des Zero-Sum Mindsets: Überwiegend sieht Trump Situationen als Nullsummensituationen an. Das führt zu katastrophalen Ergebnissen, wenn dies objektiv nicht zutrifft, so wie beim Thema Handel. Im Geschäftsleben waren die Ergebnisse für Trump sehr wechselhaft – manchmal erzielte er hohe Gewinne, allerdings gingen achtmal Firmen von ihm pleite (Chapter-11-Verfahren). Als Immobilienentwickler erlebte er Erfolge, aber auch sehr viele Niederlagen. Oft wurde er reich, während die Aktionäre, die beispielsweise in seine Glücksspielgesellschaft »Trump Hotels & Casino Resorts« investiert hatten, im gleichen Maße ärmer wurden.[369] Da Trump als Immobilienentwickler manchmal mit Nullsummensituationen zu tun hatte, dann aber wieder nicht, hat ihm sein Zero-Sum Mindset sowohl genutzt als auch geschadet.

Im Wahlkampf um die Präsidentschaft, ein typisches Nullsummenspiel, hat ihm sein Zero-Sum Mindset dagegen genutzt, da sein Nullsummenglaube dem seiner Anhänger entsprach. Nullsummenglaube erzeugt ein einfaches moralisches Koordinatensystem mit klaren Schuldigen und Opfern. Wer es versteht, dieses Weltbild zu bestätigen und emotional aufzuladen, kann damit politisch erfolgreich sein. Wer glaubt, andere nähmen ihm etwas weg, ist empfänglich für einfache Schuldzuweisungen und radikale Versprechen.

In Großbritannien zeigt sich, wie erfolgreich sich mit dieser Logik politische und mediale Karrieren aufbauen lassen. Zack Polanski hat seit seiner Wahl zum Vorsitzenden der Grünen sowohl die Mitglieder- als auch die Wählerzahlen der Partei massiv gesteigert, indem er konsequent eine Nullsummenerzählung bedient: Reichtum der einen als Ursache für die Probleme der anderen, Milliardäre als moralisch fragwürdige Gruppe, Vermögensteuern als Lösung. Ähnlich funktioniert der Erfolg des Ökonomen Gary Stevenson. Seine Popularität in Großbritannien als Bestsellerautor und YouTuber beruht auf einer Rhetorik, deren Kern die Nullsummenlogik und Sündenbockdenken sind: Die Reichen sind an allem schuld.

In letzter Zeit haben mit dieser Logik in vielen Ländern linke Populisten wieder an Zulauf gewonnen – so etwa in Deutschland Die Linke mit ihren Stars Heidi Reichinnek und Jan van Aken. Ihre Parolen sind ebenso simpel wie wirksam. Da hilft es leider wenig, wenn immer wieder belegt wird, ob im Fall von Reichinnek[370] oder Stevenson[371], dass alle Fakten gegen deren Thesen sprechen. Aber Nullsummenlogik braucht keine Fakten, denn ihr Verständnis von Wirtschaft ist sehr simpel. Die Linke etwa hat regelmäßig plakatiert: »Deine Miete steigt, weil dein Vermieter sie erhöht«; »Ist deine Miete zu hoch, freut sich der Vermieter«; »Ist dein Einkauf zu teuer, macht ein Konzern Kasse«; »Ist deine Heizung zu teuer, macht jemand richtig Kohle« oder »Ist dein Dorf unter Wasser, steigen Reiche auf die Yacht«.

Wie erfolgreich eine solche Propaganda sein kann, hat der Marxist Zohran Mamdani gezeigt, der damit im November 2025 zum Bürgermeister von New York gewählt wurde. Die eigentlichen Gewinner des Nullsummendenkens sind dabei nicht jene Gruppen, in deren Namen agitiert wird, sondern diejenigen, die dieses Denken politisch oder publizistisch für sich nutzbar machen.

Im Geschäftsleben ist es anders. Da kann das Zero-Sum Mindset mit den daraus folgenden Strategien durchaus manchmal nutzen, aber eher kurzfristig. Langfristig ist der Schaden oft höher. Ich möchte das am Beispiel des Immobiliensektors verdeutlichen, da ich etwa 20 Jahre meines Lebens in dieser Branche verbracht habe.

Im Folgenden stelle ich Ihnen zwei Initiatoren von geschlossenen Immobilienfonds vor: Der erste, nennen wir ihn »Initiator Zero-Sum Mindset«, strukturierte seine Fonds so, dass alle Chancen bei ihm lagen und alle Risiken bei den Anlegern. Er suchte seinen Vorteil auf Kosten anderer. Das fing schon damit an, dass er immer wieder Immobilien in seine Fonds einbrachte, die er nicht von fremden Dritten kaufte, sondern von einer mit seinem Unternehmen verbundenen Gesellschaft. Auf diese Weise war bereits ganz am Anfang ein kräftiger Gewinn für ihn garantiert – während dies zur Folge hatte, dass die Anleger viel zu viel für die Immobilie bezahlten. Sein Gewinn aus dem Zwischenhandel über eine verbundene Gesellschaft war deren Verlust.

Es ging aber noch weiter: Seine Fonds hatten sehr hohe »Weichkosten«. Bei Immobilienfonds bezeichnet der Begriff »Weichkosten« alle Nebenkosten, die im Zusammenhang mit Erwerb, Strukturierung, Finanzierung und Verwaltung einer Immobilie entstehen, ohne unmittelbar in den materiellen Wert der Immobilie zu fließen. Ein großer Teil dieser Weichkosten waren Kosten für Konzeption und Strukturierung des Fonds, Vertriebs- und Platzierungskosten (zum Beispiel Provisionen), Management- und Verwaltungsgebühren, Treuhand- und Prospektkosten usw. Die überdurchschnittlich hohen Kosten schmälerten zugleich die Chancen der Anleger auf Erträge, sicherten dem Fondsinitiator aber einen hohen Gewinn. Auch dies war wieder ein Nullsummenspiel. Der Initiator verdiente dementsprechend sehr gut, aber fast 90 Prozent der Fonds des Zero-Sum Initiators performten schlechter als versprochen und er hatte eine Menge Rechtsstreitigkeiten. Im Grunde hatten die Anleger von Anfang an kaum eine Chance, Geld mit den Fonds zu verdienen. Irgendwann war sein Image so beschädigt, dass er dieses Geschäft nicht mehr fortsetzen konnte.

Der zweite Initiator, nennen wir ihn »Initiator Win-win«, war im gleichen Segment tätig, agierte aber ganz anders. Die Immobilien (meistens große Büro- oder Einzelhandelsimmobilien in den USA) kaufte er nicht über den Umweg von mit ihm verbundenen Zwischengesellschaften, sondern er brachte sie zu dem Preis ein, zu dem er sie von fremden Dritten kaufte. Er machte dabei also, anders als der erste Initiator, keinen Zwischengewinn. Was die Weichkosten anlangt, so waren diese bei seinen Fonds im Marktvergleich niedriger. Er musste auch nicht so hohe Provisionen wie der erste Initiator an den Vertrieb zahlen, denn in diesem Geschäft galt: Je schlechter der Fonds, desto höhere Provisionen waren fällig, während Initiatoren mit einer sehr guten Leistungsbilanz weniger Provision an die Vermittler zahlen mussten. War dieser »Win-win«-Initiator ein Altruist und verdiente weniger Geld? Im Gegenteil. Er verdiente dann sehr gut, wenn der Fonds besser lief, als er es im Prospekt in Aussicht gestellt hatte.

Während bei dem ersten Initiator fast 90 Prozent der Fonds schlechter liefen als prospektiert, liefen bei dem zweiten Initiator fast alle Fonds besser als versprochen. Als ich damals diesen Initiator in der Kommunikation beriet, konnten wir stolz verkünden: Der »schlechteste« der aufgelösten Fonds brachte den Anlegern durchschnittlich 8,5 Prozent pro Jahr, der beste der Fonds fast 35 Prozent. Im Schnitt waren es mehr als 19 Prozent jährlich. Es gab damals keinen einzigen Initiator geschlossener Immobilienfonds in Deutschland, der jemals so sensationell gute Ergebnisse für die Anleger erzielt hatte. Aber auch der Initiator selbst verdiente hervorragend, weil seine Fonds so strukturiert waren, dass 25 Prozent des Mehrertrages an ihn gingen. Wenn er also im Emissionsprospekt acht Prozent Rendite in Aussicht gestellt hatte und der Fonds später tatsächlich 18 Prozent erzielte, dann gingen von den zehn Prozent Mehrerlös 2,5 Prozentpunkte an ihn und 7,5 Prozentpunkte an die Anleger. Jeder gönnte ihm das Geld, das er so verdiente, denn es war ja eine Win-win-Situation für ihn und die Anleger. Er verdiente dann am besten, wenn die Anleger am besten verdienten, während bei dem ersten Initiator dessen Gewinn völlig unabhängig von der Performance seiner Fonds war.

An mehreren dieser Fonds, die auf Investments in große Büro- und Einzelhandelsimmobilien in den USA ausgerichtet waren, habe ich mich selbst beteiligt. Die jährlichen Ergebnisse für die Anleger dieser Fonds lagen nach US-Steuern bei 13,4 Prozent, 14,8 Prozent, 17,5 Prozent, 21 Prozent und 29,1 Prozent. Da ich die Fonds mehrere Jahre nach ihrer Emission am Zweitmarkt erworben hatte, lagen die jährlichen Renditen, auch wenn ich manche über Nominalwert kaufte, wegen der deutlich kürzeren Laufzeit für mich sogar noch sehr viel höher als für die anderen Anleger, die bereits bei der Emission zu 100 Prozent eingestiegen waren und deren jährliche Renditen wegen der längeren Haltezeit entsprechend geringer ausfielen. Die Renditen, die ich mit diesen Fonds erzielte, lagen bei 23,8 Prozent, 25,4 Prozent, 25 Prozent, 29,4 Prozent und 44 Prozent.

Eine Garantie für immer gute Ergebnisse gab es natürlich auch bei diesen Fonds nicht. Das sollte ich Jahre später erfahren, als ich mich an einem institutionellen Fonds beteiligte, den der gleiche Initiator auflegte. Nachdem die Zinsen in den USA stiegen und es im Büro- und Einzelhandelsmarkt durch die Folgen der Corona-Krise und die zunehmende Bedeutung des Online-Handels zu drastischen Mieteinbrüchen kam, verloren die Immobilien etwa ein Drittel ihres Wertes. Da der Fonds mit 50 Prozent Fremdkapital gearbeitet hatte, verlor ich (Stand März 2026) fast zwei Drittel des Geldes, das ich in diesen Fonds investiert hatte. Leider hatte ich in diesen Fonds etwa sechs Millionen Dollar investiert, wesentlich mehr als in die vorangegangenen Fonds, die mir so hohe Renditen beschert hatten. Aber ich nahm dies dem Initiator nicht übel. Ihn traf diese Entwicklung auch, und zwar nicht nur wegen der ausbleibenden Mehrerlöse, sondern auch deshalb, weil er selbst mit einem hohen zweistelligen Millionenbetrag in seinen Fonds investiert hatte.

Also: Garantien für Erfolg gibt es bei unternehmerischen Beteiligungen nie – der Initiator kann Fehler machen, oder der Markt entwickelt sich in die falsche Richtung. Aber dennoch hat der »Win-win-Initiator« langfristig sehr viel mehr verdient als der »Zero-Sum-Initiator«, der anfänglich (auf Kosten der Anleger) einen höheren Gewinn machte. Dies mag Ihnen als Beispiel für meine These gelten, dass im Geschäftsleben die Personen mit einem Zero-Sum Mindset kurzfristig manchmal mehr verdienen, langfristig aber oft weniger als diejenigen, die auf faire Win-win-Situationen setzen.

Das Beispiel zeigt auch eine Einstellung, die typisch ist für Personen mit einem Zero-Sum Mindset: Oft sind sie auf kurzfristige Vorteile fokussiert und nicht fähig, langfristig zu denken. Sie sehen den schnellen unmittelbaren Vorteil für sich selbst, oft zulasten anderer Personen, und verstehen nicht, dass sie sich langfristig damit selbst schaden. Auch solche Beispiele habe ich in der Immobilienbranche erlebt: Für einen Asset-Manager stellte ich einen sehr wertvollen Kontakt zur Deutschen Bank her. Dieser Kontakt führte dazu, dass Fonds mit einem Volumen von mehreren Hundert Millionen Euro aufgelegt werden konnten. Mein Fehler war, dass ich davor keine schriftliche Vereinbarung über ein Honorar für diese Kontaktvermittlung geschlossen hatte. Ich hatte in diesem wie in anderen Fällen darauf gehofft, dass sich der Asset-Manager im ureigenen Interesse mir gegenüber erkenntlich zeigen würde – in der Hoffnung, dass dies nicht der einzige wertvolle Kontakt sein könnte, den ich für ihn herstellen kann.

Stattdessen fand der Inhaber des Unternehmens Ausreden wie etwa die, er gehe davon aus, dass diese Leistung von mir schon mit dem Honorar, das er für meinen PR-Dienstleistungsvertrag entrichte, abgegolten sei, und zudem habe zwischen dem Vertragsabschluss mit der Bank und meiner Vermittlung ein halbes Jahr gelegen usw. usf. Rechtlich hatte ich natürlich keine Handhabe, aber aus diesen und anderen Fällen habe ich gelernt, dass es eben nicht nur Menschen gibt, die langfristig denken, sondern dass manchen der kurzfristige Vorteil wichtiger ist.

Das Beispiel mit den beiden Fondsinitiatoren zeigt zudem, wie entscheidend es ist, bei allen wirtschaftlichen Sachverhalten immer nach der Anreizstruktur zu fragen. Welche Anreize begünstigten welches Verhalten? Hätte die US-Raumfahrtbehörde NASA diese Frage früher gestellt und durchdacht, statt einer Nullsummenlogik zu folgen, wären wir in der bemannten Raumfahrt mit Sicherheit schon viel weiter. Ich möchte das etwas ausführlicher erläutern:

Die Beziehungen zwischen der NASA und den Unternehmen, die für sie die Raketen herstellten, waren lange Zeit durch das sogenannte »Cost-Plus«-System bestimmt. Die Vertragspartner der NASA mussten ihre Kosten dokumentieren und durften dann einen moderaten Gewinn von etwa acht bis zehn Prozent auf den Preis draufschlagen. Die NASA-Verantwortlichen bzw. die Politiker hatten Angst, die privaten Unternehmen könnten zu viel verdienen – sie sahen deren Profit als ihren Verlust, ein typisches Nullsummendenken. Sie dachten, dass man Geldverschwendung und unverschämt hohe Profite am besten verhindern oder beschränken und die Kosten in Grenzen halten könne, wenn sie den Unternehmen nur einen bestimmten Prozentsatz an Gewinn erlaubten – bezogen auf die Kosten. Das Problem dabei war jedoch, dass die Unternehmen nicht mehr den geringsten Anreiz hatten, die Kosten zu senken. Im Gegenteil!

In einer Marktwirtschaft sind Unternehmen an sich stets bestrebt, die Kosten möglichst gering zu halten und über Effizienzsteigerungen ihren Gewinn auszuweiten. Nach der absurden Logik der Cost-Plus-Verträge ist der Gewinn eines Unternehmens jedoch umso höher, je mehr Kosten produziert werden. Der Raumfahrtexperte Robert Zubrin schreibt dazu: »Kein Landwirt und kein Fabrikant würde jemals seine Betriebsstruktur so gestalten, dass auf jeden Mitarbeiter im Feld oder in der Fabrik vier Verwaltungsangestellte kommen. Bei großen Luft- und Raumfahrtunternehmen ist das hingegen gängige Praxis. Infolgedessen ist es bei solchen Auftragnehmern üblich, dass die Gemeinkostenzuschläge 300 Prozent übersteigen. Tatsächlich hatten wir bei der Firma Martin Marietta (später Lockheed Martin), bei der ich von den späten 1980er-Jahren bis Mitte der 1990er beschäftigt war – und die zusammen mit Boeing eines der beiden erfolgreichsten der damals acht großen Luft- und Raumfahrtunternehmen war –, zeitweise mehr als 13.000 Beschäftigte an unserem Hauptstandort, von denen weniger als 1.000 in der Fertigung arbeiteten. Das brachte einen Spötter zu der Bemerkung: ›Bei Martin Marietta ist der Overhead unser wichtigstes Produkt.‹ Offensichtlich ist ein solches System mit Kostensenkung unvereinbar. Der Staat könnte die Beschaffungskosten vermutlich sofort halbieren – und möglicherweise langfristig sogar auf ein Zehntel reduzieren –, wenn er einfach dieses irrwitzige

System abschaffen und Dinge so einkaufen würde, wie es alle anderen auch tun.«[372]

Das heißt: Der Staat sah zwar ein, dass er selbst nicht in der Lage war, eine Rakete zu bauen, weshalb private Unternehmen beauftragt wurden. Aber sie sollten nicht einen zu hohen Gewinn erzielen. So die Denkweise von Politik und Beamten. Tatsächlich aber erreichten sie nur, dass die Unternehmen zu teuer und zu langwierig produzierten. Es wurde schon fast ein Ritual: Das Unternehmen erklärte, leider sei alles doch viel komplizierter, werde viel länger dauern und viel mehr kosten, als man ursprünglich gedacht hatte. Das war der einfachste Weg, die Gewinne zu steigern. Das Ziel, dass die Unternehmen sich nicht zu sehr bereicherten, wurde verfehlt – erreicht wurde nur, dass der Staat noch mehr zu zahlen hatte.

So manövrierte sich die NASA in eine Sackgasse. Aber erst, nachdem sie realisierte, dass sie bald nach dem Ende des Space-Shuttle-Programms nicht mehr in der Lage sein würde, ihre Astronauten ohne Hilfe der Russen zur Raumstation ISS zu bringen, wagte sie einen anderen Ansatz. Die NASA ging jetzt dazu über, nicht mehr Raketen zu bestellen und produzieren zu lassen, sondern Leistungen zu einem Festpreis einzukaufen, also zum Beispiel den Transport von Frachtgut oder Menschen zur ISS und zurück.[373]

Das entsprach exakt der unternehmerischen Denkweise von Elon Musk. Seine Firma SpaceX erklärte der NASA, man wolle kein Raumschiff mehr bauen, um es an die NASA zu verkaufen. Vielmehr wollte Musk ein Raumschiff bauen und der NASA eine Gebühr für den Transport ihrer Fracht berechnen. »Es ist wie bei Fedex«, erklärte SpaceX der NASA: »Sie geben uns ein Paket, und wir liefern es für Sie ins All.«[374]

Musk berechnet der NASA und seinen anderen Auftraggebern heute Festkosten. Was er an Kosten spart, erhöht seinen Gewinn. Damit ist – anders als bei dem Cost-Plus-Programm, das der Nullsummenlogik folgte – ein Anreiz zum Sparen gegeben! Und genau das tat Musk, der die sogenannten Launch Costs, also die Kosten, um ein Kilogramm in den Orbit zu befördern, im Vergleich zum vorangegangenen Space Shuttle um 95 Prozent reduziert hat.[375]

Jetzt gab es eine Win-win-Situation: Musk konnte hohe Gewinne erzielen, und nicht trotzdem (wie es der Nullsummenlogik entsprechen würde), sondern gerade deshalb sparte die NASA Geld, weil die Dienstleistungen dadurch günstiger wurden. Die NASA selbst hat einen Vergleich angestellt, wie teuer es gewesen wäre, wenn sie eine Rakete wie die Falcon 9 mit ihren traditionellen Verträgen und Verfahrensweisen hergestellt hätte. Das Fazit: Die öffentlich finanzierten Versionen hätten dreimal so viel gekostet – selbst ohne Termin- und Budgetüberschreitungen.[376] Nach der Überwindung der Nullsummenlogik hatten also beide gewonnen, SpaceX und die NASA.[377]

Dass ein Zero-Sum Mindset dem Individuum schaden kann, belegten fünf amerikanische Forscher in zahlreichen Studien, die 2025 veröffentlicht wurden.[378] Sie fanden einen klaren Zusammenhang zwischen »demotivierenden Glaubenssätzen« und einem Zero-Sum Mindset. Beispielsweise stimmten die Personen mit einem Zero-Sum Mindset häufiger Aussagen zu wie »Harte Arbeit führt nicht unbedingt zum Erfolg« und gaben eher der Gesellschaft und äußeren Umständen die Schuld für Armut. Sie waren der Meinung, dass Arme kaum eine Chance hätten, ihrem Schicksal zu entkommen, hatten aber andererseits selbst nur wenig Bedenken, Geld entgegenzunehmen, für das sie nicht arbeiten mussten. Vor allem sagten die Personen mit dem Zero-Sum Mindset seltener als andere, dass es für sie wichtig sei, erfolgreich zu sein.[379]

Diese Einstellungen, die Erfolg verhindern, hatten auch tatsächlich im realen Leben dieser Menschen negative Auswirkungen. Das Ergebnis der Studie: »Im Einklang mit der Vorhersage finden wir nahezu durchgängig einen negativen, statistisch signifikanten Zusammenhang zwischen jedem der sechs Maße demotivierender Überzeugungen und Maßen des materiellen Wohlstands.«[380] Das Nullsummendenken war verbunden mit negativen, erfolgsbehindernden Glaubenssätzen, und diese wiederum führten zu geringerem materiellen Wohlstand.[381] Auch das »subjektive

Wohlbefinden« dieser Personen war deutlich geringer.[382] Das Gesamtergebnis: »Wir fanden einen robusten positiven Zusammenhang zwischen wahrgenommener Nullsummenlogik und demotivierenden Überzeugungen, darunter Skepsis gegenüber dem Ertrag von Anstrengung und dem Wert harter Arbeit. Ebenfalls im Einklang mit dem Modell stellten wir fest, dass Nullsummenwahrnehmungen und die daraus resultierenden demotivierenden Überzeugungen mit geringerer Zufriedenheit und niedrigerer Lebenszufriedenheit einhergehen.«[383]

Studien von Fearon und Götz belegten, dass Menschen mit einem Zero-Sum Mindset anderen Menschen eher böse und feindselige Absichten unterstellen.[384] Wir haben ja oft die Möglichkeit, das Verhalten unserer Mitmenschen unterschiedlich zu interpretieren: Ich selbst neige beispielsweise ziemlich rasch dazu, wenn etwas schiefläuft, anderen Menschen Dummheit, Unfähigkeit oder Schlamperei zu unterstellen, weil es diese Eigenschaften in meinem Weltbild viel häufiger gibt als böse Absichten. Natürlich liege ich damit nicht immer richtig, und vermutlich erkenne ich Menschen, die absichtsvoll böse handeln, nicht so leicht wie ein anderer, der umgekehrt dazu neigt, im Fall von Pannen zuerst einmal von bösen Absichten, Intrigen oder gar Verschwörungen auszugehen.

Eine andere Studie von Wissenschaftlern der Universitäten Stanford, Oxford und British Columbia kam zu dem Ergebnis, dass Menschen mit einem Zero-Sum Mindset ihren Mitmenschen weniger vertrauen, was zu negativen Ergebnissen für sie selbst führen kann. Um dies zu zeigen, ließen die Wissenschaftler die Versuchspersonen das sogenannte »Trust Game« spielen. Das Vertrauens-Spiel ist ein Experiment aus der Verhaltensökonomie und Sozialpsychologie, mit dem untersucht wird, ob Menschen anderen vertrauen. Zwei Personen, die sich nicht kennen, werden zufällig einander zugeteilt. Eine Person übernimmt die Rolle des ersten Spielers. Sie erhält zu Beginn einen bestimmten Geldbetrag. Dieser Spieler entscheidet, wie viel er von diesem Geld freiwillig an die zweite Person weitergibt. Der überwiesene Betrag wird vom Spielsystem erhöht, sodass er für die zweite Person mehr wert ist als für die erste.

Bei dieser Studie wurde der dreifache Betrag, den Spieler 1 an Spieler 2 gab, weitergegeben. Die erste Person weiß, dass sie das Geld nicht zurückfordern kann. Ihre Entscheidung ist deshalb ein klares Zeichen von Vertrauen. Die zweite Person erhält den erhöhten Betrag und übernimmt die Rolle des zweiten Spielers. Sie entscheidet anschließend, wie viel sie davon an den ersten Spieler zurückgibt. Dabei gibt es keine Regeln, die sie zu Fairness verpflichten. Man kann großzügig teilen oder alles für sich behalten. Wenn beide Spieler kooperieren, entsteht bei einer Folge von mehreren Spielen ein höherer gemeinsamer Gewinn. Wenn jedoch Misstrauen herrscht, wird wenig oder gar nichts weitergegeben.

Bei dem Spiel gaben die Personen mit Zero-Sum Mindset 17 (von 100) Einheiten weniger an den zweiten Spieler weiter, sodass sie am Ende der Spiele 21 Prozent weniger verdienten als diejenigen, die kein Zero-Sum Mindset hatten. »Trotz expliziter Anreize, mit dem anderen Spieler zu kooperieren (ein dreifacher Wachstumsfaktor für kooperative Investitionen, die an den anderen Spieler übertragen werden), waren Personen mit einem stärkeren Zero-Sum Mindset weniger geneigt, das für dieses Wachstum notwendige Vertrauen zu gewähren, und erzielten letztlich geringere Erträge als ihre Spielpartner mit einem schwächeren Zero-Sum Mindset. Indem sie sich darauf konzentrierten, den anderen Spieler zu ›schlagen‹, versäumten diejenigen mit einem stärkeren Zero-Sum Mindset, zwei bewährte Prinzipien für Erfolg in solchen repetitiven kooperativen Spielen anzuwenden: (a) mit Kooperation zu beginnen und (b) nicht ›neidisch‹ zu sein – das heißt, nicht in jeder Runde zu versuchen, den anderen Spieler zu übertrumpfen, da dies langfristig die Möglichkeiten für Kooperation und Wachstum untergräbt. Als hochsoziale Wesen hängt unser Erfolg in hohem Maße von unseren Interaktionen mit anderen ab. In diesen Studien finden wir Hinweise darauf, dass die Betrachtung dieser Beziehungen als Nullsummenspiel – bei der andere als Gegner und nicht als Kooperationspartner gesehen werden – die soziale Kooperation hemmen kann, die häufig die Grundlage unserer Fähigkeit bildet, erfolgreich zu sein.«[385]

Die Bedeutung von Vertrauen im Geschäftsleben kann gar nicht überschätzt werden, wie der erstaunliche Lebensweg von John D. Rockefeller zeigt, einem der reichsten Menschen in der Geschichte. Ein Schlüsselerlebnis für den jungen Rockefeller war, als er nach Gründung seiner ersten Firma bemerkte, dass auch »ältere Männer mir sofort Vertrauen entgegenbrachten«.[386] Das schwierigste Problem seiner gesamten geschäftlichen Karriere bestand nach seinen eigenen Worten darin, stets »genug Kapital zur Verfügung zu haben, um die Geschäfte abwickeln zu können, die ich abwickeln wollte und – das nötige Geld vorausgesetzt – auch abwickeln konnte«.[387] In diesem Zusammenhang war entscheidend, dass es ihm gelang, das Vertrauen von Banken und anderen Geldgebern zu gewinnen. »Meinen Erfolg im Leben verdanke ich vor allem meinem Vertrauen in Menschen und meiner Fähigkeit, in anderen Vertrauen zu mir zu wecken«, so Rockefeller.[388]

Vertrauen gewinnen und Vertrauen schenken gehören eng zusammen. Menschen mit einem Zero-Sum Mindset sehen in ihren Mitmenschen vor allem Gegner, die man besiegen muss. Wir projizieren oft unsere eigenen Einstellungen und Gefühle auf unsere Mitmenschen. Wer selbst ein Zero-Sum Mindset hat, unterstellt dieses auch anderen, wer selbst nicht vertrauenswürdig ist und seine Vorteile stets auf Kosten anderer erringen will, wird dies auch anderen unterstellen und ihnen nicht vertrauen (deshalb neige ich zu einem höheren Misstrauen gegenüber Menschen, die selbst sehr misstrauisch sind).

Rockefellers Biograf betont: »Im Laufe seiner geschäftlichen Karriere wurde John D. Rockefeller so manche Sünde zur Last gelegt, er war jedoch stolz darauf, dass er seine Schulden pünktlich bezahlte und sich peinlich genau an Verträge hielt.«[389] Wie gewinnen Sie das Vertrauen anderer Menschen? Indem Sie vertrauenswürdig handeln und vertrauenswürdig *denken*. Ja, nicht nur das Handeln ist wichtig, sondern es ist entscheidend, wie Sie *denken*, denn andere Menschen spüren in der Regel, ob Sie es ehrlich meinen oder nicht. Ein Zero-Sum Mindset wird Sie hindern, anderen zu vertrauen.

Natürlich gibt es Betrüger, die ihre wahren Absichten so gut verbergen können, dass ihnen die Menschen ihr Vertrauen schenken. Zum Glück sind solche Blender die Ausnahme. Ihnen gelingt es, zumindest vorübergehend, das Vertrauen von Mitmenschen zu gewinnen, obwohl sie es nicht verdienen. Diese Ausnahmen bestätigen jedoch nur die Regel, und diese lautet: Sie gewinnen am einfachsten Vertrauen, wenn Sie eine innere Einstellung haben, die vertrauenswürdig ist. Denn die meisten Ihrer Mitmenschen haben gute »Antennen«, und sie spüren, ob es ein Mensch ehrlich mit ihnen meint oder nicht. Wir alle senden eine Vielzahl von – vor allem nonverbalen – Signalen aus, die von unseren Mitmenschen interpretiert werden. Wir alle prüfen unsere Mitmenschen ständig unbewusst unter dem Gesichtspunkt: Kann man diesem Menschen Vertrauen schenken oder nicht? Das gilt für geschäftliche Beziehungen ebenso wie für private.

Ein Zero-Sum Mindset geht auch einher mit einer »externalen Kontrollüberzeugung«.[390] Der Begriff »externale Kontrollüberzeugung« bezeichnet die Überzeugung einer Person, dass Ereignisse und Ergebnisse überwiegend durch äußere Faktoren bestimmt werden. Dazu zählen etwa Zufall, Glück, andere Menschen oder gesellschaftliche Rahmenbedingungen. Eigene Entscheidungen und Anstrengungen werden dabei als wenig wirksam für den Ausgang von Situationen eingeschätzt. Wir wissen aus zahlreichen Studien, dass Menschen, die internale Kontrollüberzeugungen haben und davon überzeugt sind, dass ihr Erfolg eher von ihnen selbst als von äußeren Bedingungen abhängig ist, in der Regel erfolgreicher sind als solche, die externale Kontrollüberzeugungen haben. So ergab eine Befragung von 130 Reichen in Deutschland, dass diese – neben anderen charakteristischen Persönlichkeitsmerkmalen – häufiger eine internale Kontrollüberzeugung hatten.[391]

Arme neigen dazu, äußere Bedingungen für ihre Situation verantwortlich zu machen, Reiche neigen dazu, die Verantwortung für Erfolg oder Misserfolg in ihrem Denken und Handeln zu sehen. Dieses

Ergebnis zahlreicher Studien[392] ist einleuchtend, denn Menschen rechnen Erfolge lieber sich selbst zu und Misserfolge anderen bzw. äußeren Bedingungen, sodass es logisch erscheint, wenn Arme ihre Situation auf vermeintliche gesellschaftliche Verhältnisse zurückführen und Reiche auf eigene Leistungen, Einstellungen und Persönlichkeitsmerkmale.

Doch das Verhältnis von Ursache und Wirkung ist auch umgekehrt: Menschen sind im Leben erfolgreicher, wenn sie sich als Herr ihres eigenen Schicksals sehen, und weniger erfolgreich, wenn sie sich als Opfer äußerer Umstände und gesellschaftlicher Verhältnisse betrachten. In meinem Buch über erfolgreiche Menschen mit Behinderung habe ich am Beispiel von 20 Biografien gezeigt, dass diese Menschen in hohem Maße über eine internale Kontrollüberzeugung verfügen und es ablehnen, sich als Opfer zu sehen.[393]

Ein Beispiel ist Ray Charles, einer der erfolgreichsten Sänger aller Zeiten, der 17 Jahre lang heroinabhängig war. In seiner Autobiografie schreibt er: »Niemand hat mir das angetan. Ich selbst habe es mir angetan. Es war nicht die Gesellschaft, es war kein Dealer, es war nicht die Tatsache, dass ich blind war oder schwarz oder arm. Es war alles meine Entscheidung.«[394]

1964 vergaß der Musiker Heroin in einem Flugzeug, ging zurück, um es zu holen, und wurde dabei verhaftet. Die Schuld dafür suchte Charles bei sich selbst: »Als ich erwischt wurde, hatte ich ordentlich die Schnauze voll. Natürlich wollte ich nicht ins Gefängnis wandern. Aber ich war mir auch bewusst, dass ich selbst der Einzige war, dem ich die Schuld für die Misere geben konnte. Schließlich war ich derjenige, der zum Flugzeug zurückging. Ich war der Süchtige.«[395]

Immer wieder betonte Ray Charles, es habe keinen Dealer gegeben, der ihn dazu verführte. »Kein Weißer und kein Schwarzer brachte mich an die Nadel oder redete mir den Stoff ein. Verdammt, das Zeug kostete Geld. Und keiner verschenkte es so einfach. Ich musste es selber auftreiben. Und ich wollte das Zeug ganz dringend, also fand ich eine Möglichkeit, es zu bekommen.«[396]

Seine Anwälte meinten, es könne seine Chancen vor Gericht verbessern, wenn er die Dealer nennen würde, die ihm das Heroin verkauft hätten. Ray Charles weigerte sich strikt, und zwar mit der Begründung: »Ich musste nach den Pushern immer Ausschau halten; sie kamen niemals zu mir und suchten mich. Keiner zwang mich je dazu, Geld für Drogen auszugeben. Ich wollte es, und deshalb tat ich's.«[397]

Diese Einstellung bezog sich nicht nur auf den Drogenkonsum. Als 1977 seine 22 Jahre zuvor geschlossene Ehe mit Della Beatrice Howard scheiterte, sagte er ebenfalls, die Schuld daran müsse er »zu 80 oder 85 Prozent« sich selbst geben.[398]

So wie alle sehr erfolgreichen Menschen suchte Ray Charles die Gründe für seine Erfolge ebenso wie die Gründe für seine Niederlagen nicht in äußeren Umständen und gab auch nicht anderen die Schuld. Die meisten Menschen neigen dazu, sich zwar selbst die großen und kleinen Siege in ihrem Leben zuzuschreiben, aber bei Niederlagen anderen die Verantwortung in die Schuhe zu schieben. Ray Charles war auch deshalb so erfolgreich, weil er in dieser Hinsicht ganz anders war. Schon mit 15 Jahren, so erinnert er sich in seiner Autobiografie, begann er zu verstehen, wie die Welt funktioniert: »Wenn ich in Schwierigkeiten geriet, war das *meine* Schuld. Oder wenn ich etwas halbwegs Gutes machte, konnte *ich* dafür das Verdienst in Anspruch nehmen. Verantwortung zu übernehmen musste ich verdammt früh lernen.«[399]

Der Nullsummenglaube, so Rózycka-Tran, Boski und Wojciszke, »bietet eine einfache und eigennützliche Möglichkeit, die eigenen Misserfolge zu erklären (›Ich bin gescheitert, weil andere egoistische Menschen mir meinen Erfolg gestohlen haben‹), liefert jedoch keine ebenso bequeme, eigennützliche Erklärung für die eigenen Erfolge (niemand denkt: ›Ich war erfolgreich, weil ich die Erfolge anderer gestohlen habe‹).«[400]

Die Verantwortung für Niederlagen bei anderen zu suchen, ist ein typisches Verlierer-Denken. Eines der wichtigsten Charakteristika vieler der 45 Interviewpartner für meine Dissertation »Psychologie der

Superreichen« war, dass sie selbst die Verantwortung für Rückschläge und Niederlagen übernahmen.[401] Sie hielten es für wesentlich, Verantwortung nicht auf äußere Umstände oder andere Menschen abzuschieben, sondern sich selbst verantwortlich zu fühlen. Offensichtlich gibt ihnen das ein Gefühl der Macht und der Selbstwirksamkeit.

Wenn Sie glauben, dass Reiche nur reich sind, weil sie den Armen etwas weggenommen haben, dann richten Sie damit eine unbewusste Blockade dagegen auf, dass Sie reich werden – zumindest gilt das dann, wenn Sie ein Mensch mit moralischen Werten sind, der anderen keinen Schaden zufügen möchte. Ich habe in »Psychologie der Superreichen« gezeigt, dass ein enger Zusammenhang zwischen finanziellem Erfolg einerseits und Persönlichkeitsmerkmalen bzw. Einstellungen und Glaubenssätzen andererseits besteht. Mentale Blockaden gegen das Reichwerden sollten nicht unterschätzt werden. Wenn Ihnen Ihr Zero-Sum Mindset sagt: »Ich muss anderen Schaden zufügen bzw. etwas wegnehmen, wenn ich selbst zu Geld kommen will«, dann bauen Sie damit eine sehr wirksame Blockade in Ihrem Unterbewusstsein gegen Reichtum auf. Selbst wenn Sie reich werden, ist die Wahrscheinlichkeit hoch, dass Sie das Geld aufgrund dieser negativen Programmierung früher oder später verlieren.

Wenn Sie nicht zu Geld kommen, d. h. wirtschaftlich erfolglos bleiben, haben Sie damit zugleich noch eine glänzende Ausrede: »Ich konnte nicht reich werden, weil ich ein moralisch guter Mensch bin.« Wenn Sie Reiche abwerten und der Meinung sind, diese seien vor allem durch Ausbeutung, krumme Geschäfte oder Übervorteilung anderer zu Geld gekommen, dann sabotieren Sie damit Ihren eigenen finanziellen Erfolg. Ihre finanzielle Erfolglosigkeit wird dann sogar zu einem Beleg dafür, dass Sie ein guter Mensch sind – diese Lebenslüge ist nicht selten.

In der bereits mehrfach erwähnten Befragung von Allensbach / Ipsos MORI haben wir die Menschen auch danach gefragt, wie sie die Persönlichkeit von Reichen sehen.[402] Die fünf in Deutschland am häufigsten genannten Eigenschaften waren ausnahmslos negativ. 62 Prozent hielten Reiche für egoistisch, 56 Prozent sagten, sie seien materialistisch (»Denken nur ans Geld«), 50 Prozent hielten Reiche für rücksichtslos, 49 Prozent für gierig und 43 Prozent für überheblich. Danach kamen erst positiv bewertete Eigenschaften wie Fleiß (42 Prozent), Wagemut (41 Prozent), Intelligenz (40 Prozent) und visionär/weitblickend (39 Prozent). Auch Eigenschaften wie Gefühlskälte (28 Prozent) und Oberflächlichkeit (18 Prozent) wurden Reichen nachgesagt, während nur drei Prozent Ehrlichkeit für eine Eigenschaft hielten, die man oft bei Reichen finde.[403]

Dann wollten wir wissen, wie viele der Befragten überhaupt einen Millionär kannten. Hier zeigte sich, dass sich 80 Prozent der Menschen ihre Meinung über Millionäre gebildet haben, ohne auch nur einen einzigen näher zu kennen (in Ostdeutschland waren es sogar 94 Prozent). Nur acht Prozent der Befragten kannten persönlich mehrere Millionäre und neun Prozent kannten immerhin einen einzigen. Diejenigen, die persönlich mindestens einen Millionär näher kannten, hatten eine viel positivere Meinung als die anderen. Die Millionäre, die sie persönlich kannten, beurteilten sie ausgesprochen positiv: Jeweils 71 Prozent hielten sie für fleißig und für intelligent, 58 Prozent für einfallsreich, 47 Prozent für optimistisch, 45 Prozent für weitblickend. Und während in der Gesamtbevölkerung nur drei Prozent Reiche für ehrlich hielten, sagten dies 42 Prozent der Deutschen über den Reichen, den sie selbst kannten.

Dies war in den anderen Ländern, in denen wir die Befragung durchgeführt haben, ähnlich: In Spanien und Italien sagten sogar nur ein Prozent der Befragten, Reiche seien ehrlich, während dies über den persönlich bekannten Reichen immerhin 21 bzw. 15 Prozent angaben. In Schweden sagten nur sechs Prozent der Befragten, Reiche seien ehrlich, aber über den Reichen, den sie kannten, 35 Prozent.[404]

Wichtig dabei ist: Nach dem »Moral Primacy Model« (MPM) wird unser Urteil über andere Menschen maßgeblich auf Basis von moralischen Werten – wie etwa Ehrlichkeit – gefällt.[405] Denn zuerst will ich wissen, ob der andere es gut oder schlecht mit mir meint, also ob er

Freund oder Feind ist. Ein moralisch schlechter Mensch wird nicht dadurch positiver beurteilt, dass er zugleich auch intelligent und fleißig ist – er wird dadurch nur noch gefährlicher. Daher können positive Zuschreibungen wie »Intelligenz« und »Fleiß« negative Zuschreibungen wie »Unehrlichkeit« und »Rücksichtslosigkeit« keineswegs ausgleichen.

Tatsächlich spricht nichts dafür, dass reiche Menschen im Schnitt unehrlicher sind als Arme – es ist ja nicht so, dass sich im Villenviertel alle Gauner versammeln und im sozialen Brennpunkt alle moralischen Lichtgestalten. Aber die verbreitete Überzeugung, dass Reiche unehrlich sind, korrespondiert natürlich mit dem Nullsummenglauben, Reiche seien nur auf Kosten der Armen reich geworden.

Wenn Menschen dies glauben, aber selbst keine hohen moralischen Maßstäbe haben bzw. selbst sehr egoistisch und rücksichtslos sind, dann kann der Nullsummenglaube natürlich andere Konsequenzen haben, bis hin zur Kriminalität. Es wäre interessant, eine Befragung bei Dieben, Räubern und Betrügern zu machen, und meine Hypothese ist, dass von ihnen viele der festen Überzeugung sind, sie könnten nur zu Geld kommen, indem sie es anderen wegnehmen. Ein Zero-Sum Mindset könnte demnach also, kombiniert mit anderen Persönlichkeitsmerkmalen und Einstellungen, bis zur Kriminalität führen.

Freilich gibt es, wie schon eingangs erwähnt, durchaus auch im realen Leben Nullsummensituationen, die wir bewältigen müssen und die Chancen beinhalten. Wissenschaftler haben herausgefunden, dass viele Menschen – wenn sie es können – aus mangelnder Konfliktbereitschaft Nullsummensituationen meiden, wodurch ihnen Chancen entgehen. Dies ist also genau das Gegenteil dessen, was wir bisher gezeigt haben: Bisher ging es darum, dass Menschen, die Nicht-Nullsummenspiele fälschlich als Nullsummenspiele deuten, unangemessene und daher oft nicht erfolgreiche Strategien verfolgen. Bei tatsächlichen Nullsummensituationen schadet diesen Menschen dagegen ein Zero-Sum Mindset nicht, sondern es schadet ihnen eher, wenn sie zu harmoniebedürftig sind und Konflikte um jeden Preis vermeiden wollen.

Shai Davidai, Michael W. White und Genevieve Gregorich von der Columbia University haben nicht – wie andere Forscher – analysiert, ob Menschen Situationen als Nullsummensituationen verstehen oder wie sie sich in solchen Situationen verhalten, sondern sie wollten wissen, ob und warum Menschen Nullsummensituationen meiden, wenn sie die Wahl haben.[406]

In einer Studie untersuchten sie die Abneigung gegen Nullsummensituationen bei Entscheidungen über einen Markteintritt. Es wurde geprüft, ob Menschen es vorzogen, Unternehmen zu gründen, die den Markt ausweiteten, statt bestehende Marktanteile zu übernehmen, und ob dies auch dann galt, wenn der Erfolg bei der Nullsummenoption wahrscheinlicher war. Die Teilnehmer stellten sich vor, bei einem Standort für ein neues Unternehmen (ein Restaurant) zwischen zwei Optionen zu wählen, die sich in mehreren Dimensionen unterschieden, unter anderem in ihrem Potenzial zur Marktausweitung. Ein Standort bot nur begrenzte Expansionsmöglichkeiten, der andere bot die Möglichkeit einer Marktausweitung.

Die Teilnehmer zeigten eine Abneigung gegen Nullsummensituationen, indem sie einen Standort wählten, bei dem Kundschaft aus einer Marktausweitung stammte, gegenüber einem Standort, bei dem sie zwar mehr Kundschaft gehabt hätten, diese jedoch von anderen Unternehmen hätten abwerben müssen. Somit entschieden sich die Teilnehmer überwiegend für die riskantere Nicht-Nullsummenoption und nahmen geringere Erfolgschancen in Kauf, statt eine Situation zu wählen, in der die Ergebnisse anderer zu ihren Lasten gingen und umgekehrt.[407]

Die Teilnehmer einer weiteren Studie lasen über ein Unternehmen mit zwei Arten von Leistungsbeurteilungen, die beide gleiche Chancen auf positive Bewertungen boten. Die eine Beurteilung bewertete Mitarbeiter relativ zu ihren Kollegen, die andere anhand absoluter Kriterien. Die Teilnehmer bevorzugten deutlich die nicht-nullsummenbasierte Beurteilung (nach absoluten Kriterien) gegenüber der nullsummenbasierten Beurteilung (gegenüber den Kollegen). Auch wenn die Entscheidungen ausschließlich andere Personen betrafen, bevorzugten sie ein Nicht-Nullsummen-Bewertungssystem deutlich gegenüber einem Nullsummenansatz.[408]

Über verschiedene Kontexte hinweg (Verhandlungen, ökonomische Spiele, Markteintrittsentscheidungen, Leistungsbeurteilungen, Bewerbungen), verschiedene Stichproben (Online-Stichproben, eine Community-Stichprobe, MBA-Studenten) sowie unterschiedliche Forschungsdesigns fanden die Wissenschaftler Belege für eine Nullsummenaversion – also die Vermeidung von Situationen, die Nullsummencharakter haben (oder als solche wahrgenommen werden). Der Grund, warum viele Menschen Nullsummensituationen vermeiden, ist, so die zentrale These der Wissenschaftler, Konfliktscheu.[409]

Das macht es jedoch für Menschen mit einem Zero-Sum Mindset und hoher Konfliktbereitschaft einfacher, in Nullsummensituationen erfolgreich zu sein, die die anderen meiden. Offene Auseinandersetzungen fühlen sich für viele Menschen unangenehm an, sie wollen unbedingt Harmonie wahren und rechtfertigen dies vor sich selbst mit der Hoffnung, langfristig davon zu profitieren.

Schwäche spielt in solchen Situationen eine zentrale, oft unterschätzte Rolle, weil sie die Anreizstruktur für die andere Seite verändert. Wer in einem Konflikt früh Entgegenkommen zeigt, signalisiert damit Schwäche. Der andere Akteur lernt daraus, dass der zu erwartende Widerstand gering ist und zusätzliche Forderungen mit hoher Wahrscheinlichkeit durchsetzbar sind.

Appeasement-Strategien entstehen häufig aus dem Wunsch nach Ruhe, Stabilität oder Beziehungserhalt. Psychologisch fühlt sich für viele Menschen Nachgeben konstruktiv an, doch das Nachgeben wird nicht als einmalige Großzügigkeit wahrgenommen, sondern die Gegenseite passt ihre Erwartungen an und verschiebt das Anspruchsniveau nach oben. Was zuvor als Zugeständnis galt, wird zur Selbstverständlichkeit. Unterwürfiges Verhalten verstärkt diesen Effekt noch. Wer seine eigenen

Interessen relativiert, entschuldigt oder moralisch abwertet, kommuniziert implizit, dass diese Interessen weniger legitim oder weniger verteidigungswürdig sind. Für die andere Seite sinkt damit nicht nur das Risiko, sondern auch die innere Hemmschwelle, aggressiver vorzugehen. Der Nachgebende lernt kurzfristig, dass Konfliktvermeidung Stress reduziert. Der Fordernde lernt gleichzeitig, dass Druck wirkt. Diese Lernerfahrungen stabilisieren sich schnell und führen zu einer Dynamik, in der immer nur eine Seite eskaliert und die andere deeskaliert. Das System kippt zugunsten des Aggressiveren, ohne dass dieser sein Verhalten ändern muss.

Paradoxerweise untergräbt Appeasement damit genau das Ziel, das es erreichen will. Statt Stabilität zu schaffen, erhöht es die Unsicherheit, weil die Grenze dessen, was gefordert werden kann, ständig weiter verschoben wird. Statt Frieden zu sichern, lädt es zu weitergehenden Forderungen ein. Erst dort, wo Kosten, Widerstand oder klare Grenzen sichtbar werden, entsteht für die andere Seite ein Anreiz, Verhalten zu mäßigen oder echte Kompromisse einzugehen.

Schwäche wirkt in Nullsummensituationen nicht deeskalierend, sondern einladend. Appeasement reduziert kurzfristig Reibung, erhöht aber langfristig den Druck. Unterwürfigkeit signalisiert nicht Kooperationsbereitschaft, sondern Abwesenheit von Gegenwehr – und genau das motiviert aggressive Akteure, ihre Interessen noch entschlossener zu verfolgen.

Zahlreiche psychologische Studien zeigen, dass erfolgreiche Menschen, z. B. Unternehmer, konfliktfreudiger sind als andere. Das zeigt sich etwa daran, dass bei dem sogenannten »Big Five-Persönlichkeitstest« Unternehmer in der Regel in der Kategorie »Verträglichkeit« eine geringere Punktzahl erreichen als andere Menschen.[410] Wenn die von Davidai und anderen beschriebene Nullsummenaversion ein Ergebnis von Konfliktscheu ist, dann haben diese Menschen einen Vorteil, weil sie häufiger bereit sein dürften, auch in Nullsummensituationen zu agieren, wo andere dies vermeiden, weil sie den Konflikt scheuen.

Es gibt also keine einfache Antwort in dem Sinn, dass ein Zero-Sum Mindset stets nutzt oder stets schadet. Es kann in manchen Situationen hilfreich sein, vor allem, wenn es mit hoher Konfliktfähigkeit einhergeht. Andererseits kann es in anderen Situationen, wie in diesem Buch immer wieder gezeigt, schädlich sein, wenn die Situation fehlinterpretiert wird und tatsächlich eine Nicht-Nullsummensituation vorliegt, in der andere Strategien erfolgversprechender wären. Am erfolgreichsten werden jene Menschen sein, die genau verstehen, wann sie in Nullsummensituationen agieren und wann in Nicht-Nullsummensituationen, und die über ein breites Verhaltensrepertoire verfügen, das sowohl aggressive als auch kooperative Strategien umfasst, die je nach Situation abgerufen werden.

Nachwort

»Der größte Beitrag von Ökonomen zum korrekten Verständnis von Unternehmern ist die Hilfe beim Übergang von der Nullsummenspiel-Wahrnehmung zur Positivsummenspiel-Wahrnehmung«, meint der Ökonom Weiying Zhang.[411] Er unterteilt sogar die gesamte Menschheitsgeschichte in zwei Phasen: die Machtphase, in der die Nullsummenlogik regierte, und die Marktphase, in der sich Positivsummenspiele immer stärker durchsetzen. In seinem Buch »Unternehmer sind nicht das Problem, sie sind die Lösung« schreibt Zhang:

»Die aufgezeichnete Menschheitsgeschichte kann in zwei Phasen unterteilt werden. Die erste Phase ist die Zeit der Geschichte, die von der Logik der Macht beherrscht wird. Die zweite Phase ist die Zeit der Geschichte, die von der Logik des Marktes beherrscht wird. Die Logik der Macht bedeutet, dass Menschen sich gegenseitig betrügen, erobern und töten. Die von der Logik der Macht dominierte Geschichte ist voller Kriege, Hungersnöte und Plünderungen. Interaktionen waren in erster Linie Nullsummen- oder sogar Negativsummenspiele. Infolgedessen war der menschliche Fortschritt extrem langsam und der Lebensstandard stagnierte sehr lange. Als die Logik des Marktes dominierte, verbrachten die Menschen in erster Linie Energie und Zeit mit Produktion, Austausch und Kreativität. Interaktionen waren in erster Linie Positivsummenspiele. Die Technologie ist sehr weit fortgeschritten und der Wohlstand hat deutlich zugenommen. Der Lebensstandard stieg kontinuierlich und die Menschheit erzielte enorme Fortschritte.«[412]

Die Auswirkungen dieser unterschiedlichen Prinzipien sind enorm: Seit den Ursprüngen der Menschheit vor etwa 2,5 Millionen Jahren benötigte es 99,4 Prozent der Menschheitsgeschichte, bis vor etwa 15.000 Jahren ein Bruttoinlandsprodukt pro Kopf der Weltbevölkerung von 90 internationalen Dollar erreicht wurde (der internationale Dollar ist eine Recheneinheit, die auf der internationalen Kaufkraft des Jahres 1990 basiert). Bis zum Jahr 1750 brauchte es weitere 0,59 Prozent der Menschheitsgeschichte, um das Welt-BIP pro Kopf auf 180 internationale Dollar zu verdoppeln. Und dann, in weniger als 0,01 Prozent der Menschheitsgeschichte, von 1750 bis zum Jahr 2000, wuchs das Welt-BIP pro Kopf um das 37-Fache auf 6.600 internationale Dollar. Mit anderen Worten: 97 Prozent des Reichtums der Menschheit wurden in den vergangenen 250 Jahren, also in 0,01 Prozent der Menschheitsgeschichte, erzeugt.[413] Die Lebenserwartung eines Menschen hat sich in diesem kurzen Zeitraum vervielfacht. Die Menschen sind aber in dieser Zeit nicht plötzlich so viel intelligenter oder fleißiger geworden, sondern in den westlichen Ländern hat sich vor etwa 200 Jahren ein Wirtschaftssystem entwickelt, das allen anderen in der Menschheitsgeschichte überlegen ist – der Kapitalismus. Dieses auf Privateigentum, Unternehmertum, freier Preisbildung und Wettbewerb beruhende System, das die ungeheure wirtschaftliche und technische Entwicklung erst ermöglicht hat, ist in der Menschheitsgeschichte also noch sehr jung.

Aus der weltweiten Perspektive, so Zhang, macht die Zeit, in der die Logik der Macht vorherrschend war, den größten Teil der Geschichte aus. Selbst wenn wir die letzten 5.000 Jahre der menschlichen Zivilisation betrachten, war die Logik der Macht in den ersten 4.800 Jahren vorherrschend. Die Logik des Marktes setzt sich sukzessive seit 200 Jahren durch.[414]

In China begann der Prozess erst vor etwa vier Jahrzehnten mit den marktwirtschaftlichen Reformen von Deng Xiaoping. Damals reiste der junge Reform-Ökonom Zhang durch China und hielt Vorträge zum Thema »Unternehmer und Modernisierungsideen«. Er nannte zehn wichtige Punkte, in denen die Chinesen umdenken müssten. Ganz an der Spitze stand als wichtigster Punkt: »Vermögenskonzept: Vom Wasser im Glas zum Wasser im Brunnen (›Nullsummenspiele zu Positivsummenspielen‹ in der heutigen Sprache).«[415]

Ich finde das ein schönes Bild: Vom Wasser im Glas zum Wasser im Brunnen. Das Wasser im Glas steht für Nullsummenlogik, weil die Wassermenge im Glas begrenzt ist. Was einer bekommt, fehlt dem anderen. Deshalb kreisen die Gedanken um Verteilung, Neid, Angst vor Knappheit und die Frage, wer wie viel aus dem Glas abbekommt. So dreht sich das gesamte Denken von manchen Politikern nur um mehr Steuern oder mehr Schulden: Also nicht um die Ermöglichung von Reichtum, sondern die Umverteilung.

Der Brunnen steht für das Gegenteil, für eine Nicht-Nullsummenperspektive. Regen und Schmelzwasser sickern in den Boden, sammeln sich in durchlässigen Gesteinsschichten und erneuern das Grundwasser ständig. Ein Brunnen funktioniert nachhaltig – manchmal sogar Jahrhunderte lang –, solange er nur aus einem ausreichend großen und sich regenerierenden Grundwasserleiter gespeist wird. Diese Grundwasserleiter in der Wirtschaft sind das menschliche Wissen und die menschliche Innovationskraft, die unbegrenzt sind.

Aber der Brunnen kann auch versiegen, beispielsweise wenn die Neubildung des Grundwassers gestört ist, etwa durch Versiegelung von Böden oder lange Dürreperioden. Dann kann der Grundwasserspiegel sinken und der Brunnen zeitweise oder dauerhaft austrocknen. Und das ist in der Geschichte auch immer wieder passiert. Zuletzt in Venezuela, einem Land mit sprudelnden Ölquellen bzw. dem größten Ölvorkommen der Welt. In den 1970er-Jahren war es eines der 20 reichsten Länder der Welt und das reichste in Südamerika. In nur 25 Jahren haben Sozialisten, die der Nullsummenlogik anhängen, es zum ärmsten Land Südamerikas gemacht: Fast ein Drittel der Menschen ist seitdem geflohen, und von denen, die geblieben sind, leben nahezu 80 Prozent in Armut. Der Brunnen ist fast versiegt.

Wenn es in einem einstmals reichen und demokratischen Land wie Venezuela passiert ist, dann kann es überall geschehen. Deshalb helfen Sie bitte mit, die Botschaft, die dieses Buch enthält, weiter zu verbreiten: Wir alle können gewinnen, wenn wir anders denken und das Zero-Sum Mindset dort überwinden, wo es den Fortschritt behindert.

Der Autor

Rainer Zitelmann wurde 1957 in Frankfurt am Main geboren. Er studierte von 1978 bis 1983 in Darmstadt Geschichte und Politikwissenschaft und schloss sein Studium mit Auszeichnung ab. 1986 promovierte er bei Prof. Dr. Dr. h. c. K. O. Frhr. von Aretin mit einer Arbeit über »Hitler. Selbstverständnis eines Revolutionärs« zum Dr. phil. Die Studie, die mit summa cum laude bewertet wurde, fand weltweit Beachtung und Anerkennung (historiker-zitelmann.de). Sie wurde auch in den USA, Spanien, Brasilien, Italien, Russland, Polen und Tschechien veröffentlicht.

Von 1987 bis 1992 arbeitete Zitelmann am Zentralinstitut für sozialwissenschaftliche Forschung der Freien Universität Berlin. Danach war er Cheflektor des Ullstein-Propyläen-Verlages, damals die drittgrößte Buchverlagsgruppe Deutschlands, und leitete bis zum Jahr 2000 verschiedene Ressorts der Tageszeitung *Die Welt*.

Im Jahr 2000 machte er sich selbstständig und gründete das PR-Unternehmen »Dr. ZitelmannPB.GmbH« (heute PB3C), das seitdem Marktführer für die Positionierungsberatung von Immobilienunternehmen in Deutschland ist. Im Jahr 2016 verkaufte er das Unternehmen.

2016 promovierte Zitelmann ein zweites Mal – diesmal in Soziologie zum Dr. rer. pol. – bei dem Reichtumsforscher Prof. Dr. Wolfgang Lauterbach an der Universität Potsdam. Diese zweite Dissertation erschien unter dem Titel »Psychologie der Superreichen« und wurde auch in den USA, China, Russland, Südkorea und Vietnam veröffentlicht.

Zitelmann hat bislang 32 Bücher geschrieben und herausgegeben, die weltweit in 35 Sprachen übersetzt wurden. Er ist ein gefragter Vortragsredner in Asien, den Vereinigten Staaten, Lateinamerika und Europa. In den vergangenen Jahren erschienen Artikel von oder über ihn in führenden Medien wie *Wall Street Journal, Financial Times, Newsweek, Forbes, Daily Telegraph, Times, Israel Hayom, Corriere della Sera, Frankfurter Allgemeine Zeitung, Der Spiegel, Neue Zürcher Zeitung* und zahlreichen Medien in Asien und Lateinamerika. Zudem veröffentlicht er regelmäßig wissenschaftliche Beiträge in der Fachzeitschrift *Economic Affairs*.

Zitelmann hat mehrere Filme coproduziert, so u. a. »Life Behind the Berlin Wall«; »Poland – From Socialism to Prosperity«; »Vietnam – Beating Poverty with Market Economy« und »What Sweden Got Right«.

Detaillierte Informationen über den Lebensweg von Rainer Zitelmann finden Sie auf rainer-zitelmann.de.

Anmerkungen

1 Burn-Murdoch, Are we destined for a zero-sum future?, FT 21.9.2023.

2 Burn-Murdoch, Welcome to the age of zero-sum politics, FT 18.12.2025.

3 Rieck, Spieltheorie, S. 112 f.

4 Gilder, S. 120.

5 Brecht, Alfabet.

6 Kranish, Fisher, Die Wahrheit über Trump, S. 412 f.

7 Zitelmann, Popular perceptions of the rich.

8 Chernow, Rockefeller, S. 161.

9 Fearon, Götz, The zero-sum mindset, S. 759, Anmerkung 3.

10 Fearon, Götz, Serapio-Garcia, Good, zero-sum mindset and its discontents, S. 43.

11 Meegan, Zero-sum bias, S. 1.

12 Meegan, Zero-sum bias, S. 1.

13 Vgl. Leung, Bond, Psychological aspects of social axioms. Understanding global belief systems.

14 Leung, Bond, S. 2.

15 Vgl. Leung, Bond, S. 2.

16 Rozycka-Tran u. a. (2015), S. 529. Aussage 4 ist aus meiner Sicht nicht ganz glücklich formuliert, denn jemand kann durchaus glauben, dass Interessen unterschiedlicher Menschen widersprüchlich sind, ohne dass er an das Nullsummenspiel glaubt. In der Tat erwies sich im Test, dass das Loading dieses Faktors mit 0.215 sehr viel niedriger lag als das von allen anderen.

17 Rozycka-Tran u. a. (2015), S. 529.

18 Rozycka-Tran u. a. (2015), S. 525.

19 Rozycka-Tran u. a. (2015), S. 538.

20 Rozycka-Tran u. a. (2015), S. 539.

21 Rozycka-Tran u. a. (2015), S. 531.

22 Fearon, Götz, The zero-sum mindset, S. 769.
23 Fearon, Götz, The zero-sum mindset, S. 760.
24 Fearon, Götz, The zero-sum mindset, S. 768.
25 Fearon, Götz, The zero-sum mindset, S. 775.
26 Fearon, Götz, The zero-sum mindset, S. 766, 768.
27 Fearon, Götz, The zero-sum mindset, S. 766.
28 Fearon, Götz, The zero-sum mindset, S. 766.
29 Fearon, Götz, The zero-sum mindset, S. 760. Hervorhebung im Original
30 Fearon, Götz, The zero-sum mindset, S. 777.
31 Fearon, Götz, The zero-sum mindset, S. 780.
32 Fearon, Götz, Serapio-Garcia, Good, S. 6f.
33 Fearon, Götz, Serapio-Garcia, Good, S. 12.
34 Davidai, Ongis, The politics of zero-sum thinking, S. 1.
35 Davidai, Ongis, The politics of zero-sum thinking, S. 2.
36 Davidai, Ongis, The politics of zero-sum thinking, S. 4.
37 Chinoy et al. (2025), Zero-sum thinking and the roots of US political differences.
38 Chinoy et al. (2025), Zero-sum thinking and the roots of US political differences, S. 9.
39 Chinoy et al. (2025), Zero-sum thinking and the roots of US political differences, S. 0.
40 Chinoy et al. (2025), Zero-sum thinking and the roots of US political differences, S. 19.
41 Chinoy et al. (2025), Zero-sum thinking and the roots of US political differences, S. 25.
42 Chinoy et al. (2025), Zero-sum thinking and the roots of US political differences, S. 11.
43 Chinoy et al. (2025), Zero-sum thinking and the roots of US political differences, S. 11.
44 Davidai, Ongis, The politics of zero-sum thinking, S. 7.
45 Chinoy et al. (2025), Zero-sum thinking and the roots of US political differences, S. 5.
46 Meegan, S. 12.
47 Rubin, S. 157f.
48 Rubin, S. 157f.
49 Rubin, S. 162.

50 Davidai, Tepper, The psychology of zero-sum beliefs, S. 475.

51 Brecht, Alfabet.

52 Sachweh, S. 151.

53 Zitelmann, Perceptions of the rich in 13 countries. Siehe auch Zitelmann, Die Gesellschaft und ihre Reichen, S. 157–192.

54 Vgl. Pinker, S. 118, Rosling, S. 69.

55 World Bank Group, Pathways out of polycrisis, poverty, prosperity, and planet report, Washington 2024, Annex 1D, Regional and global poverty estimates, 1990–2024, $2,15 a day, S. 94.

56 World Bank Group, Pathways out of polycrisis, poverty, prosperity, and planet report, Washington 2024, Annex 1D, Regional and global poverty estimates, 1990–2024, $2,15 a day, S. 94.

57 Hassell, Rohenkohl, Arriagada, $3 a day: A new poverty line has shifted the world bank's data on extreme poverty. What changed and why?

58 Joe Hassell, Berta Rohenkohl, Pablo Arriagada, $3 a day: A new poverty line has shifted the world bank's data on extreme poverty. What changed and why?

59 https://en.wikipedia.org/wiki/The_World%27s_Billionaires

60 https://en.wikipedia.org/wiki/The_World%27s_Billionaires

61 Vgl. Zitelmann, Kapitalismus ist nicht das Problem, Kapitel 1.

62 https://en.wikipedia.org/wiki/Poverty_in_China?utm_

63 https://de.wikipedia.org/wiki/Liste_der_L%C3%A4nder_nach_Anzahl_an_Milliard%C3%A4ren

64 Knight Frank, Wealth Report 2025, S. 15.

65 Oxfam Report 2025.

66 World Bank Group, September 2025, https://blogs.worldbank.org/en/opendata/september-2025-global-poverty-update-from-the-world-bank--new-da

67 World Bank Group, September 2025, https://blogs.worldbank.org/en/opendata/september-2025-global-poverty-update-from-the-world-bank--new-da

68 Davidai, Ongis, The politics of zero-sum thinking, S. 7.

69 Mises, Menschliches Handeln, Bd. III, Kapitel 32, S. 749.

70 Weitmann, Madoff, S. 110.

71 Vgl. Aslund, Russia's crony capitalism.

72 Zitiert nach Brandes, S. 19.

73 Zitiert nach Brandes, S. 20.

74 Walton, S. 38 f.

75 Walton, S. 59.

76 https://corporate.walmart.com/about/location-facts?utm_

77 Kirzner, S. 39.

78 Juso-Chef Türmer will »keine Milliardäre mehr in Deutschland haben«, in Focus.de vom 23.10.2024.

79 https://en.wikipedia.org/wiki/List_of_countries_by_number_of_billionaires

80 Siehe zu Reagan auch: Zitelmann, Kapitalismus ist nicht das Problem, Kapitel 4.

81 Vgl. Niskanen, Moore.

82 Siehe zu Thatcher auch Zitelmann, Kapitalismus ist nicht das Problem, Kapitel 4.

83 Ausführlicher zu Methoden und Ergebnissen: Zitelmann, Die Gesellschaft und ihre Reichen, S. 168 f.

84 Sonntagsblatt, Unternehmer und Manager morden im Tatort am häufigsten, 6. März 2024.

85 Baron, Bhattacharjee, Dana, Anti-profi-beliefs

86 Baron, Bhattacharjee, Dana, Anti-profi-beliefs, S. 671. Hervorhebung im Original.

87 Baron, Bhattacharjee, Dana, Anti-profit-beliefs, S. 675.

88 Baron, Bhattacharjee, Dana, Anti-profit-beliefs, S. 675.

89 Baron, Bhattacharjee, Dana, Anti-profit-beliefs, S. 675.

90 Baron, Bhattacharjee, Dana, Anti-profit-beliefs, S. 677.

91 Baron, Bhattacharjee, Dana, Anti-profit-beliefs, S. 678.

92 Baron, Bhattacharjee, Dana, Anti-profit-beliefs, S. 678.

93 Baron, Bhattacharjee, Dana, Anti-profit-beliefs, S. 681.

94 Simon, Am Gewinn ist noch keine Firma kaputtgegangen, S. 33–35.

95 Simon, Am Gewinn ist noch keine Firma kaputtgegangen, S. 9.

96 Simon, Am Gewinn ist noch keine Firma kaputtgegangen, S. 85.

97 Simon, Am Gewinn ist noch keine Firma kaputtgegangen, S. 107.

98 Simon, Am Gewinn ist noch keine Firma kaputtgegangen, S. 106.

99 Simon, Am Gewinn ist noch keine Firma kaputtgegangen, S. 106.

100 Zur Kritik an Monopolen vgl. Zitelmann, Die zehn Irrtümer der Antikapitalisten, Kapitel 6.

101 Smith, Wohlstand, S. 67.

102 McKenzie, Lee, S. 5.

103 McKenzie, Lee, S. xx.

104 McKenzie, Lee, S. 222.

105 Foust, Jeff, The Accidental Monopoly. How SpaceX became (just about) the only game in town, in Space News, Oktober 2023, S. 6–10.

106 Nordhaus, Schumpeterian Profits. Es geht nicht um den Anteil am buchhalterischen Unternehmensgewinn, sondern um den Anteil am gesellschaftlichen Mehrwert, den Innovation schafft. Unternehmer können also hohe Gewinne erzielen, obwohl der größte Nutzen ihrer Innovationen an die Gesellschaft weitergegeben wird.

107 Mises, Menschliches Handeln, Bd. 2 (Kapitel 15, 9), S. 305.

108 Böhm-Bawerk, Zum Abschluss des Marxschen Systems.

109 Kirzner, S. 39.

110 Kirzner, S. 39.

111 Huerto de Soto, S. 29.

112 Kirzner, S. 85.

113 Kirzner, S. 67.

114 PBS News, Trump sings praises of tariffs during conversation with Bloomberg News, 15. Oktober 2024.

115 Bloomberg, Trump says tariffs are the most ›beautiful word to me‹ in the dictionary, 21. Januar 2025.

116 D'Antonio, Die Wahrheit über Donald Trump, S. 364.

117 D'Antonio, Die Wahrheit über Donald Trump, S. 333 f.

118 Kranish, Fisher, Die Wahrheit über Trump, S. 412 f.

119 Zitiert nach D'Antonio, Die Wahrheit über Donald Trump, S. 279.

120 Zitiert nach D'Antonio, Die Wahrheit über Donald Trump, S. 279.

121 Grimm, Rico, Donald Trumps Angriff auf Deutschland, verständlich erklärt, Krautreporter, 10. Februar 2017.

122 Pinker, S. 154 f.

123 Watkins, Brook, Equal is unfair, S. 40.

124 Fajgelbaum, Khandelwal, Measuring the unequal gains from trade, S. 1164.

125 Johnson, Zhang, Keil (2018), Psychological underpinnings of zero-sum thinking.

126 Johnson, Zhang, Keil (2018), Psychological underpinnings of zero-sum thinking.

127 Johnson, Zhang, Keil (2018), Psychological underpinnings of zero-sum thinking, o. S.

128 Johnson, Zhang, Keil (2019), Consumers' beliefs about the effects of trade.

129 Johnson, Zhang, Keil (2019), Consumers' beliefs about the effects of trade, S. 31.

130 IGM-Forum 2012, zitiert nach Johnson, Zhang, Keil (2019), Consumers' beliefs about the effects of trade, S. 6.

131 Smith, Wohlstand, S. 452.

132 Smith, Wohlstand, S. 452 f.

133 Coggan, Trumps Angriff auf die Weltwirtschaft, S. 71.

134 Irwin, Does trade reform promote economic growth?, S. 152, Figure 3.

135 Irwin, Does trade reform promote economic growth?, S. 155.

136 Zu den folgenden Ausführungen vgl. mein Buch: Zitelmann, Der Aufstieg des Drachen und des weißen Adlers. Ich danke dem Rechtsanwalt Dr. Oliver Massmann (Hanoi), der maßgeblich bei der Aushandlung von Freihandelsabkommen beteiligt war, für wertvolle Hinweise.

137 Mania, Rieber, Tran, S. 225.

138 Mania, Rieber, Tran, S. 225.

139 Index of Economic Freedom 2025, Vietnam, S. 387.

140 Index of Economic Freedom 2025, USA, S. 377.

141 Index of Economic Freedom 2025, Germany, S. 153.

142 Chepeliev et al., Lowering trade barriers improves income distribution and economic resiliency, S. 35.

143 https://de.statista.com/statistik/daten/studie/1070438/umfrage/die-laender-asiens-mit-dem-niedrigsten-bruttoinlandsprodukt-bip-pro-kopf/

144 https://www.allesuebernepal.com/info/wirtschaft/

145 https://www.bmz.de/de/laender/nepal

146 Index of Economic Freedom 2025, Nepal, S. 261.

147 Index of Economic Freedom 2025, S. 3.

148 macrotrends.net/global-metrics/countries/npl/nepal/trade-gdp-ratio?utm_

149 Chepeliev et. al., Lowering trade barriers improves income distribution and economic resiliency, S. 43.

150 Coggan, S. 81.

151 Kooths, Außenbeitrag, in Schäffler, Freihandel, S. 57.

152 Vgl. Coggan, S. 83.

153 Coggan, S. 88.

154 Coggan, S. 88 f.

155 Trump, My tariffs have brought America back, WSJ, 30.01.2026.

156 Reynolds, Trump's eighteen trillion dollar hoax.

157 Zitiert nach Coggan, S. 69.

158 Zum Folgenden vgl. Congressional Budget Office, Februar 2026, The Budget and Economic Outlook: 2026 to 2036.

159 Furceri et al., Are tariffs bad for growth?, S. 851.

160 Trantidis, Cowen, Hayek versus Trump, S. 17.

161 Mark Skousen, Interview mit dem Verfasser, 30.11.2025.

162 https://qz.com/vietnam-u-s-donald-trump-golf-course-resort-tariffs-1851781076?utm_

163 Fandl, S. 356.

164 Fandl, S. 366.

165 Teichert, Autarkie und Großraumwirtschaft, S. 1.

166 Fried, Autarkie, S. 41.

167 Fried, Autarkie, S. 9.

168 Hitler-Rede vom 10.10.1928, zitiert nach Zitelmann, Hitler, S. 371.

169 Hitlers Zweites Buch, S. 60 f.

170 Zitiert nach Zitelmann, Hitler, S. 374 f.

171 Grüne Jugend, zitiert nach König, von Dreden, German Angst, in Schäffler, Freihandel, S. 151.

172 Matthias Bauer, Die Natter an der eigenen Brust, S. 168.

173 https://www.afd.de/gauland-ttip-ist-von-anfang-an-falsch-angegangen-worden/?utm_

174 Institut für Weltwirtschaft Kiel, The EU-India trade deal.

175 World Bank, Poverty, prosperity, and planet report 2024, S. 94, Poverty line $2,15/day.

176 Vgl. Zitelmann, Kapitalismus, Kapitel 2.

177 Moyo, S. 87.

178 Moyo, S. 108.

179 Wade, zitiert nach Moyo, S. 204.

180 Easterly, Wir retten die Welt zu Tode, S. 151.

181 Moyo, S. 74.

182 Bremer, 50 Jahre Entwicklungshilfe, S. 7. Im Original sind mehrere Wörter kursiv.

183 Bremer, S. 75.

184 Posener, Alan, Interview mit Thilo Bode in der *Welt* vom 29.12.2025: »Diese Umwelt-NGOs kommen gar nicht mehr von der Droge Staatsgeld los.«

185 Bode, Resist!, S. 16.

186 Bode, Resist!, S. 17.

187 Bode, Resist!, S. 23.
188 Bode, Resist!, S. 24.
189 Bode, Resist!, S. 27.
190 Bode, Resist!, S. 29.
191 Bode, Resist!, S. 68.
192 Posener, Alan, Interview mit Thilo Bode in der *Welt* vom 29.12.2025: »Diese Umwelt-NGOs kommen gar nicht mehr von der Droge Staatsgeld los.«
193 Burnside, Dollar, Aid, policies, and growth.
194 Ovaska, The failure of development aid.
195 Ovaska, The failure of development aid, S. 186.
196 Ovaska, The failure of development aid, S. 187.
197 Easterly, Can foreign aid buy growth?
198 Easterly, Can foreign aid buy growth?, S. 27.
199 Easterly, Can foreign aid buy growth?, S. 30.
200 Easterly, Can foreign aid buy growth?, S. 38.
201 Easterly, Was development assistance a mistake?, S. 329.
202 Easterly, Was development assistance a mistake?, S. 329.
203 Easterly, Was development assistance a mistake?, S. 330.
204 Easterly, Was development assistance a mistake?, S. 331.
205 Easterly, Wir retten die Welt zu Tode, S. 69.
206 Easterly, Wir retten die Welt zu Tode, S. 100.
207 Easterly, Wir retten die Welt zu Tode, S. 106 f.
208 Coase, Wang, S. 49.
209 Hoang, S. 23.
210 Vu Le Thao Chi, Agent orange, S. 25.
211 Tran, Rethinking Asian capitalism, S. 7.
212 Tran, Rethinking Asian capitalism, S. 8.
213 Index of economic freedom 2025, S. 20.
214 Paldam, S. 457.
215 Dreher, Langlotz, S. 20.
216 Dreher, Langlotz, S. 20.
217 Djankov, Montalvo, S. 1.
218 Bode, Resist!, S. 26.

219 https://www.focus.de/finanzen/kuerzungen-bei-entwicklungshilfe-frau-schulze-muss-sparen-aber-fuer-radwege-in-peru-ist-weiter-steuergeld-da_id_259738940.html

220 https://www.focus.de/finanzen/steuern/umstrittene-entwicklungshilfe-gracias-sagt-der-peruaner-auf-dem-radweg-den-deutschland-finanziert_id_259748556.html

221 Zur Kritik der These, Kapitalismus beruhe auf Sklaverei, vgl. Olmstead, Rhode, Cotton, slavery, and the new history of capitalism.

222 Herrmann, Kapitalismus, S. 73–75.

223 Herrmann, Kapitalismus, S. 79.

224 Vgl. Niemietz, Imperial measurement: A cost-benefit analysis of western colonialism.

225 Norberg, S. 148. Letzter Satz im Original hervorgehoben.

226 Reuters, Rich Nations say they're spending billions.

227 Bojanowski, Das Geheimnis hinter Deutschlands Rekordzahlungen.

228 Bojanowski, Das Geheimnis hinter Deutschlands Rekordzahlungen.

229 Index of Economic Freedom 2025, S. 22.

230 Zhang, Unternehmer sind nicht das Problem, S. 87.

231 Schoeck, S. 40.

232 Schoeck, S. 194.

233 Schoeck, S. 50.

234 Granada, zitiert nach Fernández de la Mora, S. 58.

235 Granada, zitiert nach Fernández de la Mora, S. 59.

236 Nieremberg, zitiert nach Fernández de la Mora, S. 65.

237 Scheler, zitiert nach Schoeck, S. 31.

238 Schoeck, S. 31.

239 Kant, Metaphysik der Sitten, S. 316.

240 Haubl, Neidisch sind immer nur die anderen, S. 10.

241 Haubl, Neidisch sind immer nur die anderen, S. 19.

242 Neuhäuser, Reichtum als moralisches Problem, S. 249.

243 Neuhäuser, Reichtum als moralisches Problem, S. 32.

244 Neuhäuser, Reichtum als moralisches Problem, S. 145.

245 Neuhäuser, Reichtum als moralisches Problem, S. 146.

246 Neuhäuser, Reichtum als moralisches Problem, S. 146.

247 Neuhäuser, Reichtum als moralisches Problem, S. 226.

248 Neuhäuser, Reichtum als moralisches Problem, S. 241.

249 Neuhäuser, Wie reich darf man sein?, S. 62.
250 Neuhäuser, Wie reich darf man sein?, S. 64.
251 Neuhäuser, Wie reich darf man sein?, S. 66.
252 Neuhäuser, Wie reich darf man sein?, S. 71.
253 Neuhäuser, Wie reich darf man sein?, S. 71.
254 Schoeck, S. 14.
255 Schoeck, S. 20.
256 Schoeck, S. 11 f.
257 D'Arms, Kerr, S. 46.
258 D'Arms, Kerr, S. 55.
259 D'Arms, Kerr, S. 47.
260 D'Arms, Kerr, S. 48.
261 Harris, Salovey, S. 336.
262 Fernández de la Mora, S. 116.
263 Fernández de la Mora, S. 117.
264 Foster, S. 166.
265 Foster, S. 184. Hervorhebung im Original.
266 Harry Stack Sullivan, zitiert nach Foster, S. 184.
267 Focke, Pioch, Schulze, Neid: Zwischen Sehnsucht und Zerstörung, S. 11.
268 Haubl, Neidisch sind immer nur die anderen, S. 117.
269 Näher zur Methode, Zitelmann, Die Gesellschaft und ihre Reichen, S. 168 f.
270 Mwakikagile, S. 84.
271 Mwakikagile, S. 84.
272 Mwakikagile, S. 69.
273 Mwakikagile, S. 84.
274 Allensbacher Archiv, IfD-Umfrage 11085.
275 Zizzo, Oswald, Are people willing to pay to reduce others' incomes, 2. Juli 2001.
276 Zizzo, Oswald, Are people willing to pay to reduce others' incomes, 2. Juli 2001, S. 23.
277 Wobker, The price of envy, S. 328 f.
278 Smith, Combs, Thielke, Envy and the challenges to good health, in: Smith, Envy.
279 Mujcic, Oswald, Is envy harmful to a society's psychological health and wellbeing? S. 108.

280 Liping Ma, Xiaojun Li, Yanhui Xiang, More envy, more loneliness? S. 166.

281 Yanhui Xiang, Xia Dong, Juaxu Zhao, Effects of envy on depression, S. 552 f.

282 Anderegg, Nerds, S. 2. Im Original hervorgehoben.

283 Anderegg, Nerds, S. 2.

284 Anderegg, Nerds, S. 4.

285 Insa-Umfrage in Deutschland vom 2. bis 5. Januar 2026, beauftragt vom Autor.

286 Insa-Umfrage in den USA vom 5. bis 14. Januar 2026, beauftragt vom Autor.

287 Fiske, Envy up, scorn down, S. 133.

288 Sachweh, S. 48.

289 Sachweh, S. 182 f.

290 Gorman, Gross class perceptions, S. 107 f.

291 Gorman, Gross class perceptions, S. 104. Hervorhebung im Original.

292 Gorman, Gross class perceptions, S. 104.

293 Allensbacher Archiv, IfD-Umfrage 11085, Umfrage 26.04.–08.05.2018.

294 Ipsos MORI J18-031911-01-02, Umfrage 01.06.2018.

295 Ipsos MORI, 22-087515-44m, Umfrage 04.–07.11.2022.

296 Vgl. Benz, Kapitel 2: »Das Bild vom mächtigen und reichen Juden«.

297 Twain, Concerning the Jews (1899), https://sourcebooks.fordham.edu/mod/1898twain-jews.asp

298 Vgl. auch Sam Woolfe, Mark Twain on the root cause of antisemitism.

299 Collange, Fiske, Sanitioso, S. 139.

300 Fiske u. a. (2002), S. 899.

301 Glick, Victims of success, S. 11.

302 Hitler, Rede vom 13. August 1920, zitiert nach Zitelmann, Hitler, S. 346. (Mit »Coupon abschneiden« ist gemeint, Zinszahlungen von Staats- und Unternehmensanleihen zu vereinnahmen. Damals war dafür die Vorlage eines Papier-Coupons, der von der Anleiheurkunde abgeschnitten wurde, bei einer Bank erforderlich.)

303 Dion, Berscheid, Walster, What is beautiful is good.

304 Dion, Berscheid, Walster, S. 289.

305 Eagly, Ashmore, Makhijani, Longo, What is beautiful is good, but …

306 Eagly, Ashmore, Makhijani, Longo, What is beautiful is good, but, …, S. 121.

307 Eagly, Ashmore, Makhijani, Longo, What is beautiful is good, but, …, S. 121.

308 Eagly, Ashmore, Makhijani, Longo, What is beautiful is good, but, …, S. 122.

309 Sheppard, Johnson, The femme fatale effect.
310 Sacco, Hugenberg, Kiel, Facial attractiveness and helping behavior beliefs.
311 Sacco, Hugenberg, Kiel, Facial attractiveness and helping behavior beliefs, S. 1.
312 Sacco, Hugenberg, Kiel, Facial attractiveness and helping behavior beliefs, S. 2.
313 Sacco, Hugenberg, Kiel, Facial attractiveness and helping behavior beliefs, S. 6.
314 Sacco, Hugenberg, Kiel, Facial attractiveness and helping behavior beliefs, S. 10.
315 Dermer, Thiel, When beauty may fail, S. 1169.
316 Dermer, Thiel, S. 1169.
317 Dermer, Thiel, S. 1169.
318 Dermer, Thiel, S. 1173.
319 Dermer, Thiel, S. 1173.
320 Dermer, Thiel, S. 1174.
321 Wojciszke, Bazinska, Jaworski, S. 1251.
322 Renz, Schönheit, S. 310.
323 Renz, Schönheit, S. 311.
324 Heilman, Saruwatari, When beauty is beastly, S. 369 f.
325 Agthe, Spörrle, Maner, Does being attractive always help?, S. 1050.
326 Agthe, Spörrle, Maner, Does being attractive always help?, S. 1050.
327 Agthe, Spörrle, Maner, Does being attractive always help?, S. 1050.
328 Morgan, Locke, Arnocky, Envy mediates the relationship between physical appearance comparison and women's intrasexual gossip, o. S.
329 Vaillancourt, Do human females use indirect aggression, S. 2.
330 Leenaars, Dane, Marini, Evolutionary perspective on indirect victimization, S. 410.
331 Thomas, Dumb blondes.
332 Zagorsky, Are blondes really dumb?
333 Gueguen, Hair color and courtship.
334 Persson, Big, bad & stupid.
335 Persson, Big, bad & stupid, S. 67.
336 Persson, Big, bad & stupid, S. 67.
337 Persson, Big, bad & stupid, S. 68.
338 Zitiert nach Persson, Big, bad & stupid, S. 10.

339 Zitiert nach Persson, Big, bad & stupid, S. 10.
340 Persson, Big, bad & stupid, S. 68.
341 McElvaney, Osman, Mareschal, Perceiving threat in others: The role of body morphology.
342 Garis, Discrimination against intellectuals (sages), o. S.
343 Garis, Discrimination against intellectuals (sages), o. S.
344 Unveröffentlichte Studie.
345 Cross, Coleman, Stewart, The social cognition of gifted adolescents, S. 38.
346 Cross, Coleman, Stewart, The social cognition of gifted adolescents, S. 39.
347 Cross, Nerds and geeks, S. 26.
348 Pendrod, Anti-Intellectualism: Why we hate smart kids.
349 Ely, Understanding the stereotypes against gifted students, o. S.
350 Rost, S. 228–230.
351 Rost, S. 199.
352 Bonetti et al., Decoding the elite soccer player's psychological profile, S. 1.
353 Lin, Kwan, Cheung, Fiske, Stereotype Content Model explains prejudice for an envied outgroup, S. 37.
354 Kite, Whitley, S. 118.
355 Kite, Whitley, S. 119.
356 Vgl. Jussim, Abschnitt VI.
357 Jussim, S. 320.
358 Pfiff et al., Higher social class predicts increased unethical behavior.
359 Jung et al., Social status and unethical behavior: two replications of the field studies in Piff et. al.
360 Korndörfer, Egloff, Schmukle, A large scale test of the effect of social class on prosocial behaviour, S. 1.
361 Korndörfer, Egloff, Schmukle, A large scale test of the effect of social class on prosocial behaviour, S. 4.
362 Korndörfer, Egloff, Schmukle, A large scale test of the effect of social class on prosocial behaviour, S. 5.
363 Rabuy, Kopf, Prisons of poverty. Uncovering the pre-incarceration incomes of the imprisoned.
364 Vgl. die Studie von Azeem.
365 Franca-Freitas, S. 292.
366 Feather, The fall of the tall poppy, S. 259–261.

367 Vgl. Imhoff, Bruder, Speaking (un-)truth to power. Conspiracy mentality as a generalised political attitude.

368 Marx, Kapital, Bd. 1, S. 74.

369 D'Antonio, Trump, S. 357.

370 Zitelmann, RTL überlässt Reichinnek die Bühne.

371 Niemietz, Wealth inequality is not a problem in Britain.

372 Zubrin, Case for space, S. 22 f.

373 Weinzierl, Rosseau, Space, S. 28 f.

374 Berger, Reentry, S. 106 f.

375 Vgl. Jones, The recent large reduction in space launch cost.

376 Poole, We are living Robert Heinlein's dream of space travel, S. 18.

377 Vgl. ausführlicher, Zitelmann, Weltraumkapitalismus.

378 Bergeron et al., Zero-sum environments, the evolution of effort-suppressing beliefs, and economic development.

379 Bergeron et al., Zero-sum environments, the evolution of effort-suppressing beliefs, and economic development, S. 34 f.

380 Bergeron et al., Zero-sum environments, the evolution of effort-suppressing beliefs, and economic development, S. 35.

381 Bergeron et al., Zero-sum environments, the evolution of effort-suppressing beliefs, and economic development, S. 36.

382 Bergeron et al., Zero-sum environments, the evolution of effort-suppressing beliefs, and economic development, S. 37.

383 Bergeron et al., Zero-sum environments, the evolution of effort-suppressing beliefs, and economic development, S. 40.

384 Fearon, Götz, The zero-sum mindset, S. 778.

385 Fearon, Götz, The zero-sum mindset, S. 785.

386 Zitiert nach Chernow, S. 58.

387 Zitiert nach Chernow, S. 58.

388 Zitiert nach Chernow, S. 161.

389 Chernow, S. 30.

390 Rozycka-Tran u. a. (2015), S. 529.

391 Leckelt et al., The rich are different: Unravelling the perceived and self-reported personality profiles of high-net-worth individuals.

392 Vgl. dazu Zitelmann, Die Gesellschaft und ihre Reichen, Kapitel 8.

393 Zitelmann, Ich will.

394 Charles, Ritz, S. 127.

395 Charles, Ritz, S. 292 f.

396 Charles, Ritz, S. 129.

397 Charles, Ritz, S. 299.

398 Charles, Ritz, S. 326.

399 Charles, Ritz, S. 81.

400 Rózycka-Tran, Boski und Wojciszke (2015), Belief in a zero-sum game, S. 539.

401 Zitelmann, Psychologie der Superreichen, S. 370 ff.

402 Allensbacher Archiv, IfD-Umfrage 11085 GEW, Befragung vom 26.04.–08.05.2018.

403 Allensbacher Archiv, IfD-Umfrage 11085 GEW, Befragung vom 26.04.–08.05.2018.

404 Zitelmann, Popular perceptions of the rich.

405 Brambilla u. a., The primacy of morality, S. 58.

406 Davidai, White, Gregorich, The fear of conflict leads people to systematically avoid potentially valuable zero-sum situations, o. S.

407 Davidai, White, Gregorich, The fear of conflict leads people to systematically avoid potentially valuable zero-sum situations, o. S.

408 Davidai, White, Gregorich, The fear of conflict leads people to systematically avoid potentially valuable zero-sum situations, o. S.

409 Davidai, White, Gregorich, The fear of conflict leads people to systematically avoid potentially valuable zero-sum situations, o. S.

410 Zitelmann, Psychologie der Superreichen, S. 119–125, sowie auch Leckelt u. a., The personality traits of self-made and inherited millionaires.

411 Zhang, Unternehmer sind nicht das Problem, S. 94.

412 Zhang, Unternehmer sind nicht das Problem, S. 121.

413 Berechnungen des Ökonomen J. Bradford Delong von der University of California, Berkeley, zitiert in Zhang, Logic of the Market, S. 24 f.

414 Zhang, Unternehmer sind nicht das Problem, S. 182.

415 Zhang, Unternehmer sind nicht das Problem, S. 348.

Literatur

Anderegg, David: Nerds. Who they are and why we need more of them, Penguin Group, New York 2007.

Agthe, M., Spörrle, M., Maner, J. K.: Does being attractive always help? Positive and negative effects of attractiveness on social decision making, in: Pers Soc Psychol Bull, August 2011, 37(8), S. 1042–1054. https://pubmed.ncbi.nlm.nih.gov/21636731/

Aslund, Anders: Russia's crony capitalism. The path from market economy to kleptocracy, Yale University Press, New Haven und London 2019.

Azeem, Kaukab: Academic achievements and socio-economic status of the bodybuilder's – a study, in: Indian Journal of Natural Sciences, Vol. 6, Issue 33, Dezember 2013. https://www.researchgate.net/publication/349730970_A_Comparative_Study_of_Body_Builder's_Physical_Status_in_Rural_and_Urban_Areas_of_Andhara_Pradesh_India

Bauer, Matthias: Die Natter an der eigenen Brust. Wie sich Freihandelsgegner finanzieren, in: Schäffler, F., Schneider, C., Hartjen, F. A., Urbansky, B.: Freihandel für eine gerechtere Welt. Mehr als TTIP, Fracking und Chlorhühnchen – ein Plädoyer für eine gemeinsame Welt, Edition Prometheus, FinanzBuch Verlag, München 2018, S. 161–171.

Benz, Wolfgang: Bilder vom Juden. Studien zum alltäglichen Antisemitismus, Verlag C. H. Beck, München 2001.

Berger, Eric: Reentry. SpaceX, Elon Musk and the reusable rockets that launched a second space age, BenBella Books, Dallas, TX 2024.

Bergeron, A., Carvalho, J.-P., Henrich, J., Nunn, N., Weigel, J. L.: Zero-sum environments, the evolution of effort-suppressing beliefs, and economic development, in: NBER Working Paper Series, Working Paper 31663, August 2025. https://www.nber.org/papers/w31663

Bhattacharjee, A., Baron, J., Dana, J.: Anti-profit beliefs. How people neglect the societal benefits of profit, in: Journal of Personality and Social Psychology, 2017, Vol. 113, No. 5, S. 671–696. https://sites.insead.edu/facultyresearch/research/file.cfm?fid=64751

Bloomberg: Trump says tariffs are the most »beautiful words to me« in the dictionary, 21. Januar 2025. https://www.bloomberg.com/news/videos/2025-01-21/trump-says-tariffs-are-most-beautiful-word-in-dictionary-video?utm_

Bode, Thilo: Resist! Aufruf zum Widerstand. Erinnerungen eines politischen Aktivisten, Deutsche Verlags-Anstalt, München 2025.

Böhm-Bawerk, Eugen von: Zum Abschluss des Marxschen Systems, in: Staatswissenschaftliche Arbeiten. Festgaben für Karl Knies, herausgegeben von Otto von Boenigk, Berlin 1896, S. 87–205.

Bojanowski, Axel: Das Geheimnis hinter Deutschlands Rekord-Zahlungen, in: Die Welt, 8. Oktober 2025. https://www.welt.de/wissenschaft/plus68dbeaa9e12da109b804f4f6/Deutschland-ist-Weltspitze-bei-Klima-Hilfen-fuer-arme-Laender-11-8-Milliarden-Euro-Rekordzahlung.html

Bonetti, L., Vestberg, T., Jafari, R., Seghezzi, D., Ingvar, M., Kringelbach, M. L., Filgueiras, A., Petrovic, P.: Decoding the elite soccer player's psychological profile, in: PNAS, Vol. 122 (2025), No. 3, 14. Januar 2025. https://www.pnas.org/doi/10.1073/pnas.2415126122

Brambilla, M., Sacchi, S., Rusconi, P., Goodwin, G.: The primacy of morality in impression development. Theory, research, and future directions, in: Advances in Experimental Social Psychology, 2021. https://www.mbrambilla.com/wp-content/uploads/2021/05/Brambilla-et-al-2021-Advances.pdf

Brandes, Dieter: Konsequent einfach. Die Aldi-Erfolgsstory, Wilhelm Heyne Verlag, München 1999.

Brecht, Bertolt: Alfabet (1934), in: Gesammelte Werke, Bd. 9, Gedichte 2 (1933–1941), Edition Suhrkamp, Frankfurt am Main 1967.

Bremer, Frank: 50 Jahre Entwicklungshilfe – 50 Jahre Strohfeuer, R.G. Fischer Verlag, Frankfurt am Main 2021.

Burn-Murdoch, John: Are we destined for a zero-sum future?, in: Financial Times, 22. September 2023. https://www.ft.com/content/980cbbe2-0f5d-4330-872d-c7a9d6a97bf6

Burn-Murdoch, John: Welcome to the age of zero-sum politics, in: Financial Times, 19. Dezember 2025. https://www.ft.com/content/30a49ab7-285b-4641-89f8-7375fc560ab9

Burnside, C., Dollar, D.: Aid, policies, and growth, in: American Economic Review, Vol. 90, No. 4, 4. September 2000, S. 847–868. https://www.aeaweb.org/articles?id=10.1257/aer.90.4.847

Charles, R., Ritz, D., Ray: Die Autobiografie, Aktualisierte Auflage, Wilhelm Heyne Verlag, München 2005.

Chepeliev, M., Maliszewska, M., Osorio-Rodarte, I., Sera e Pereira, M. F., van der Mensbrugghe, D.: Lowering trade barriers improves income distribution and economic resiliency, Journal of Policy Modelling 47, September 2024, S. 30–48. https://www.researchgate.net/publication/384439149_Lowering_trade_barriers_improves_income_distribution_and_economic_resiliency

Chernow, R.: John D. Rockefeller. Die Karriere des Wirtschafts-Titanen, Börsenverlag, Rosenheim 2000.

Chi, Vu Le Thao: Agent orange and rural development in post-war Vietnam, Routledge, New York 2020.

Chinoy, S., Nunn, N., Sequeira, S., Stantcheva, S.: Zero-sum thinking and the roots of US political differences, American Economic Review, 7. August 2025. https://www.aeaweb.org/articles?id=10.1257/aer.20240692&&from=f

Coase, R., Wang, N.: How China became capitalist, Palgrave Macmillan, New York 2012.

Coggan, Philip: Trumps Angriff auf die Weltwirtschaft. Wie Amerikas Zollpolitik einen globalen Handelskrieg entfacht und unseren Wohlstand gefährdet, FinanzBuch Verlag, München 2025.

Collange, J., Fiske, S. T., Sanitioso, R.: Maintaining a positive self-image by stereotyping others: Self-threat and the Stereotype Content Model, in: Social Cognition, Vol. 27, No. 1, Februar 2009, S. 138–149.

Congressional Budget Office, Februar 2026, The budget and economic outlook: 2026 to 2036. https://www.cbo.gov/publication/62105?utm_

Cross, T. L., Coleman, L. J., Stewart, Roger A.: The social cognition of gifted adolescents: An exploration of the stigma of giftedness paradigm, in: Roeper Review, Vol. 16, Issue 1, 1993. https://www.tandfonlinc.com/doi/abs/10.1080/02783199309553532

Cross, Tracy L.: Nerds and geeks: society's evolving stereotypes of our students with gifts and talents, in: Gifted Child Today, 28 (4), S. 26–27, Oktober 2005. https://www.researchgate.net/publication/285151518_Nerds_and_Geeks_Society's_Evolving_Stereotypes_of_Our_Students_with_Gifts_and_Talents

D'Antonio, Michael: Die Wahrheit über Donald Trump, Econ Verlag, Berlin, 5. Auflage 2017.

D'Arms, J., Kerr, A. D.: Envy in the philosophical tradition, in: Smith, Richard H. (Hrsg.), Envy: Theory and research, Oxford University Press, Oxford, New York Oktober 2008, S. 39–59.

Dahlmanns, Karsten: Vom besonderen Unglück tüchtigerer Minderheiten. Eine Reaktualisierung des Werks von Helmut Schoeck, Leipziger Universitätsverlag, Leipzig 2023.

Davidai, S., Ongis, M.: The politics of zero-sum thinking: The relationship between political ideology and the belief that life is a zero-sum game, Science Advances, Vol. 5, Issue 12, 18. Dezember 2019. https://www.science.org/doi/10.1126/sciadv.aay3761

Davidai, S., White, M. W., Gregorich, G.: The fear of conflict leads people to systematically avoid potentially valuable zero-sum situations, Scientific Reports 12, 17944, 26. Oktober 2022. https://doi.org/10.1038/s41598-022-22849-y

Davidai, S., Tepper, S. J.: The psychology of zero-sum beliefs, in: Nature Reviews Psychology, Vol. 2, August 2023, S. 472–482. https://gwern.net/doc/economics/2023-davidai-2.pdf

Dermer, M. L., Thiel, D. L.: When beauty may fail, in: Journal of Personality and Social Psychology, 31(6), Juni 1975, S. 1168–1176. https://www.researchgate.net/publication/23260

Dion, K., Berscheid, E., Walster, E.: What is beautiful is good, in: Journal of Personality and Social Psychology, Vol. 24, No. 3, 1972, S. 285–290.

Djankov, S., Montalvo, J. G., Reynal-Querol, M.: The curse of aid, The World Bank Group, 2005. https://openknowledge.worldbank.org/handle/10986/5663

Dreher, A., Langlotz, S.: Aid and growth. New evidence using an excludable instrument, Juni 2017. https://www.uni-heidelberg.de/md/awi/forschung/deseminar/dreher_and_langlotz_2017.pdf

Eagly, A. H., Ashmore, R. D., Makhijani, M. G., Longo, L. C.: What is beautiful is good, but… A meta-analytic review of research on the physical attractiveness stereotype, in: Psychological Bulletin, Vol. 110, No. 1, 1991, S. 109–128.

Easterly, William: Can foreign aid buy growth?, in: The Journal of Economic Perspectives, Vol. 17, No. 3, Sommer 2003, S. 23–48. https://www.aeaweb.org/articles?id=10.1257/089533003769204344

Easterly, William: Was development assistance a mistake?, in: The American Economic Review, Vol. 97, No. 2, Mai 2007, S. 328–332. https://www.aeaweb.org/articles?id=10.1257/aer.97.2.328

Easterly, William: Wir retten die Welt zu Tode. Für ein professionelleres Management im Kampf gegen die Armut, Campus Verlag, Frankfurt am Main / New York 2006.

Ely, Kimberly: Understanding the stereotypes against gifted students: A look at the social and emotional struggles of stereotyped students, in: Academic Leadership: The Online Journal, Vol. 8, Issue 3, Article 56, Sommer 2010. https://www.researchgate.net/publication/368272399_Understanding_the_Stereotypes_Against_Gifted_Students_A_look_at_the_social_and_emotional_struggles_of_stereotyped_students

Fajgelbaum, P. D., Khandelwal, A. K.: Measuring the unequal gains from trade, in: The Quarterly Journal of Economics, 14. März 2016, S. 1113–1180. https://academic.oup.com/qje/article-abstract/131/3/1113/2461162?redirectedFrom=fulltext

Fandl, Kevin J.: National security tariffs: A threat to effective trade policy, 23 U. Pa. J. Bus. L. 340, 2021. https://scholarship.law.upenn.edu/jbl/vol23/iss2/1

Fearon, P. A., Götz, F. M.: The zero-sum mindset, in: Journal of Personality and Social Psychology, 27(4), Oktober 2024, S. 758–795. https://www.researchgate.net/publication/386022536_The_zero-sum_mindset

Fearon, P. A., Götz, F. M., Serapio-Garcia, G., Good, D.: Zero-sum mindset and its discontents, University of Oxford, Working Paper Series SM-WP-2021-001, Februar 2021. https://www.bsg.ox.ac.uk/sites/default/files/2021-02/SM-WP-2021-001%20Zero-sum%20mindset%20and%20its%20discontents.pdf

Feather, N. T.: Attitudes towards the high achiever: The fall of the tall poppy, in: Australian Journal of Psychology, Vol. 41, No. 3, 1989, S. 239–267.

Fernández de la Mora, Gonzola: Der gleichmacherische Neid, Matthes & Seitz, München 1987.

Fiske, S. T., Cuddy, A. J., Glick, P., Xu, J.: A model of (often mixed) stereotype content: competence and warmth respectively follow from perceived status and competition, in: Journal of Personality and Social Psychology 82, No. 6, 2002, S. 878–902.

Fiske, S. T.: Envy up, scorn down. How status divides us, New York: Russell Sage Foundation 2011.

Focke, I., Pioch, E., Schulze, S. (Hrsg.): Neid. Zwischen Sehnsucht und Zerstörung, Klett-Cotta, Stuttgart 2017.

Focus-Redaktion: Juso-Chef Türmer will »keine Milliardäre mehr in Deutschland haben«, in: Focus.de, 23. Oktober 2024. https://www.focus.de/finanzen/news/drastische-forderung-juso-chef-tuermer-will-keine-milliardaere-mehr-in-deutschland-haben_id_260419731.html

Foster, George M.: The anatomy of envy: A study in symbolic behavior, in: The University of Chicago Press Journals, Vol. 13, No. 2, April 1972, S. 165–202.

Foust, Jeff: The accidental monopoly. How SpaceX became (just about) the only game in town, in: SpaceNews, 13. Oktober 2023, S. 6–10. https://spacenews.com/the-accidental-monopoly/

Fried, Ferdinand: Autarkie, Verlag Diederichs, Jena 1932.

Furceri, D., Hannan, S., Ostry, J. D., Rose, A. K.: Are tariffs bad for growth? Yes, say five decades of data from 150 countries, in: Journal of Policy Modeling, Volume 42, Issue 4, Juli–August 2020, S. 850–859. https://www.sciencedirect.com/science/article/abs/pii/S0161893820300430

Garis, Hugo de: Sageism. Discrimination against intellectuals (sages). https://profhugodegaris.wordpress.com/wp-content/uploads/2011/12/sageism-discrimination-against-intellectuals.pdf

Gilder, George: Reichtum und Armut, Severin und Siedler, Berlin 1981.

Glick, Peter: Victims of Success: How envious anti-semitism forments genocidal intent and undermines moral outrage, November 2018. https://www.researchgate.net/publication/328703773_Victims_of_Success_How_Envious_Anti-Semitism_Foments_Genocidal_Intent_and_Undermines_Moral_Outrage

Gorman, Thomas J.: Cross-class perceptions of social class, in: Sociological Spectrum, 20, 2000, S. 93–120.

Grimm, Rico: Donald Trumps Angriff auf Deutschland, verständlich erklärt, Krautreporter, 10. Februar 2017. https://krautreporter.de/nachrichten-erklart/1754-donald-trumps-angriff-auf-deutschland-verstandlich-erklart?utm_#lesen

Gueguen, Nicolas: Hair color and courtship: Blond women received more courtship solicitations and redhead men received more refusals, in: Psychological Studies, 57 (4), Dezember 2012. https://www.researchgate.net/publication/257792204_Hair_Color_and_Courtship_Blond_Women_Received_More_Courtship_Solicitations_and_Redhead_Men_Received_More_Refusals

Harris, C. R., Salovey, P.: Reflections on envy, in: Smith, Richard H. (Hrsg.), Envy. Theory and research, Oxford University Press, Oxford, New York 2008, S. 335–356.

Hasell, J., Rohenkohl, B., Arriagada, P.: $3 a day: A new poverty line has shifted the World Bank's data on extreme poverty. What changed, and why?, in: Our world in data, August 2025. https://ourworldindata.org/new-international-poverty-line-3-dollars-per-day

Haubl, Rolf: Neidisch sind immer nur die anderen. Über die Unfähigkeit, zufrieden zu sein, C. H. Beck Verlag, München 2018.

Heilmann, M., Saruwatari, L. R.: When beauty is beastly: The effects of appearance and sex on evaluations of job applicants for managerial and nonmanagerial jobs, in: Organizational Behavior and Human Performance 23, 1979, S. 360–372.

Herrmann, Ulrike: Das Ende des Kapitalismus. Warum Wachstum und Klimaschutz nicht vereinbar sind – und wie wir in Zukunft leben werden, Kiepenheuer & Witsch, Köln 2022.

Hitler, Adolf: Hitlers Zweites Buch. Ein Dokument aus dem Jahr 1928. Eingeleitet und kommentiert von Gerhard L. Weinberg, Deutsche Verlags-Anstalt, Stuttgart 1961.

Hoang, Mai Anh: Understanding the causes of Vietnamese economic growth from 1986 to 2005, regiospectra Verlag, Berlin 2011.

Huerta de Soto, Jesús: Sozialismus, Wirtschaftsrechnung und unternehmerische Funktion, De Gruyter, Stuttgart 2013.

Imhoff, R., Bruder, M.: Speaking (un-)truth to power: Conspiracy mentality as a generalised political attitude, in: European Journal of Personality, Januar 2014. https://www.researchgate.net/publication/235974304_Speaking_Un-Truth_to_Power_Conspiracy_Mentality_as_A_Generalised_Political_Attitude

Irwin, Douglas: Does trade reform promote economic growth? A review of recent evidence, in: World Bank Research Observer, 2024, S. 147–184. https://openknowledge.worldbank.org/entities/publication/76247d05-de5b-4dd9-83cd-120bf2f9d078

Johnson, S., Zhang, J., Keil, F. C.: Psychological underpinnings of zero-sum thinking, 15. Februar 2018. https://papers.ssrn.com/sol3/papers.cfm?abstract_id=3117627

Johnson, S., Zhang, J., Keil, F. C.: Consumers' beliefs about the effects of trade, 22. April 2019. https://ssrn.com/abstract=3376248 oder http://dx.doi.org/10.2139/ssrn.3376248

Johnson, S., Zhang, J., Keil, Frank C.: Win–win denial: The psychological underpinnings of zero-sum thinking, in: Journal of experimental psychology: General, 151(2), 2022, S. 455–474. https://doi.org/10.1037/xge0001083

Jones, Harry W.: The recent large reduction in space launch cost, in: 48th International Conference on Environmental Systems, Albuquerque, New Mexico, 8. bis 12. Juli 2018. https://ntrs.nasa.gov/api/citations/20200001093/downloads/20200001093.pdf

Jung, M. H., Smeets, P., Stoop J., Vosgerau J.: Social status and unethical behavior: Two replications of the field studies in Piff et al. (2012), in: J Exp Psychol Gen., Mai 2023, 152(5), S. 1368–1378. https://pubmed.ncbi.nlm.nih.gov/36603114/

Jussim, Lee: Social perception and social reality: Why accuracy dominates bias and self-fulfilling prophecy. Oxford University Press, Oxford, New York, 2012.

Kant, Immanuel: Metaphysik der Sitten, Sämtliche Werke, herausgegeben von Karl Vorländer, 3. Band, 4. Auflage, Felix Meiner Verlag, Leipzig 1922.

Kiel Institut für Weltwirtschaft: The EU–India trade deal: Strategic diversification in an era of uncertainty, in: Kiel Policy Brief, 202, Januar 2026. https://www.kielinstitut.de/de/publikationen/the-eu-india-trade-dealstrategic-diversification-in-an-era-of-uncertainty-19444/

Kim, Anthony B. (The Heritage Foundation): 2025 Index of Economic Freedom, Washington, 2025. https://static.heritage.org/index/pdf/2025/2025_indexofeconomicfreedom_highlights.pdf

Kirzner, Israel M.: Competition and entrepreneurship, The University of Chicago Press, Chicago and London, 1973.

Kite, M. E., B. E. Whitley, Jr.: Psychology of prejudice and discrimination. Third Edition. New York, London, Routledge, 2013.

Knight Frank: Wealth report 2025. https://www.knightfrank.com/wealthreport

König, M., von Dreden, T.: German Angst oder Missverständnis? Die Deutschen und TTIP, in: Schäffler, F., Schneider, C., Hartjen, F. A., Urbansky, B.: Freihandel für eine gerechtere Welt. Mehr TTIP, Fracking und Chlorhühnchen – ein Plädoyer für eine gemeinsame Welt, Edition Prometheus, FinanzBuch Verlag, München 2018, S. 150–160.

Kooths, Stefan: Außenbeitrag – Wie ein Saldo die Wirtschaftspolitik verwirrt, in: Schäffler, F., Schneider, C., Hartjen, F. A., Urbansky, B.: Freihandel für eine gerechtere Welt. Mehr TTIP, Fracking und Chlorhühnchen – ein Plädoyer für eine gemeinsame Welt, Edition Prometheus, FinanzBuch Verlag, München 2018, S. 56–61.

Korndörfer, M., Egloff, B., Schmukle, S. C.: A large scale test of the effect of social class on prosocial behavior, in: PLoS ONE 10(7), 20. Juli 2015. https://journals.plos.org/plosone/article?id=10.1371/journal.pone.0133193

Kranish, M., Fisher, M.: Die Wahrheit über Trump. Biografie des 45. Präsidenten, Plassen Verlag, Kulmbach 2019.

Leckelt, M., Richter, D., Schröder, C., Küfner, A. C. P., Grabka, M. M., Back, M. D.: The rich are different: Unravelling the perceived and self-reported personality profiles of high-net-worth individuals, in: British Journal of Psychology, 22. November 2018. https://bpspsychub.onlinelibrary.wiley.com/doi/abs/10.1111/bjop.12360

Leckelt, M., König, J., Richter, D. et al.: The personality traits of self-made and inherited millionaires, in: Humanities & Social Sciences Communications 9, 94, 1. April 2022. https://www.nature.com/articles/s41599-022-01099-3

Leenaars L. S., Dane A. V., Marini Z. A.: Evolutionary perspective on indirect victimization in adolescence: the role of attractiveness, dating and sexual behavior. Aggressive Behavior, 34(4), in: APA PsycNet 2008, S. 404–415. doi: 10.1002/ab.20252. PMID: 18351598. https://psycnet.apa.org/record/2008-08259-006

Leung, K., Bond, M. H. (Hrsg.): Psychological aspects of social axioms. Understanding global belief systems, Springer Verlag, Heidelberg 2008.

Lin, M. H., Kwan V. S. Y., Cheung, A., Fiske, S. T.: Stereotype content model explains prejudice for an envied outgroup: Scale of Anti-Asian American stereotypes, in: PSPB, Vol. 31, No. 1, 2005, S. 34–47.

Liu, K. J., Stutzer, A.: The role of social mobility experience in zero-sum beliefs, IZA Institute of Labor Economics, Oktober 2024. https://www.iza.org/publications/dp/17407/the-role-of-social-mobility-experience-in-zero-sum-beliefs

Ma, L., Li, X, Xiang, Y.: More envy, more loneliness? Not only that: A longitudinal study and daily diary study, in: The Journal of General Psychology, 152 (2), 2025, S. 151–171. https://www.researchgate.net/publication/387757820_More_envy_more_loneliness_not_only_that_A_longitudinal_study_and_daily_diary_study

Mania, E., Rieber, A., Tran, T. A.-D.: Vietnam's WTO accession and the pathway to a global field: A critical perspective, in: Tran, Thi Anh-Dao, Rethinking Asian capitalism. The achievements and challenges of Vietnam under Doi Moi, Palgrave Macmillan, Cham 2022, S. 223–250.

Marx, Karl: Das Kapital. Kritik der politischen Ökonomie. Erster Band. Buch 1: Der Produktionsprozess des Kapitals, Marx-Engels-Werke, Band 23, Dietz Verlag, Berlin 1972.

Matsunaga, L. H., Aoki, T., Poortinga, W., Hayashi, Y.: The self-serving veil of justice: Egocentric bias fosters zero-sum thinking despite fair settings, in: Social Justice Research, 38, 16. Mai 2025, S. 141–166. https://link.springer.com/article/10.1007/s11211-025-00459-z

McElvaney, T. J., Osman M., Mareschal I.: Perceiving threat in others: The role of body morphology. PLoS One, 16(4), 8. April 2021. https://pmc.ncbi.nlm.nih.gov/articles/PMC8031394/?utm_

McKenzie, R. B., Lee, D. R.: In defense of monopoly. How market power fosters creative production, The University of Michigan Press, Michigan 2008.

Meegan, Daniel V.: Zero-sum bias: Perceived competition despite unlimited resources, in: Frontiers in Psychology, 5. November 2010. https://www.ncbi.nlm.nih.gov/pmc/articles/PMC3153800/

Mises, Ludwig von: Menschliches Handeln. Eine Grundlegung ökonomischer Theorie, 3 Bände, mises.at, 2019.

Morgan, R., Locke, A., Arnocky, S.: Envy mediates the relationship between physical appearance comparison and women's intrasexual gossip, in: Evolutionary Psychological Science, 27. September 2021 / Juni 2022. https://www.researchgate.net/publication/354870900_Envy_Mediates_the_Relationship_Between_Physical_Appearance_Comparison_and_Women's_Intrasexual_Gossip

Moyo, Dambisa: Dead Aid. Warum Entwicklungshilfe nicht funktioniert und was Afrika besser machen kann, Haffmans & Tolkemitt, Berlin 2012.

Mujcic R., Oswald A. J.: Is envy harmful to a society's psychological health and wellbeing? A longitudinal study of 18,000 adults, in: Soc Sci Med, Februar 2018, S. 103–111. https://pubmed.ncbi.nlm.nih.gov/29316510/

Mwakikagile, Godfrey: Obote to Museveni. Transformation in Uganda since independence, New Africa Press, Dar es Salaam, Tanzania 2023.

Neuhäuser, Christian: Reichtum als moralisches Problem, Suhrkamp Verlag, Berlin 2018.

Neuhäuser, Christian: Wie reich darf man sein? Über Gier, Neid und Gerechtigkeit, Reclam Verlag, Ditzingen 2019.

Niemietz, Kristian: Imperial measurement: A cost–benefit analysis of Western colonialism, Institute of Economic Affairs, London 2024.

Niskanen, W. A., Moore, S.: Supply-side tax cuts and the truth about the Reagan economic record, in: Cato Policy Analysis, 22. Oktober 1996. www.cato.org/sites/cato.org/files/pubs/pdf/pa261.pdf

Norberg, Johan: Das kapitalistische Manifest. Warum allein die globalisierte Marktwirtschaft den Wohlstand der Menschheit sichert, Eichborn Verlag, Frankfurt am Main 2003.

Nordhaus, William D.: Schumpeterian profits in the American economy theory and measurement, in: National Bureau of Economic Research, Working Paper 10433. https://www.nber.org/system/files/working_papers/w10433/w10433.pdf

Olmstead, A. L., Rhode, P. W.: Cotton, slavery, and the new history of capitalism, in: Explorations in Economic History Vol. 67, Januar 2018, S. 1–17. https://www.sciencedirect.com/science/article/abs/pii/S0014498317302292

Ovaska, Tomi: The failure of development aid, in: Cato Journal Vol. 23, No. 2, Washington D. C., Januar 2003, S. 175–188. https://www.researchgate.net/publication/247877006_The_Failure_of_Development_Aid

Oxfam Global Inequality Report, Januar 2026. https://www.oxfam.org.uk/get-involved/campaign-with-oxfam/fight-inequality/oxfams-global-inequality-report/#:~:text=The%202026%20paper%20focuses%20on,basic%20civil%20and%20political%20rights

Paldam, Martin: The aid effectiveness literature: the sad results of 40 years of research, in: Journal of Economic Surveys, Vol. 23, No. 3, 10. Juni 2009, S. 433–461. https://onlinelibrary.wiley.com/doi/abs/10.1111/j.1467-6419.2008.00568.x

PBS News: Trump sings praises of tariffs during conversation with Bloomberg News, 15. Oktober 2024. https://www.pbs.org/newshour/politics/watch-live-trump-joins-interview-forum-at-the-economic-club-of-chicago?utm_

Penrod, Grant: Anti-intellectualism: Why we hate the smart kids, 30. September 2015. https://de.scribd.com/document/292132837/Anti-Intellectualism-Why-We-Hate-the-Smart-Kids-Evaluation

Persson, R. S.: Big, bad & stupid or big, good & smart. A three-year participant observational field study of the male bodybuilder stereotype and its consequences, Jönkoping University Press, Sweden 2004. https://www.diva-portal.org/smash/get/diva2:35645/FULLTEXT01

Piff, P. K., Stancato, D. M., Coté, S., Mendoza-Denton, R., Keltner, D.: Higher social class predicts increased unethical behaviour, in: PNAS, 27. Februar 2012. https://www.pnas.org/doi/10.1073/pnas.1118373109

Pinker, Steven: Aufklärung jetzt. Für Vernunft, Wissenschaft, Humanismus. Eine Verteidigung, S. Fischer Verlag, Frankfurt am Main 2018.

Poole, Robert: Robert Heinlein's dream of private space travel is coming true, in: reason, Dezember 2022. https://reason.com/2022/11/15/we-are-living-robert-heinleins-dream/

Posener, Alan: Interview mit Thilo Bode: »Diese Umwelt-NGOs kommen gar nicht mehr von der Droge Staatsgeld los«, in: Die Welt, 29. Dezember 2025. https://www.welt.de/politik/deutschland/plus-694ac948ba368aa0126a21da/aktivist-thilo-bode-diese-umwelt-ngos-kommen-gar-nicht-mehr-von-der-droge-staatsgeld-los.html

Rabuy, B., Kopf, D.: Prisons of poverty. Uncovering the pre-incarceration incomes of the imprisoned, in: Prison Police Initiative, 9. Juli 2015.

Renz, Ulrich: Schönheit. Eine Wissenschaft für sich, Berlin Verlag, Berlin 2006.

Reuters: Rich Nations say they're spending billions to fight climate change. Some money is going so strange places, 1. Juni 2023. https://www.reuters.com/investigates/special-report/climate-change-finance/

Reynold, Alan, Trump's eighteen trillion Dollar hoax, in: CATO Institute Blog, 3. Februar 2026. https://www.cato.org/blog/trumps-eighteen-trillion-dollar-hoax

Rieck, Christian: Spieltheorie. Eine Einführung, Christian Rieck Verlag, Wiesbaden, 16. Auflage 2019.

Rosling, H., Rosling A., Rosling O.: Factfulness. Wie wir lernen, die Welt so zu sehen, wie sie wirklich ist, Ullstein Verlag, Berlin 2019.

Rost, Detlef H.: Intelligenz: Fakten und Mythen, Beltz Verlag, Weinheim/Basel 2009.

Rózycka-Tran, J., Boski, P., Wojciszke, B.: Belief in a zero-sum game as a social axiom: A 37-nation study, in: Journal of Cross-Cultural Psychology, Vol. 46 (4), 19. März 2015, S. 525–548. https://journals.sagepub.com/doi/abs/10.1177/0022022115572226

Rubin, Paul H.: Folk economics. Southern Economic Journal, Vol. 70, No. 1, 1. Juli 2003, S. 157–171. https://onlinelibrary.wiley.com/doi/abs/10.1002/j.2325-8012.2003.tb00561.x

Sacco, D. F., Hugenberg, K., Kiel, E. J.: Facial attractiveness and helping behavior beliefs: Both attractive and unattractive targets are believed to be unhelpful relative to moderately attractive targets, in: Social Psychology, 45 (2), 1. Januar 2014, S. 74–85. https://doi.org/10.1027/1864-9335/a000162

Sachweh, Patrick: Deutungsmuster sozialer Ungleichheit. Wahrnehmung und Legitimation gesellschaftlicher Privilegierung und Benachteiligung. Zugleich Dissertation Universität Bremen 2009, Campus Verlag, Frankfurt am Main / New York 2009.

Schäffler, F., Schneider, C., Hartjen, F. A., Urbansky, B.: Freihandel für eine gerechtere Welt. Mehr TTIP, Fracking und Chlorhühnchen – ein Plädoyer für eine gemeinsame Welt, Edition Prometheus, FinanzBuch Verlag, München 2018.

Schoeck, Helmut: Der Neid. Eine Theorie der Gesellschaft, Verlag Karl Alber, Freiburg, München 1966.

Schumpeter, Joseph: Kapitalismus, Sozialismus und Demokratie, UTB Verlag, München 1972.

Sheppard, L. D., Johnson, S. K.: The femme fatale effect: Attractiveness is a liability for businesswomen's perceived truthfulness, trust, and deservingness of termination, in: Sex Roles 81, 2019, S. 779–796. https://psycnet.apa.org/record/2019-16635-001

Simon, Hermann: Am Gewinn ist noch keine Firma kaputt gegangen, Campus Verlag, Frankfurt am Main / New York 2020.

Smith, Adam: Wohlstand der Nationen (1776). Nach der Übersetzung von Max Stirner, herausgegeben von Heinrich Schmidt, Anaconda Verlag, München 2009.

Smith, Richard H. (Hrsg.): Envy. Theory and research, Oxford University Press, Oxford, New York 2008.

Smith, R. H., Combs, D. J. Y.: Envy and the challenges to good health, in: Smith, Richard H. (Hrsg.), Envy. Theory and research, Oxford University Press, Oxford, New York 2008, S. 290–314.

Sonntagsblatt: Unternehmer und Manager morden im Tatort am häufigsten, 6. März 2024. https://www.sonntagsblatt.de/artikel/epd/analyse-unternehmer-und-manager-morden-im-ard-tatort-am-haeufigsten?utm_

Teichert, Eckart: Autarkie und Großraumwirtschaft in Deutschland 1930–1939. Außenwirtschaftspolitische Konzeptionen zwischen Wirtschaftskrise und Zweitem Weltkrieg, Oldenbourg Verlag, München 1984.

The Harris poll. America this week wave 201, 3. Januar 2024. https://theharrispoll.com/briefs/america-this-week-wave-201/?utm_

Thomas, Jeanni B.: Dumb Blondes, Dan Quayle, and Hillary Clinton: Gender, sexuality, and stupidity in jokes, in: The Journal of American Folklore, Vol. 110, 1997, S. 277–313. https://digitalcommons.usu.edu/english_facpub/91/

Tran, Thi Anh-Dao: Rethinking Asian capitalism. The achievements and challenges of Vietnam under Doi Moi, Palgrave Macmillan, Cham 2022.

Trantidis, A., Cowen, N.: Hayek versus Trump: The radical rights' road to serfdom, The University of Chicago Press Journals, Vol. 52, No. 2, 2020. https://www.journals.uchicago.edu/doi/full/10.1086/707769

Trump, Donald, My tariffs have brought America back, The Wall Street Journal, 30.1.2026 https://www.wsj.com/opinion/donald-j-trump-my-tariffs-have-brought-america-back-2248391b

Twain, Mark: Concerning the jews, in: Harper's Magazine, September 1899. https://sourcebooks.fordham.edu/mod/1898twain-jews.asp

Vaillancourt, Tracy: Do human females use indirect aggression as an intrasexual competition strategy?, in: Philos Trans R Soc Lond B Biol Sci., 368(1631):20130080. PMID: 24167310, PMCID: PMC3826209, 28. Oktober 2013. doi: 10.1098/rstb.2013.0080

Walton, Sam: Made in America. My story, New York 1993.

Watkins, D., Brook, Y.: Equal is unfair. America's misguided fight against income inequality, St. Martin's Press, New York 2016.

Weitmann, Amir: Madoff – Der Jahrhundertbetrüger. Chronologie einer Affäre, Orell Füssli Verlag, Zürich 2010.

Weinzierl, M., Rosseau, B.: Space to grow. Unlocking the final economic frontier, Harvard Business Review Press, Boston, MA 2025.

Wobker, Inga: The price of envy. An experimental investigation of spiteful behavior, in: Managerial and Decision Economics 36, Juli 2015, S. 326–335. https://onlinelibrary.wiley.com/doi/abs/10.1002/mde.2672

Wojciszke, B., Bazinska, R., Jaworski, M.: On the dominance of moral categories in impression formation, in: PSPB, Vol. 24, No. 12, December 1998, S. 1251–1263. https://www.researchgate.net/publication/240281933_On_the_Dominance_of_Moral_Categories_in_Impression_Formation

Woolfe, S.: Mark Twain and the root cause of anti-semitism, 6. Januar 2021. https://www.samwoolfe.com/2021/01/mark-twain-on-antisemitism.html

World Bank Group: Pathways out of the polycrisis. Poverty, prosperity, and planet report, Washington 2024. https://www.worldbank.org/en/publication/poverty-prosperity-and-planet

World Bank Group: September 2025 global poverty update from the World Bank: New data and regional classifications, 30. September 2025. https://blogs.worldbank.org/en/opendata/september-2025-global-poverty-update-from-the-world-bank--new-da

Xiang, Y., Dong X., Zhao J.: Effects of envy on depression: The mediating roles of psychological resilience and social support. Psychiatry Investig. (6), 17. Juni 2020, S. 547–555. doi: 10.30773/pi.2019.0266, Epub 11. Juni 2020, PMID: 32517416, PMCID: PMC7324738. https://pubmed.ncbi.nlm.nih.gov/32517416/

Zagorsky, Jay L.: Are blondes really dumb?, in: Economics Bulletin, Vol. 36, Issue 1, 2016, S. 401–410. https://www.researchgate.net/profile/Jay-Zagorsky/publication/305222263_Are_Blondes_Really_Dumb/links/578558b008aef321de2a9908/Are-Blondes-Really-Dumb.pdf

Zhang, Weiying: The logic of the market: An insider's view of Chinese economic reform. Washington, DC: Cato Institute, 2015.

Zhang, Weiying: Unternehmer sind nicht das Problem, sie sind die Lösung, Deutscher Wirtschaftsverlag, München 2026.

Zitelmann, Rainer: Der Aufstieg des Drachen und des weißen Adlers. Wie Nationen der Armut entkommen, FinanzBuch Verlag, München 2023.

Zitelmann, Rainer: Die Gesellschaft und ihre Reichen. Vorurteile über eine beneidete Minderheit, FinanzBuch Verlag, München 2019.

Zitelmann, Rainer: Die zehn Irrtümer der Antikapitalisten. Zur Kritik der Kapitalismuskritik, FinanzBuch Verlag, München 2022.

Zitelmann, Rainer: Hitler. Selbstverständnis eines Revolutionärs, 5. erweiterte Auflage, Lau Verlag, Reinbek 2017.

Zitelmann, Rainer: Ich will. Was wir von erfolgreichen Menschen mit Behinderung lernen können, FinanzBuch Verlag, München 2021.

Zitelmann, Rainer: Kapitalismus ist nicht das Problem, sondern die Lösung. Eine Zeitreise durch fünf Kontinente, 5. Auflage, FinanzBuch Verlag, München 2021.

Zitelmann, Rainer: Popular perceptions of the rich in 13 countries, Economic Affairs, 3. Mai 2024. https://onlinelibrary.wiley.com/doi/10.1111/ecaf.12633

Zitelmann, Rainer: Psychologie der Superreichen. Das verborgene Wissen der Vermögenselite, FinanzBuch Verlag, München 2017.

Zitelmann, Rainer: RTL überlässt Reichinnek die Bühne für ihren linken Unsinn. Hier sind die Fakten, in: Focus, 1. Dezember 2025. https://www.focus.de/politik/meinung/linke-dauerwerbesendung-von-rtl-fuer-heidi-reichinnek-hier-kommen-die-fakten_915bdb6b-e93f-4fd2-8f74-6d07aee88875.html

Zitelmann, Rainer: Weltraumkapitalismus. Langen Müller Verlag, München 2026.

Zizzo, D. J., Oswald, A. J.: Are people willing to pay to reduce others‹ incomes?, in: Annales d'Économie et de Statistique 63(63/64), Oktober 2000. https://www.researchgate.net/publication/2546169_Are_People_Willing_to_Pay_to_Reduce_Others'_Incomes

Zubrin, Robert: The case for space. How the revolution in spaceflight opens up a future of limitless possibility, Prometheus Books, Guilford, CT 2019.

Personenregister